应用型本科院校"十三五"规划教材/人文社科类

# A Course in Situation and Policy

# 形势与政策教程

（第2版）

主　编　谢永利
副主编　宋玉玲　王艳辉
参　编　王秀娟　张玉伟
　　　　周　微　初　丹
　　　　孙　婧　鲍新宇

 哈尔滨工业大学出版社
HITP　HARBIN INSTITUTE OF TECHNOLOGY PRESS

## 内容简介

本书是以教育部《2017年上半年高校"形势与政策"教育教学要点》为基础，紧紧围绕中共十八大以来有关文件精神，紧密结合大学生全面发展的根本需求而组织编写的，体现了思想性、科学性、针对性和时效性的统一。本书精选当前国内、国际热点问题，运用马克思主义的立场、观点和方法解读相关政策，以习近平总书记系列重要讲话精神，特别是"四个全面"为统领，对实现中华民族伟大复兴的中国梦；全面深化改革；"四化"同步发展；全面依法治国；中国共产党建设的新举措；"十三五"规划的制定与实施；社会主义建设新辉煌；飞速发展的中国航天事业；唱响各民族大团结、大发展、大繁荣的主旋律；努力实现祖国统一；国际政治格局的新特点；中国与欧美大国的关系；中国与亚洲国家的关系和不断提升的中国国家地位等内容进行了系统阐述。

本书适合高等学校的广大学生作为教材使用，也可供从事时事政策研究及感兴趣的人士参考。

### 图书在版编目(CIP)数据

形势与政策教程/谢永利主编. —2版. —哈尔滨：哈尔滨工业大学出版社，2017.7

应用型本科院校"十三五"规划教材

ISBN 978-7-5603-6797-2

Ⅰ.①形… Ⅱ.①谢… Ⅲ.①时事政策教育—高等学校—教材 Ⅳ.①G641.41

中国版本图书馆CIP数据核字(2017)第174744号

策划编辑　杜　燕
责任编辑　苗金英
出版发行　哈尔滨工业大学出版社
社　　址　哈尔滨市南岗区复华四道街10号　邮编150006
传　　真　0451-86414749
网　　址　http://hitpress.hit.edu.cn
印　　刷　哈尔滨市工大节能印刷厂
开　　本　787mm×960mm　1/16　印张16.25　字数352千字
版　　次　2015年8月第1版　2017年7月第2版　2017年7月第1次印刷
书　　号　ISBN 978-7-5603-6797-2
定　　价　36.80元

（如因印装质量问题影响阅读，我社负责调换）

# 第2版前言

本书从认识上首先解决的一个问题是:什么是形势？什么是政策？辞书上说,形势是指"事务发展的状况",或者指"人和事的强弱盛衰之势",包括对己方和对方的强弱盛衰的分析。当下,常常把形势看作国内国际时事发展趋势。辞书上说,政策是"统治(领导)阶级中最高权力的持有团体(集团、集体)颁发的行动纲领性文件(路线、方针、政策),是国家、政党为实现一定历史时期(阶段)的路线和任务而制定的行动准则(谋略、策略)"。

本书所体现的课程理念是:培养大学生关注时事政治的兴趣和习惯。大学生通过对形势与政策课程的学习,对国内外的形势与政策有了更深刻、更全面、更真实的了解。形势与政策课程是高校思想政治理论课的重要组成部分,是对学生进行形势政策教育的主要渠道、主要阵地,在大学生的思想政治教育中担负着重要的使命,具有不可替代的重要作用。

形势是制定政策的依据,政策影响形势的发展。大学生需要吃透政策的原意,懂得灵活变通,具备创新能力。与此同时,大学生还应顺应形势与政策,发展自我;找准自己的发展目标,结合自己的优势,定位自己的方向及发展地位;依据个人目标,制定切实可行的方案,努力奋斗,构建知识结构体系;拓展素质,不断提高个人能力,打造出"诚、勤、信、行"的品牌大学生;利用形势与政策,为我所用,形成对形势与政策的敏锐的洞察力和深刻的理解力,培养超前的把握形势与政策的胆识,"艺高人胆大,胆大艺更高",利用形势与政策,实现自我大发展。树立一个远大理想,做一个成功人士！

关注世界。当今世界飞速发展,"两耳不闻窗外事,一心只读圣贤书"的时代过去了。地球村里的变化日新月异。生在当代,作为大学生要抛掉陈旧的观念,拥抱外面精彩的世界。青年是推动社会和历史前进的一支重要力量。无论是人类社会发展的历程中,还是中华民族发展的历程中,青年都发挥了重要作用。而大学生是青年中知识层次较高,最具潜力、最有创造性的群体,因此,当代大学生的精神面貌和人生价值取向,将直接影响到国家的未来,事关中华民族伟大历史复兴的全局。当今国内外形势风云变幻,进入21世纪的中国正面临着难得的机遇和巨大的挑战。所以,在高校大学生中广泛开展形势与政策教育,对当代大学生如何在纷繁复杂的国内外形势下,正视中国面临的机遇与挑战,坚定信念,振奋精神,努力学习,报效祖国,具有重大的现实价值与深远的历史意义。

本书以中共十八大和习近平总书记系列重要讲话精神为指导,主要阐述了形势与政策的理论体系,国际、国内形势,分析党和国家对内对外的一系列方针、政策,阐述党和国家制定路线、方针、政策的理论依据,并预测我国社会发展趋势等。其具体内容涉及政治、经济、文教、环境、台海、民族宗教和外交等部分。

本书体例新颖,具有很强的可读性。全书由绪论和十三章构成。每章设"要点提示"和"开篇阅读";书中选择重点及热点问题以"知识问答"的形式列出。每章结尾设"本讲思考"和"思考题"。本书适合高等学校的广大学生作为教材使用,也可供从事时事政策研究及感兴趣的人士参考。

谢永利

2017年6月

# 目　录

**绪论　中国共产党"四个全面"的战略布局** ······················· 1
 第一节　"四个全面"的由来 ································· 1
 第二节　"四个全面"的内涵 ································· 3
 第三节　统筹协调"四个全面" ······························· 8

**第一章　中国共产党的十八大与中国梦** ························· 11
 第一节　党的十八大报告主要精神和关键词 ··················· 12
 第二节　伟大复兴的中国——中国梦 ························· 22
 第三节　追寻中国梦之路 ··································· 26

**第二章　全面深化改革，"四化"同步发展** ······················ 32
 第一节　全面深化改革的重要意义 ··························· 33
 第二节　农业现代化成为四化短板 ··························· 38
 第三节　全面深化改革，促进"新四化"蓬勃发展 ··············· 46

**第三章　全面推进依法治国的新方略** ··························· 50
 第一节　中国共产党的十八届四中全会决议的主要内容 ········· 50
 第二节　中国共产党的十八届四中全会会议新亮点 ············· 55
 第三节　法律的生命力在于实施 ····························· 57

**第四章　中国共产党建设的新举措** ····························· 59
 第一节　中国共产党的建设的全面进步 ······················· 59
 第二节　以改革创新精神推进中国共产党的建设 ··············· 63

第三节 "两学一做"学习教育 …………………………………………… 65
　　第四节 中国共产党第十八届六中全会 …………………………………… 66

第五章 "十三五"规划的制定与实施 …………………………………………… 69
　　第一节 "十三五"规划的主要目标 ………………………………………… 69
　　第二节 "十三五"规划的重大举措 ………………………………………… 71
　　第三节 强化规划实施保障 ………………………………………………… 78

第六章 社会主义建设新辉煌 …………………………………………………… 80
　　第一节 社会主义建设的光辉历程 ………………………………………… 80
　　第二节 社会主义建设的辉煌成就与经验 ………………………………… 83

第七章 飞速发展的中国航天事业 ……………………………………………… 91
　　第一节 世界航天发展历程 ………………………………………………… 92
　　第二节 中国航天事业的起步与发展 ……………………………………… 98
　　第三节 中国迈向航天大国 ……………………………………………… 108

第八章 唱响各民族大团结、大发展、大繁荣的主旋律 ……………………… 115
　　第一节 维护民族团结和社会稳定 ……………………………………… 116
　　第二节 巩固西藏民主改革成果,促进西藏发展 ……………………… 119
　　第三节 打击"东突"恐怖组织,维护新疆稳定 ………………………… 130

第九章 努力实现祖国统一 …………………………………………………… 142
　　第一节 新世纪两岸关系发展形势和特点 ……………………………… 142
　　第二节 中国政府关于两岸关系的方针与政策 ………………………… 150
　　第三节 中国处理台湾问题的原则和立场 ……………………………… 154
　　第四节 "一国两制"在香港的成功实践与新香港的建设 …………… 158

第十章 国际政治格局的新特点 ……………………………………………… 164
　　第一节 不确定安全因素日益增多 ……………………………………… 165
　　第二节 多极化趋势不断加强 …………………………………………… 170

  第三节 特朗普时期的美国外交政策趋向 182
  第四节 发展中国家影响力逐渐提升 185
第十一章 中国与欧美大国的关系 191
  第一节 中美关系 192
  第二节 中俄关系 198
  第三节 中欧关系 207
第十二章 中国与亚洲国家的关系 213
  第一节 中日关系 214
  第二节 中印关系 220
  第三节 维护海洋权益，建设海洋强国 226
第十三章 不断提升的中国国家地位 235
  第一节 "中国热"持续升温 236
  第二节 新世纪中国面临的周边和国际安全形势 239
  第三节 中国政府的战略布局和成长 243
参考文献 250
后  记 252

# 绪 论
## Exordium

## 中国共产党"四个全面"的战略布局

> **要点提示**
> - "四个全面"的由来
> - "四个全面"的内涵
> - 统筹协调"四个全面"

> **开篇阅读**

"四个全面"可以说是当代中国政治生活中的一个主题词、关键词、核心词。从党员干部到老百姓,到理论界、学术界,都特别关注,它是当前我们坚持和发展中国特色社会主义的一个重大理论与实践前沿问题。

## 第一节 "四个全面"的由来

中国共产党第十八次全国代表大会提出全面建成小康社会,党的十八届三中全会部署全面深化改革,党的十八届四中全会要求全面依法治国,群众路线教育实践活动总结大会宣示全面从严治党。这样"四个全面"的战略布局就清晰地展现出来。

2014年12月,习近平总书记在江苏考察的时候首次提出"四个全面"。从2014年12月到2015年2月,习近平总书记先后11次阐述了十八大以来新一届中央领导集体提出并形成"四个全面"的战略布局的问题。他强调,"要全面贯彻党的十八大和十八届三中、四中全会精神,用全面建成小康社会、全面深化改革,全面依法治国,全面从严治党,来引领各项工作"。

人民日报从2015年2月23日到3月1日连续发表了五篇系列评论员文章。这个时间点很重要,因为前面是2015年的春节,2月25日是初七上班的第一天,连续发表了五篇文章,3月2日、3日之后大家知道"两会"就召开了,所以这五篇文章在全国引起了广泛的关注,产生了极大的反响。"两会"代表也热议"四个全面"。"两会"闭幕的那天是3月15日,人民日报当天发表了一篇文章题目是《奏响四个全面的时代强音——习近平总书记与两会代表、委员共商国是纪实》。

整个时间脉络和"两会"进程,大家关注的最重要的话题和前沿问题就是"四个全面"。"四个全面"体现了问题导向、科学思维、全局视野和战略眼光,它是坚定中国自信、立足中国实际、总结中国经验,针对中国问题提出来的,是从我国发展现实需要中人民群众的期待中得出来的,是为推动解决我国面临的突出矛盾和问题提出来的。比如说经济发展新常态,比如说稳中求进,比如说创新驱动,比如说建设社会主义法治国家,比如说培育与弘扬社会主义核心价值观,比如说加强社会建设,改善民生,比如说生态文明、环境保护等等这些问题和挑战,都摆在我们面前,需要我们有新思维、新思考、新应对、新作为。"四个全面"的重大战略思想就是针对这些新问题、新挑战提出来的。

"四个全面",全面建成小康社会、全面深化改革、全面依法治国、全面从严治党,相辅相成、相互促进、相得益彰,它是我们党治国理政方略与时俱进的新创造,是马克思主义与中国实践相结合的新飞跃。

关于"四个全面"我们现在一般的表述就是,"四个全面"是重大战略思想、战略部署、战略布局,它既包括了战略目标,又包括了战略举措。战略目标就是全面建成小康社会,实现这个目标的战略举措就是深化改革、依法治国、从严治党。因此,"四个全面"是一个相互联系、相互支撑、相互促进的整体。

现在我们需要做的,就是用"四个全面"来引领各项工作,来统领经济社会发展,它是我们治国理政的总方略。

"四个全面"的重大战略思想明确了我们治国理政的总体框架、关键环节、重点领域、主攻方向。现在我们特别需要加强研究的,就是"四个全面"的内在逻辑、理论内涵、实践要求和重大意义。可以说这是我们理论界、学术界应当特别关注与加强研究的一个重大的课题。

问:人民日报系列评论有哪些?
答:人民日报系列评论是:
引领民族复兴的战略布局——一论协调推进"四个全面"
让全面小康激荡中国梦——二论协调推进"四个全面"

改革让中国道路越走越宽广——三论协调推进"四个全面"
法治让国家治理迈向新境界——四论协调推进"四个全面"
从严治党锻造坚强领导核心——五论协调推进"四个全面"

# 第二节 "四个全面"的内涵

## 一、全面建成小康社会是目标

　　这个目标是我们党第一个100年的奋斗目标,就是到建党100年的时候全面建成小康社会,它是第一个100年的奋斗目标,也是实现中华民族伟大复兴中国梦的关键的一步。这里"十三五"规划时期就特别重要,因为我们已经开始实施"第十三个五年规划",到2020年全面建成小康社会,"十三五"规划就特别重要了,"十三五"规划是实现全面小康的规划,也是实现第一个百年目标的规划,应当说时间还是比较紧、任务还是相当重的。

　　全面小康的核心是全面,这个全面体现在覆盖的人群应该是全面的,体现在涉及的领域也应该是全面的,一个不能少,一个民族也不能少,决不能让一个少数民族、一个地区掉队,特别是老区、边远地区、民族地区,这是我们全面小康的重点,也是难点。我们要致力于解决贫富差距、城乡差距、地区差距、部门差距、行业差距,让全体人民逐步走向共同富裕、全面小康。

　　全面建成小康社会它从根本上说是一个发展的问题。大家知道,中国经济的发展进入了新常态,新常态下的中国,发展仍然是解决一切问题的基础和关键,发展还是硬道理,是我们的第一要务。发展到了新常态,新常态要有新思路、新作为、新动力、新活力,面对经济发展的新常态,我们要坚持稳中求进的工作总基调、着力于保持中高速增长和迈向中高端水平这样一个"双目标",着力于打造大众创业、万众创新和增强公共产品、公共服务这样的"双引擎",来促进经济平稳健康发展和社会的和谐稳定。

　　这里的一个关键就是要创新、创业、创造,要强化创新驱动,转变发展方式,调整优化结构,提高质量效益。30多年的发展告诉我们,过去那个传统的粗放型的拼资源、拼能源、拼消耗的发展模式已经走不通了,我们现在要强调调结构、转方式、创新驱动、高端引领、优化升级,是要有质量、有效益地发展。

　　全面建成小康社会离不开发展,而发展的落脚点是增进人民福祉,发展为了人民,发展依靠人民,发展的成果惠及人民,因此,我们必须牢固树立人民至上的执政理念和价值追求。2012年十八大闭幕的时候,习近平总书记在会见记者时说过这样一段话,"人民期盼的是更好的教育、更稳定的工作、更满意的收入、更可靠的社会保障、更高水平的医疗卫生服务、更舒适的居住条件、更优美的环境","孩子们能成长得更好、工作得更好、生活得更好",他接着说,"人民对美好生活的向往就是我们的奋斗目标。全面建成小康社会就是为了实现人民对美好生活的向往,谱写人民美好生活的新篇章"。

为此,我们就必须牢固树立人民至上这样的理念和追求,人民至上体现的是历史唯物主义的基本原理,历史唯物主义告诉我们,人民是推动和创造历史发展的动力,人民群众是物质财富和精神财富的创造者,人民群众是社会变革的决定性的力量。人民至上也是全面建成小康社会的必然要求,全面建成小康社会从根本上说就是为了造福于人民、增进人民福祉,满足人民过上美好生活的新期待。人民也是中国特色社会主义的主体,离开了人民,离开了13亿人,离开了人民群众的能动性、积极性、创造性、主体性,就没有中国特色社会主义,中国特色社会主义就成了无源之水、无本之木。

中国梦归根结底是人民的梦,中国梦是每个人的梦,它要给每个人提供一种人生出彩、梦想成真的机会,但是中国梦归根结底是人民的梦。一方面,它要由人民来实现,另一方面,它又要不断地造福于人民。而我们的改革和发展的成果也要惠及全体人民。30多年我们的改革发展很快,成就巨大,但是也确实出现了贫富差距、城乡差距、地区差距、部门差距、行业差距、收入分配不公等现象。所以,我们一定要把发展、改革的成果更多地、更公平地惠及全体人民,让全体人民共享改革发展的成果。还是习近平总书记说的那句话,"人民对美好生活的向往,就是我们的奋斗目标",全面建成小康社会对于实现这样一个目标具有关键性的意义。

全面建成小康社会连着人民幸福,这是第一个全面。全面深化改革它是要让人民有更多的获得感,这是第二个全面。全面依法治国是要使人民群众在每一个司法案件中都能感受到公平正义,这是第三个全面。全面从严治党是要加强党与人民群众的密切联系,这是第四个全面。这四个全面都和人民、和人民的幸福紧紧地连在一起。

## 二、全面深化改革是动力

中国的改革已经30多年了,中国的改革具有什么特点和特征呢?我们来讲第一个问题,中国改革明显的特征是渐进式改革,当然我必须强调一点,邓小平说过,改革也是革命,改革是第二次革命,改革在一定意义上也带有革命性质。但是中国改革最主要的特征还是渐进式改革,不同于苏联、东欧的休克疗法。中国的渐进式的改革的具体表现可以概括为六个先后,就是先农村后城市、先沿海后内地、先经济后政治、先外围后核心、先试验后推广,一句话,先易后难。这大概就是中国的改革,我们30多年就是这样过来的。

渐进式改革有它的好处,比如说容易探索、容易起步、容易积累经验,避免比较大的动荡与风险。但是渐进式改革也有它的问题,这就好像一个手掌的两面,从这面讲我们说它是渐进式改革,从这面讲我们说改革还没有到位,因此它在一定时期、一定条件、一定阶段会损害社会公平,形成弱势群体,造成收入分配不公,甚至出现贫富差距拉大。因此,我们今天要强调全面深化改革,来解决这些问题。

第二点,就是我们今天最重要的是要凝聚改革共识。改革30多年了,用有的学者的话说,改革出现了疲劳症,改革的动力在减弱,改革的共识在减少,对改革的批评和质疑在增加,改革的代价、成本、难度在增大,改革到了深水区,改革到了关键时期,改革到了十字路口。怎么办?它需要凝聚改革共识、形成改革合力,坚定不移地全面深化改革。我们党的十八届三中全会就是要干这个事,就是要解决这个问题,就是要凝聚改革共识、全面深化改革。

第三点,全面深化改革的总目标是什么?十八届三中全会的《决定》明确指出,全面深化改革的总目标是要完善和发展中国特色社会主义制度,推进国家治理体系和治理能力现代化。这两句话,第一句话,中国特色社会主义包括了道路、理论体系和制度,第一句话是强调要完善和发展中国特色社会主义制度。第二句话,强调推进国家治理体系和治理能力现代化,这是一篇大文章,对我们提出了新的更高的要求,这就是国家治理体系和国家治理能力的现代化。

第四点,全面深化改革需要有三个"进一步解放",这就是进一步解放思想、进一步解放和发展生产力、进一步解放和增强社会活力。解放思想,解放和发展生产力,过去我们讲得比较多,这次又特别加上解放和增强社会活力,这就是我们现在讲的创业、创新、创造,激发社会活力,推进社会发展。

第五点,中国的改革进入了新阶段,如果说改革开放是当代中国最鲜明的特色,那么以更大的政治勇气和智慧推进改革,用全局观念和系统思维来谋划改革,就是党的十八大以来我们深化改革最鲜明的特征。

十八届三中全会以来的全面深化改革有什么新的特点?或者说我们今天的全面改革和过去的改革、和早期的改革、和80年代初期的改革它有什么特点和不同?下面从八个方面来探讨。

第一点,过去的改革,是指早期的改革、20世纪80年代初期的改革,它主要强调效率优先。20世纪70年代末、80年代初,刚刚改革开放的时候,改革开放的前沿深圳的大马路上有一个巨幅的广告牌,上面写着"时间就是金钱、效率就是生命"。那个时候的改革很多举措是和承包联系在一起的,就是说这个企业效益不好,来一个能人承包了、有效益了,这是最重要的,以至于我们党的文件曾经表述过,效率优先、兼顾公平。这个时候公平的地位是无关紧要的,它是兼顾的,效率是优先的,为了效率可以牺牲公平。今天不一样,今天我们强调要把促进公平正义、增进人民福祉作为改革的出发点、落脚点,就是我们前面讲的,要让人民有获得感、要让改革开放的成果惠及全体人民。

第二点,过去的改革主要是观念的冲突。20世纪70年代末、80年代初,我们刚从文化大革命、刚从两个"凡是"的束缚中走出来,那个时候一个改革措施一出台,党员、干部、老百姓,特别是老干部,脑中第一反应,这样改还是社会主义吗?是不是在搞资本主义?所以脑中第一反应是要问姓资、姓社,这是观念的冲突。当然现在观念的冲突不是说没有了,观念的冲突依然存在,但是最重要的应该不是观念的冲突,而是利益的冲突,利益、利益矛盾、利益集团、利益格局成了关键词。我们讲的攻坚克难、背水一战、壮士断腕大概都与这样一个利益矛盾、利益集团、利益格局相关。

第三点,过去的改革往往是从容易的入手。一个改革大家意见比较一致,没有什么分歧,普遍红利,大家都说好,我们就改。一个改革如果分歧比较大、阻力比较大,我们就往后放,等一等,看一看。30多年过去了,可以说容易改的都改了,剩下的都是硬骨头,所以讲,我们要涉险滩,啃硬骨头,攻坚克难,要以更大的政治勇气和智慧来推进改革。

第四点,过去的改革主要的方法是摸着石头过河,走一步看一步,而今天我们更强调顶层设计,统筹谋划。中央成立了全面深化改革领导小组,习近平总书记当组长,顶层设计,全面深化改革。但是,摸着石头过河与顶层设计应该能够结合,摸着石头过河是实践、认识、再实践、再认识,是敢于闯、敢于试,中国这么大,城市、农村、中部、东部、西部,条件完全不一样,所以它不能用一个模式,应该鼓励群众的探索和尝试,即所谓的摸着石头过河。但是改革毕竟已经30多年了,改革到了深水区,有的时候可能摸不着石头,所以我们今天更加强调顶层设计,这样把群众的探索和顶层设计相结合,来推进改革。

第五点,过去的改革主要是经济改革,不是说没有其他的改革,而是说主要的是经济改革。我们今天的改革是全面改革,包括了经济、政治、文化、社会、生态、党建、军队与国防,它是全面深化改革。

第六点,过去的改革强调的是让一部分人先富起来,因为改革开放初期,大家都普遍比较穷,所以那个时候强调让一部分人先富起来,有一定的合理性。但是今天我们更加强调共同富裕、全面小康,一个地区、一个民族都不能少,让大家共享改革发展的成果,实现共同富裕。

第七点,过去的改革、20世纪80年代初期的改革主要针对的是旧体制,这个旧体制就是高度集中的指令性的计划经济,统得过死、管得过严、平均主义、吃大锅饭。而我们今天的改革既有对旧体制的一面,可能更多的是针对改革开放中出现的新问题、新弊端,比如说贪污腐败,比如说贫富差距。这是对改革开放30多年中出现的新问题、新弊端的一个再改革。

第八点,过去的改革主要的是政策主导,是政策主导性。而我们今天的改革是要法治思维、法治轨道,要提高依法办事的能力,改革要在法治的轨道上运行。

以上从八个方面讲了全面深化改革的新特点,以及它与早期、20世纪80年代初期的改革的不同点。

总之,加强顶层设计和整体谋划,深入研究各领域改革的关联性、各项改革举措的耦合性,把改革创新精神贯彻到治国理政的各个环节,这是今天我们需要做的事。唯改革者进、唯创新者强、唯改革创新者胜。

## 三、全面依法治国是保障

十八届四中全会强调建设社会主义法治国家,强调依法治国、依法执政、依法行政共同推进,强调法治国家、法治政府、法治社会一体建设,强调实现科学立法、严格执法、公正私法、全民守法。

十八届四中全会的《决定》关于建设社会主义法治国家内容非常丰富,以下四个方面是需要我们高度关注的。

第一,建设法治体系。四中全会提到了五个方面:一是完备的法律规范体系,这是依法治国的前提;二是高效的法治实施体系,来保证法律的有效实施;三是严密的法治监督体系,来维护法治的权威性;四是有力的法治保障体系,来促进社会公平正义;五是完善的党内法规体系,来保持党的先进性、纯洁性,提高党的执政能力和执政水平。

第二,树立法治权威。宪法是国家根本大法,坚持依法治国首先是要坚持依宪治国,坚持依法执政首先是要坚持依宪执政。要把权力关进制度的笼子里,确保权力在法治的框架下运行,坚决纠正以言代法、以权压法、以权枉法等现象。

第三,运用法治思维。总书记强调,凡属重大改革都要与法有据,要高度重视运用法治思维和法治方式。前面我们提到国家治理体系和治理能力的现代化,而法治就是国家治理现代化的基本方式,也是我们国家长治久安的基础。我们要提高法治思维和依法办事的能力,用法治方式来推进改革的有序进行。

第四,形成法治文化。要深入开展法治宣传教育,把法治教育纳入国民教育体系和精神文明的创建内容,同时把法治和德治相结合。

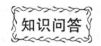

问:什么是法制文化?

答:法治文化是以追求民主、自由和权利保障为目标,在一定的治国理念和与此相适应的制度模式确立过程中,形成的一种社会文化形态和社会生活方式。具体而言,法治文化就是在建立法治社会的过程中,形成的一种文化形态和社会生活方式,其核心是法治理念和法治思维模式的确立,以及在此理念支配下相应制度和组织机构的建立与运行。目前在法治理论研究中,一切对法治内涵的揭示,对法治社会表征和遵循原则的描述与总结,法治运行机制的建构和实践活动,诸如法治的价值目标追求、法治的理念和精神、法治的制度设计和运行模式、法治的实现状态等,都属于法治文化的内容。

### 四、全面从严治党是关键

党要管党,才能管好党,从严治党,才能治好党。从严治党,关键在治,要害在严,教育要严、标准要严、执纪要严、惩治要严,严要贯穿始终。现在我们还是有失之过松、过软,因此要"严"字当头,从严治党。而这里最关键、最重要、最根本、最基础的是要加强制度建设。

在从严治党特别是反腐败方面我们有一些新的提法、新的举措,比如说老虎苍蝇一起打,比如说零容忍、全覆盖、无死角,比如说讲规矩、守纪律,比如说不敢腐、不能腐、不想腐。现在我们已经形成了一种不敢腐的高压态势,下面我们要加强制度建设,使他不能腐,最后,还要使他的思想自觉、道德自律,不想腐,向这个方向努力。

同时,我们还要解决懒政、庸政、冷漠、不作为,这是"两会"强调的。有权也不能任性,要时刻想着人民,为人民服务。全面从严治党必须抓住领导干部这个关键少数,要深入把握从严治党的规律,实现党的自我净化、自我完善、自我革新、自我提高,保持党的先进性和纯洁性。

以上从四个方面讲了"四个全面"的丰富内涵,全面建成小康社会是目标,全面深化改革是动力,全面依法治国是保障,全面从严治党是关键,要把这四个方面紧密联系在一起,相互促进、相得益彰。

## 第三节　统筹协调"四个全面"

如何统筹协调"四个全面",主要有以下三个问题。

第一个问题,"四个全面"与中国特色社会主义。今天我们讲"四个全面",一定要在坚持和发展中国特色社会主义这个大题目、大文章中来讲,就是我们讲"四个全面",是为了更好地坚持和发展中国特色社会主义,是为了继续做好中国特色社会主义这篇大文章,是为了在新的历史条件下把中国特色社会主义继续推向前进。因此,我们要坚定中国特色社会主义的道路自信、理论自信、制度自信。当然,讲自信并不等于自满,更不能自大。

因此,我们一方面要坚定自信、坚定信心,一方面也要有忧患意识和危机意识。在我们前进的道路上还有很多挑战、很多风险、很多问题、很多困难,"四个全面"就是针对这样一些新问题、新挑战提出的新思路、新思考、新应对,是我们治国理政的基本方略。

第二个问题,"四个全面"与"五位一体"。我们讲"四个全面"的时候还要和"五位一体"的总布局相联系,"五位一体"的总布局就包括这五个方面。

第一,经济。就是要主动适应和积极引领经济发展新常态,实现经济中高速增长和迈向中高端水平,稳中求进,创新驱动,调整结构与转变方式。

第二,政治。就是要建设社会主义法治国家,净化政治生态,党员干部要有责任、敢担当。

第三,文化。就是要培育和弘扬社会主义核心价值观,提高软实力,增加话语权,文化走出去,建设社会主义文化强国。

第四,社会。就是要激发社会活力,体现社会公正,创新社会建设,化解社会矛盾,保持社会稳定,促进社会和谐。

第五,加强生态文明建设。这一点当前特别引起关注,习近平总书记在"两会"江西团的讨论和审议时讲了一段话,关于生态,他说环境就是民生,青山就是美丽,蓝天也是幸福,要像保护眼睛一样保护生态环境,要像对待生命一样对待生态环境。他还说,既要金山银山,也要绿水青山。既要金山银山,更要绿水青山。绿水青山就是金山银山。体现了我们在生态文明理念上的转换、发展、进步。

第三个问题,"四个全面"与马克思主义哲学。

"四个全面"是和马克思主义哲学连在一起的,有密不可分的紧密联系。2013年12月3日中共中央政治局第十一次集体学习,主题是"历史唯物主义基本原理和方法论",2015年1月23日,中共中央政治局第二十次集体学习,主题是"辩证唯物主义基本原理和方法论"。从十八大以来政治局的二十次集体学习里面就有两次是关于哲学的,这可能出乎了很多人的预料,它把马克思主义与当代中国发展这一重大问题凸显出来,表明学哲学、用哲学是我们党的一个好传统,只有把握马克思主义哲学的世界观和方法论才能把握时代大势和发展大局,增强工作的自觉性、创造性,提高解决我国改革发展基本问题的能力。

马克思主义哲学告诉我们,既要注重总体谋划,又要注重牵住"牛鼻子",破解改革发展难题,坚持和发展中国特色社会主义,必须有全局观,推动经济建设、政治建设、文化建设、社会建设、生态文明建设五位一体,整体协调、全面推进,又要优先解决主要矛盾和矛盾的主要方面,协调推进全面建成小康社会、全面深化改革、全面依法治国、全面从严治党,就是当前党和国家事业发展中必须解决好的主要矛盾。

"四个全面"是十八大以来党中央治国理政思路和理念的集中体现,以"四个全面"引领各项工作,就牵住了"牛鼻子",并以此带动其他问题的解决。

总之,"四个全面"是当前我们坚持和发展中国特色社会主义的重大的战略思想、战略部署和战略布局,是我们治国理政的总方略,"四个全面"要相辅相成、相互促进、相得益彰,来谱写中国特色社会主义的新篇章,实现中华民族伟大复兴的中国梦。

### 本讲思考

1. 什么是"四个全面"?
2. "四个全面"的科学内涵是什么?
3. 如何统筹协调"四个全面"?

### 思考题

1. "四个全面"提出的国际国内背景是什么?
2. "四个全面"与"五位一体"的关系是什么?
3. 为什么说"四个全面"与马克思主义哲学一脉相承?

# 第一章
## Chapter 1

## 中国共产党的十八大与中国梦

**要点提示**

- ◆ 党的十八大报告主要精神和关键词
- ◆ 伟大复兴的中国——中国梦
- ◆ 追寻中国梦之路

**开篇阅读**

2012年11月8日至11月14日,中国共产党第十八次全国代表大会在北京举行。党的十八大是在全面建设小康社会关键时期和深化改革开放、加快转变经济发展方式攻坚时期召开的一次十分重要的大会,对鼓舞和动员全党全国各族人民继续全面建设小康社会、加快推进社会主义现代化、开创中国特色社会主义事业新局面有重大而深远的意义。

党的十八大的召开显示了中国政治的确定性和稳定性,也意味着党的十八大实行和谐、顺畅交接班的工作圆满完成,也意味着党的十八大的总路线、总方针、总战略业已大体确定。会上讨论决定了党的重大问题,为中国经济制定了新战略,关系着民生、科技、生产、科研和国家的综合国力等各项事业的发展。

党的十八大根据形势和任务发展变化对党章进行了适当修改,通过了适应党的理论创新和实践发展及推进党的工作、加强党的建设需要的党章修正案。这有利于全党更好地学习党章、遵守党章、贯彻党章、维护党章,更好地把中国特色社会主义伟大事业和党的建设新的伟大工程推向前进。

我们满怀信心地坚信,党的十八大选出的新一代领导人有智慧,有见地,有谋略,有才干,有经验,有能力,有魅力,有定力,有亲和力,有号召力,一定能精诚团结,全党全国各族人民齐心协力,承前启后,不畏艰险,继往开来,走向更辉煌的美好未来!

# 第一节 党的十八大报告主要精神和关键词

## 一、党的十八大报告内容摘要

(一)过去五年的工作和十年的基本总结

胡锦涛说,十七大以来的五年,是我们在中国特色社会主义道路上奋勇前进的五年,是我们经受住各种困难和风险考验、夺取全面建设小康社会新胜利的五年。五年来,各方面工作都取得新的重大成就,经济平稳较快发展,改革开放取得重大进展,人民生活水平显著提高,民主法制建设迈出新步伐,文化建设迈上新台阶,社会建设取得新进步,国防和军队建设开创新局面,港澳台工作进一步加强,外交工作取得新成就。

在总结十年工作时,胡锦涛指出,我们紧紧抓住和用好我国发展的重要战略机遇期,战胜一系列重大挑战,奋力把中国特色社会主义推进到新的发展阶段。十年来,我们取得一系列新的历史性成就,为全面建成小康社会打下了坚实基础,国家面貌发生新的历史性变化。

(二)坚定不移走中国特色社会主义道路

胡锦涛说,在改革开放三十多年一以贯之的接力探索中,我们坚定不移高举中国特色社会主义伟大旗帜,既不走封闭僵化的老路,也不走改旗易帜的邪路。中国特色社会主义道路,中国特色社会主义理论体系,中国特色社会主义制度,是党和人民九十多年奋斗、创造、积累的根本成就,必须倍加珍惜、始终坚持、不断发展。

(三)提出全面建成小康社会和深化改革开放目标

胡锦涛在党的十八大报告中提出,根据我国经济社会发展实际,要在十六大、十七大确立的全面建设小康社会目标的基础上努力实现新的要求:经济持续健康发展,转变经济发展方式取得重大进展,在发展平衡性、协调性、可持续性明显增强的基础上,实现国内生产总值和城乡居民人均收入比2010年翻一番;人民民主不断扩大;文化软实力显著增强,人民生活水平全面提高,资源节约型、环境友好型社会建设取得重大进展。

(四)加快完善社会主义市场经济体制和加快转变经济发展方式

胡锦涛说,以经济建设为中心是兴国之要,发展仍是解决我国所有问题的关键。只有推动经济持续健康发展,才能筑牢国家繁荣富强、人民幸福安康、社会和谐稳定的物质基础。必须坚持发展是硬道理的战略思想,决不能有丝毫动摇。

胡锦涛指出,在当代中国,坚持发展是硬道理的本质要求就是坚持科学发展。以科学发展为主题,以加快转变经济发展方式为主线,是关系我国发展全局的战略抉择。要适应国内外经济形势新变化,加快形成新的经济发展方式,把推动发展的立足点转到提高质量和效益上来,着力激发各类市场主体发展新活力,着力增强创新驱动发展新动力,着力构建现代产业发展新体系,着力培育开放型经济发展新优势,不断增强长期发展后劲。

**知识问答**

问:全面建成小康社会的标准有哪些?

答:国家有关部门参照国际上常用的衡量现代化的指标体系,考虑我国国情,从十个方面形成了全面建成小康社会的基本标准:一是人均国内生产总值超过3 000美元。二是城镇居民人均可支配收入达到1.8万元(2000年不变价,下同)。三是农村居民家庭人均纯收入达到8 000元。四是恩格尔系数低于40%。五是城镇人均住房建筑面积达到30平方米。六是城镇化率达到50%。七是居民家庭计算机普及率达到20%。八是大学入学率达到20%。九是每千人医生数达到2.8人。十是城镇居民最低生活保障率达到95%以上。

## (五)坚持走中国特色社会主义政治发展道路和推进政治体制改革

胡锦涛说,人民民主是我们党始终高扬的光辉旗帜。改革开放以来,我们总结发展社会主义民主正反两方面经验,强调人民民主是社会主义的生命,坚持国家一切权力属于人民,不断推进政治体制改革,社会主义民主政治建设取得重大进展,成功开辟和坚持了中国特色社会主义政治发展道路,为实现最广泛的人民民主确立了正确方向。

政治体制改革是我国全面改革的重要组成部分。必须继续积极稳妥推进政治体制改革,发展更加广泛、更加充分、更加健全的人民民主。必须坚持党的领导、人民当家作主、依法治国有机统一,以保证人民当家作主为根本,以增强党和国家活力、调动人民积极性为目标,扩大社会主义民主,加快建设社会主义法治国家,发展社会主义政治文明。要更加注重改进党的领导方式和执政方式,保证党领导人民有效治理国家;更加注重健全民主制度、丰富民主形式,保证人民依法实行民主选举、民主决策、民主管理、民主监督;更加注重发挥法治在国家治理和社会管理中的重要作用,维护国家法制统一、尊严、权威,保证人民依法享有广泛权利和自由。要把制度建设摆在突出位置,充分发挥我国社会主义政治制度优越性,积极借鉴人类政治文明有益成果,绝不照搬西方政治制度模式。

### (六)推进社会主义文化强国建设

胡锦涛说,文化是民族的血脉,是人民的精神家园。全面建成小康社会,实现中华民族伟大复兴,必须推动社会主义文化大发展大繁荣,兴起社会主义文化建设新高潮,提高国家文化软实力,发挥文化引领风尚、教育人民、服务社会、推动发展的作用。

胡锦涛指出,建设社会主义文化强国,必须走中国特色社会主义文化发展道路,坚持为人民服务、为社会主义服务的方向,坚持百花齐放、百家争鸣的方针,坚持贴近实际、贴近生活、贴近群众的原则,推动社会主义精神文明和物质文明全面发展,建设面向现代化、面向世界、面向未来的,民族的、科学的、大众的社会主义文化。

**知识问答**

问:什么是文化产业?

答"文化产业"这一术语产生于20世纪初。最初出现在霍克海默和阿多诺合著的《启蒙辩证法》一书之中。它的英语名称为"Culture Industry",可以译为文化工业,也可以译为文化产业。文化产业作为一种特殊的文化形态和特殊的经济形态,影响了人们对文化产业的本质把握。不同国家从不同角度看文化产业有不同的理解。联合国教科文组织关于文化产业的定义如下:文化产业就是按照工业标准,生产、再生产、储存以及分享自己文化产品和服务的一系列活动。从文化产品的工业标准化生产、流通、分配、消费的角度进行界定。

### (七)在改善民生和创新管理中加强社会建设

胡锦涛指出,加强社会建设,是社会和谐稳定的重要保证。必须从维护最广大人民根本利益的高度,加快健全基本公共服务体系,加强和创新社会管理,推动社会主义和谐社会建设。

胡锦涛强调,加强社会建设,必须以保障和改善民生为重点。提高人民物质文化生活水平,是改革开放和社会主义现代化建设的根本目的。要多谋民生之利,多解民生之忧,解决好人民最关心、最直接、最现实的利益问题,在学有所教、劳有所得、病有所医、老有所养、住有所居上持续取得新进展,努力让人民过上更好的生活。

### (八)大力推进生态文明建设

胡锦涛说,建设生态文明,是关系人民福祉、关乎民族未来的长远大计。面对资源约束趋紧、环境污染严重、生态系统退化的严峻形势,必须树立尊重自然、顺应自然、保护自然的生态文明理念,把生态文明建设放在突出地位,融入经济建设、政治建设、文化建设、社会建设各方面和全过程,努力建设美丽中国,实现中华民族永续发展。

## （九）加快推进国防和军队现代化

胡锦涛强调，建设与我国国际地位相称、与国家安全和发展利益相适应的巩固国防和强大军队，是我国现代化建设的战略任务。必须坚持以国家核心安全需求为导向，统筹经济建设和国防建设，按照国防和军队现代化建设"三步走"战略构想，加紧完成机械化和信息化建设双重历史任务，力争到2020年基本实现机械化，信息化建设取得重大进展。

## （十）丰富"一国两制"实践，推进祖国统一

胡锦涛说，香港、澳门回归以来，走上了同祖国内地优势互补、共同发展的宽广道路，"一国两制"实践取得举世公认的成功。中央政府对香港、澳门实行的各项方针政策，根本宗旨是维护国家主权、安全、发展利益，保持香港、澳门长期繁荣稳定。全面准确贯彻"一国两制"、"港人治港"、"澳人治澳"、高度自治的方针，必须把坚持一国原则和尊重两制差异、维护中央权力和保障特别行政区高度自治权、发挥祖国内地坚强后盾作用和提高港澳自身竞争力有机结合起来，任何时候都不能偏废。

胡锦涛指出，和平统一最符合包括台湾同胞在内的中华民族的根本利益。实现和平统一首先要确保两岸关系和平发展。必须坚持"和平统一、一国两制"方针，坚持发展两岸关系、推进祖国和平统一进程的八项主张，全面贯彻两岸关系和平发展重要思想，巩固和深化两岸关系和平发展的政治、经济、文化、社会基础，为和平统一创造更充分的条件。

他强调，我们要始终坚持一个中国原则。两岸双方应恪守反对"台独"、坚持"九二共识"的共同立场，增进维护一个中国框架的共同认知，在此基础上求同存异。对台湾任何政党，只要不主张"台独"、认同一个中国，我们都愿意同他们交往、对话、合作。

## （十一）继续促进人类和平与发展的崇高事业

胡锦涛强调，中国将始终不渝走和平发展道路，坚定奉行独立自主的和平外交政策。我们坚决维护国家主权、安全、发展利益，决不会屈服于任何外来压力。我们根据事情本身的是非曲直决定自己的立场和政策，秉持公道，伸张正义。中国主张和平解决国际争端和热点问题，反对动辄诉诸武力或以武力相威胁，反对颠覆别国合法政权，反对一切形式的恐怖主义。中国反对各种形式的霸权主义和强权政治，永远不称霸，永远不搞扩张。中国将坚持把中国人民利益同各国人民共同利益结合起来，以更加积极的姿态参与国际事务，发挥负责任大国作用，共同应对全球性挑战。

## （十二）全面提高党的建设科学化水平

胡锦涛强调，全党必须牢记，只有植根人民、造福人民，党才能始终立于不败之地；只有居

安思危、勇于进取,党才能始终走在时代前列。全党要增强紧迫感和责任感,牢牢把握加强党的执政能力建设、先进性和纯洁性建设这条主线,坚持解放思想、改革创新,坚持党要管党、从严治党,全面加强党的思想建设、组织建设、作风建设、反腐倡廉建设、制度建设,增强自我净化、自我完善、自我革新、自我提高能力,建设学习型、服务型、创新型的马克思主义执政党,确保党始终成为中国特色社会主义事业的坚强领导核心。

## 二、重要概念解读

### (一)科学发展观是必须长期坚持的指导思想

**1. 表述**

科学发展观是中国特色社会主义理论体系最新成果,是中国共产党集体智慧的结晶,是指导党和国家全部工作的强大思想武器。科学发展观同马克思列宁主义、毛泽东思想、邓小平理论、"三个代表"重要思想一道是党必须长期坚持的指导思想。

**2. 解读**

党的十八大报告对科学发展观有了新定位,把科学发展观作为全党全社会必须长期坚持的指导思想提了出来。科学发展观提出10年以来的实践证明,中国社会只要按照科学发展观发展,我们就能取得又好又快的发展,背离了科学发展观的发展,我们就会感觉到力不从心,就会面临诸多的掣肘。这次党的十八大报告明确地把科学发展观作为全党全社会必须长期坚持的指导思想,应该说这反映了10年来中国改革发展实践的客观要求。

### (二)将政治体制改革置于发展全局中思考

**1. 表达**

政治体制改革是我国全面改革的重要组成部分。必须继续积极稳妥地推进政治体制改革,发展更加广泛、更加充分、更加健全的人民民主。

**2. 解读**

这段话极具针对性,对于我们理解和把握中国的政治体制改革,对于我们解决现实生活中的一些思想认识问题具有重要的指导意义。

党的十八大召开前,有关政治体制改革的言论引起了社会舆论的热议,这一方面表现出公众对执政党的殷切期待,对国家未来发展的高度关注;另一方面也表现出公众对如何解决当今中国发展过程中存在的各种严重问题所做的深入思考。

中国为什么不能采取突进的方式,通过一揽子计划来完成政治体制改革的任务呢?第一,突进的方式往往会带来灾难性的后果。第二,渐进变革是和平环境下社会进步的主要路径。

第三,政治体制改革必须始终摆在改革发展全局的重要位置上。

正如胡锦涛同志在党的十八大报告中指出的那样,"政治体制改革是我国全面改革的重要组成部分",也就是说,要把政治体制改革置于改革发展的全局当中来思考,通过有序的政治实践,由点及面,循序渐进,在经济、文化、社会和政治发展的互动交汇中实现我国政治体制的最优化变革。

### (三)夺取中国特色社会主义新胜利

#### 1. 表述

在改革开放30多年一以贯之的接力探索中,我们坚定不移地高举中国特色社会主义伟大旗帜,既不走封闭僵化的老路,也不走改旗易帜的邪路。中国特色社会主义道路,中国特色社会主义理论体系,中国特色社会主义制度,是党和人民90多年奋斗、创造、积累的根本成就,必须倍加珍惜、始终坚持、不断发展。

建设中国特色社会主义总依据是社会主义初级阶段,总布局是五位一体,总任务是实现社会主义现代化和中华民族伟大复兴。发展中国特色社会主义是一项长期的艰巨的历史任务,必须准备进行具有许多新的历史特点的伟大斗争。我们一定要毫不动摇地坚持并与时俱进地发展中国特色社会主义,不断丰富中国特色社会主义的实践特色、理论特色、民族特色、时代特色。

#### 2. 解读

中国特色社会主义道路,中国特色社会主义理论体系,中国特色社会主义制度,是党和人民90多年奋斗、创造、积累的根本成就,必须倍加珍惜、始终坚持、不断发展;要求全党要坚持中国特色社会主义的道路自觉、理论自觉和制度自觉。这就为我们准确把握中国特色社会主义的意义、内涵、特征等,并以此为坐标总结过去和开辟未来进一步指明了方向。

第一,要增强中国特色社会主义的道路自觉。中国道路经受了历史和实践的检验,得到了全党全国人民的衷心拥护,也受到世界人民的尊重。只有倍加珍惜、毫不动摇地坚持这条道路,才能把我国建设成为富强、民主、文明、和谐的社会主义现代化国家,实现中华民族复兴的百年梦想。

第二,增强中国特色社会主义的理论自觉。中国特色社会主义是指导我们实现中华民族伟大复兴的正确理论。它是我们党把科学社会主义的基本原理同当代中国具体实际结合的产物,是继毛泽东思想之后形成的马克思主义中国化的最新理论成果。只有坚持和发展这个理论,我们的社会主义现代化建设事业才能有光明的前途。

第三,增强中国特色社会主义的制度自觉。中国特色社会主义是一种制度体系,为当代中国发展进步提供了一系列的制度保障,充分体现了中国特色社会主义的优点和优势。这套制度体系既根本区别于资本主义制度,又超越了传统社会主义制度安排。其中包括我国现行的基本政治制度、基本经济制度以及建立于其上的文化体制、社会体制等,它们共同构成一个制度体系。实践证明,这套制度体系符合我国国情和时代潮流,有自己的优越性。

中同特色社会主义的道路、理论和制度是紧密结合在一起的。认识并坚持和发展中国特色社会主义必须从三个维度努力,缺少任何一个维度,对它的认识和实践都会陷入片面。当然,中国特色社会主义是不断发展着的道路、理论和制度,需要继续披荆斩棘,不断开拓新境界。

### (四)大力推进生态文明建设

#### 1. 表述

当前和今后一个时期,要重点抓好四个方面的工作:一是要优化国土空间开发格局;二是要全面促进资源节约;三是要加大自然生态系统和环境保护力度;四是要加强生态、文明制度建设。

#### 2. 解读

中国作为世界上最大的发展中国家,人口基数大、人均资源少、生态环境脆弱,发展中不平衡、不协调、不可持续的问题很突出,发展经济和保护环境的任务十分繁重。多年来,中国相继提出走新型工业化发展道路,发展低碳经济、循环经济,建立资源节约型、环境友好型社会,建设创新型国家等发展理念和战略思想。党的十八大进一步明确提出必须树立尊重自然、顺应自然、保护自然的生态文明理念,要求把生态文明建设放在突出地位,融入经济建设、政治建设、文化建设、社会建设各方面和全过程,努力建设美丽中国,实现中华民族永续发展。建设"美丽中国",这是新的历史条件下中国共产党以高度负责精神为建设生态文明国家而做出的庄严承诺。

### (五)丰富"一国两制"实践,推进祖国统一

#### 1. 表述

和平统一最符合包括台湾同胞在内的中华民族的根本利益。实现和平统一首先要确保两岸关系和平发展。必须坚持"和平统一、一国两制"方针,坚持发展两岸关系、推进祖国和平统一进程的八项主张,全面贯彻两岸关系和平发展重要思想,巩固和深化两岸关系和平发展的政治、经济、文化、社会基础,为和平统一创造更充分的条件。

#### 2. 解读

香港回归以来,在中央政府和祖国内地的大力支持下,成功抵御亚洲金融危机、"非典"疫情以及国际金融危机的冲击,经济总体保持了良好发展态势。2011年,香港人均GDP(本地生

产总值)从 1997 年的 2.7 万美元增长到 3.4 万美元。从 2004 年到 2011 年的 8 年间,香港 GDP 平均增速达 5%,是同期其他发达经济体平均值的近两倍。香港已连续 18 年被评为全球最自由经济体。

澳门回归祖国后,继续保持中西文化融合交汇的多元特色,广大澳门同胞依法享有广泛的民主权利,澳门经济实现持续快速增长,人均地区生产总值跃居亚洲前列,一系列重大基础设施建成,城市面貌焕然一新,社会事业不断进步,对外交往更加活跃,国际影响不断扩大。今日澳门,经济发展,民生改善,社会安定,一派欣欣向荣的景象。

香港和澳门回归以后的发展变化证明了"一国两制"具有强大的生命力。"一国两制"的成功实践证明,"一国两制"是完成祖国统一的最佳方式,当然也是解决台湾问题的最佳方式。

## 三、党的十八大报告八大关键词

### 1."五位一体"

党的十八大报告将中国特色社会主义事业总体布局从"四位一体"扩展为"五位一体",这表明我们党对中国特色社会主义建设规律从认识到实践都达到了新的水平。早在 1986 年,党的十二届六中全会首次提出以经济建设为中心、坚定不移地进行经济体制改革、坚定不移地进行政治体制改革、坚定不移地加强精神文明建设的总体布局,这一"三位一体"总体布局从党的十三大一直延续到十六大。党的十六届六中全会提出构建社会主义和谐社会的重大任务,总体布局拓展为"四位一体",增加了社会建设。党的十八大提出生态文明建设,总体布局又拓展为"五位一体"。这"五位一体"的总体布局,对应着全国老百姓的经济、政治、社会、文化、生态五大权益。特别是通过生态文明建设,我们党和国家将在实现当代人利益的同时,给自然留下更多修复空间,给农业留下更多良田,给子孙后代留下天蓝、地绿、水净的美好家园。

党的十八大报告中提出党的建设总体布局也是"五位一体",即思想建设、组织建设、作风建设、反腐倡廉建设、制度建设。中国特色社会主义事业"五位一体"总体布局中的生态文明,体现着自然界的净化,而我们党的建设新的伟大工程"五位一体"总体布局中的反腐倡廉建设,体现的是中国共产党党的肌体的自我净化。

### 2. 科学发展观

党的十八大报告进一步明确了科学发展观的历史定位,实现了党的指导思想又一次与时俱进。我们党在推进马克思主义中国化过程中存在两次历史性飞跃,第一次飞跃形成了毛泽东思想;第二次飞跃是在改革开放新的伟大革命中,逐步形成了中国特色社会主义理论体系。这个理论体系实现了我们党的指导思想的三次与时俱进,第一次是将邓小平理论列为党的指导思想,第二次是将"三个代表"重要思想列为党的指导思想,第三次是将科学发展观列为党的指导思想,因而这是党的十八大报告最大的理论亮点和历史贡献。

### 3."八项要求"

党的十八大报告对中国特色社会主义做出新的理论概括,强调在新的历史条件下,夺取中国特色社会主义新胜利,必须牢牢把握八个基本要求,分别是:必须坚持人民主体地位,必须坚持解放和发展社会生产力,必须坚持推进改革开放,必须坚持维护社会公平正义,必须坚持走共同富裕道路,必须坚持促进社会和谐,必须坚持和平发展,必须坚持党的领导。这八条,不仅条条都有强烈的现实针对性、长远指导性,而且作为全党全国人民的共同信念,必将极大地推进解放思想、改革开放、凝聚力量、攻坚克难,扎扎实实夺取中国特色社会主义新胜利,奋力开拓中国特色社会主义更为广阔的发展前景。

### 4."两个目标"

党的十八大报告提出两个百年奋斗目标,一个是在中国共产党成立一百年时全面建成小康社会,一个是在新中国成立一百年时建成富强民主文明和谐的社会主义现代化国家。这两个百年奋斗目标最早是在党的十五大报告中提出的,此后,党的十六大、十七大报告以及胡锦涛同志在纪念党的十一届三中全会30周年大会上的讲话中都做了重申。

党的十八大报告再次重申这两个百年目标,是要强调,此时此刻,我们正处于近代以来中国历史上最接近中华民族伟大复兴目标的重要时刻,我们既倍加自豪,又对党和人民确立的理想、信念倍加坚定,对党肩负的历史责任倍加清醒。也可以这样说,这两个百年目标必将成为我们夺取中国特色社会主义新胜利的两座里程碑。

### 5."五个方面"

党的十八大报告提出"为全面建成小康社会而奋斗",从"建设"到"建成",这一字之变,是个质的飞跃;这一字之变的"含金量"很高,为我们扎扎实实迈向中华民族伟大复兴提供了一个看得见、摸得着、感受得到的阶段性目标,把全面建成惠及十几亿人口的更高水平小康社会美好前景,更加清晰地呈现在全国人民面前,必将极大激发全国人民的奋斗热情。

全面建成小康社会的新的目标要求分别是经济持续健康发展,人民民主不断扩大,文化软实力显著增强,人民生活水平全面提高,资源节约型、环境友好型社会建设取得重大进展。这里最引人注目的目标是到2020年"实现国内生产总值和城乡居民人均收入比2010年翻一番"。到那时,全国老百姓的衣食住行用水平将全面提高,基本公共服务均等化将总体实现,全民受教育程度和创新人才培养水平将明显提高,教育现代化将基本实现,农民工子女将平等接受教育,让每个孩子都能成为有用之才,城乡就业将更加充分,收入分配差距将会缩小,中等收入群体将持续扩大,扶贫对象将大幅减少,农业转移人口市民化进程将加快,城镇基本公共服务将实现常住人口全覆盖,人人享有基本医疗卫生服务,人居环境明显改善,住房保障体系基本形成。老百姓生活在社会主义中国的幸福感将普遍增强!

全面深化五大体制改革也在目标要求中全面呈现,明确了包括政治体制改革在内的深化改革开放的重点。用一个形象的概括,就叫作"高举旗帜走转改","高举旗帜"就是高举中国特色社会主义伟大旗帜,"走"就是坚定不移走中国特色社会主义道路,"转"就是加快转变经济发展方式,"改"就是全面深化改革开放。

### 6. 社会主义协商民主

党的十八大报告提出健全社会主义协商民主制度,这是我国人民民主的重要形式,有利于就经济社会发展重大问题和涉及群众切身利益的实际问题广泛协商,广纳群言,广集民智,增进共识,增强合力。把中国特色选举民主同社会主义协商民主相结合,将有利于健全民主制度,丰富民主形式,扩大社会主义民主,发展社会主义政治文明,为实现最广泛的人民民主确立正确方向。

### 7. 社会主义核心价值观

党的十八大报告用24个字提出覆盖全国各方面意见、反映现阶段全国人民最大公约数的社会主义核心价值观的表述。这个表述是分别从国家、社会、个人三个层面进行的。从国家层面看,是富强、民主、文明、和谐;从社会层面看,是自由、平等、公正、法治;从公民个人层面看,是爱国、敬业、诚信、友善。毛泽东曾一再强调正确处理国家、集体、个人三者利益关系,这三个层面的社会主义核心价值观的表述,也体现了同样的思想方法。在这个基础上,有利于积极培育社会主义核心价值观。

### 8. "三型"

党的十八大报告提出建设学习型、服务型、创新型的马克思主义执政党。这"三型"目标,表明我们对执政党建设规律的把握更自觉、更全面、更深刻。

问:社会主义核心价值观经历过怎样的理论发展过程?

答:党的十六届六中全会通过的《中共中央关于构建社会主义和谐社会若干重大问题的决定》深刻揭示了社会主义核心价值体系的内涵,明确提出了社会主义核心价值体系的内容。社会主义价值观是社会主义核心价值体系的内核的最高抽象。2006年十六届六中全提出"社会主义核心价值体系"后,学界对社会主义核心价值观展开深入探讨。2012年11月8日党的十八大报告明确提出"三个倡导",即"倡导富强、民主、文明、和谐,倡导自由、平等、公正、法治,倡导爱国、敬业、诚信、友善,积极培育社会主义核心价值观",这是对社会主义核心价值观的最新概括。

在党的十八大报告中,人民是个关键词,服务也是个关键词。坚持人民主体地位,更好地保障人民权益、更好地保障人民当家作主贯穿报告始终,为人民服务也贯穿报告始终。在社会主义经济、政治、文化、社会、生态建设部分的论述和部署中,处处体现了我们党和国家全方位为人民服务,加强各方面、各领域服务体系建设,服务各方面人群的服务功能、服务效能。同时,党的十八大报告也对基层"服务型"党组织建设做出了总体部署,必将充分发挥基层党组织推动发展、服务群众、凝聚人心、促进和谐的作用,进一步务实党执政的基层组织基础。

## 第二节 伟大复兴的中国——中国梦

### 一、什么是中国梦?

习近平总书记在党的十八届一中全会闭幕后同中外记者见面时深情地说:"我们的人民热爱生活,期盼有更好的教育、更稳定的工作、更满意的收入、更可靠的社会保障、更高水平的医疗卫生服务、更舒适的居住条件、更优美的环境,期盼孩子们能成长得更好,工作得更好、生活得更好。人民对美好生活的向往,就是我们的奋斗目标。"人民是历史的创造者,群众是真正的英雄。人民群众是我们力量的源泉。每个人的力量是有限的,但只要万众一心,众志成城,就没有克服不了的困难;每个人的工作时间是有限的,但全心全意为人民服务是无限的。

从根本上来说,中国梦就是实现国家富强,民族振兴,人民幸福。具体说来,中国梦就是现代化之梦,社会主义之梦,民族复兴之梦。中国道路的总任务是"实现社会主义现代化和中华民族的伟大复兴";中国道路的现状是:已经"不可逆转地开启了中华民族不断发展壮大、走向伟大复兴的历史进军";中国道路的前景是"促进人的全面发展、逐步实现全体人民的共同富裕,建设富强、民主、文明、和谐的社会主义现代化国家"。在中国梦的三种含义里,现代化是形态,社会主义是灵魂,民族复兴是主体。

### 二、中国梦就是以人民对美好生活的向往为奋斗目标

**1. 以人民对美好生活的向往为奋斗目标,始终以人民为根基**

党的十八大最根本的精神就是人民的利益高于一切。"只有植根人民、造福人民,党才能始终立于不败之地。""以人为本、执政为民是检验党的一切执政活动的最高标准。"这是一个政党对与人民关系的清醒认识和深刻敬畏。很多人都知道1947年毛泽东给郊县县委的题词"站在最大多数劳动人民的一边。"据采访过此事的作家王树增讲:解放战争期间,彭德怀要把占领郊县的胡宗南的军队打跑,但缺少三天的粮食。当时郏县的县长计算了一下,把所有的粮食拿出来够部队吃一天,把地里的青苗割下来够吃一天,把全县的驴、羊杀了还够吃一天。因此,打仗的时候,老百姓就牵着驴、赶着羊在后面跟着,供部队吃饭。打完这一仗以后,好几年之内,这个县都不见驴,老百姓吃观音土。毛泽东就是在这个背景下写下了那13个字。我们

今天面临的四种考验和四种危险,最大的考验是与人民的关系,最大的危险是脱离人民、背离人民。"得众则得国,失众则失国。"

**2. 以人民对美好生活的向往为奋斗目标,坚定地站在人民一边**

我们常说,中国共产党是历史和人民的选择。但是,历史和人民之所以选择了共产党,是因为共产党首先选择了历史和人民。张学良对此深有体会。他针对有的人把"九一八"后人民抗日情绪高涨归结为共产党的鼓动,说"这得反过来说,是人民自动,共产党顺应。"很多人都不会忘掉世界上第一个执政的共产党最终无可奈何花落去的那一幕。剧变之前苏联科学院搞了一次调查,在这次调查中,认为苏共代表工人的占4%,代表全体人民的占7%,代表全体党员的占11%,代表官僚干部、机关工作人员的占85%。在苏共被宣布解散、遭到取缔的日子里,大多数苏联人民无动于衷,几乎没有什么反对的行动,不少人反而站到了反对派一边。这对于我们不得不说是一个警醒。

**3. 以人民对美好生活的向往为奋斗目标,牢记人民的信任和重托**

党的十八大提出了全面建成小康社会的宏伟目标,还提出了一个具体的量化指标,就是到2020年实现国内生产总值和城乡居民人均收入在2010年的基础上翻一番。实现这个目标,既能为人民美好生活打下坚实的物质基础,同时本身就是人民美好生活的具体体现,代表了人民的美好愿望。研究现代化的政治学者阿普特说:所有的现代化过程中的社会都处在转型时期。在激动人心带有史诗色彩但又充满不确定风险的现代化进程中,中国共产党肩负历史赋予的责任和使命,英雄般地率领着人民披荆斩棘,为实现民族的伟大复兴冲锋在前,是工人阶级的先锋队,也是名副其实的中华民族的先锋队。但共产党员走在人民之前,却不能脱离于人民之外,既不能高居于人民之上作威作福,更不能背离于人民之外离心离德,而是要"始终与人民心心相印、与人民同甘共苦、与人民团结奋斗"。

## 三、中国梦的时代特征

"中国梦"的本质内涵是实现国家富强、民族复兴、人民幸福。当代中国所处的发展阶段,决定了全面建成小康社会是"中国梦"的根本要求,相应的,"中国梦"也呈现出这个阶段的诸多重要时代特征。

**1. 综合国力进一步跃升的"实力特征"**

"中国梦"的第一要义,就是实现综合国力进一步跃升。如今,我国经济总量已跃居世界第二位,但人口多、发展很不平衡的状况并未根本改变。党的十八大描绘了到2020年的宏伟目标,小康社会全面发展:经济持续健康发展,国内生产总值和城乡居民人均收入比2010年翻一番,科技进步对经济增长的贡献率大幅上升,进入创新型国家行列,人民民主不断扩大,文化软实力显著增强。这一指标体系构成了现阶段"中国梦"的基本图景。

### 2. 社会和谐进一步提升的"幸福特征"

党领导全国各族人民共圆"中国梦"的根本目的,就是要实现好、维护好、发展好最广大人民的根本利益,进而提升全社会的幸福指数。提升幸福指数是个复杂的系统工程,既要考虑物质因素,又要考虑非物质因素,从根本上讲,就是要进一步提升社会和谐的水平。党的十八大着眼于提升人民的幸福指数,将"坚持维护社会公平正义""坚持走共同富裕道路""坚持促进社会和谐"纳入夺取中国特色社会主义新胜利的基本要求,将"保障和改善民生"作为社会建设的重点,等等。这些和谐因素的充实,对"中国梦"的阶段性特征做了更为清晰的描绘,也为"中国梦"增添了更加美丽的幸福光环。

### 3. 中华文明在复兴中进一步演进的"文明特征"

中华文明是世界上唯一一个几千年来不断延续、传承至今的文明,但要体现现代文明色彩,就必须超越数千年来创造的农耕文明形态。

党的十八大将中国特色社会主义总布局从经济、政治、文化、社会建设"四位一体"升华为包括生态文明建设的"五位一体",标志着中华文明格局开启了向物质文明、政治文明、精神文明、社会文明和生态文明全面发展的更高阶段演进的新里程。坚定不移地推进"中国梦"的实现,中华文明必将放射出更加灿烂的光芒。

### 4. 促进人全面发展的"价值特征"

《共产党宣言》指出,共产党人的最终目标是建立"每个人的自由发展是一切人的自由发展的条件"的"联合体"。"中国梦"具有多个维度,而其价值维度就是要实现人的全面发展。党的十八大明确把"促进人的全面发展"纳入中国特色社会主义道路的内涵之中,并且强调"不断在实现发展成果由人民共享、促进人的全面发展上取得新成效"。这标志着中国特色社会主义把实现人的自由全面发展作为终极价值追求,必将极大提升"中国梦"的吸引力、凝聚力和感召力。

## 四、中国梦归根到底是人民的梦

在中国梦的丰富内涵中,"人"无疑是关键要素。"中国梦归根到底是人民的梦,必须紧紧依靠人民来实现,必须不断为人民造福。"习近平总书记的重要讲话,阐明了中国梦的核心价值,也指明了中国梦的动力源泉。国家富强、民族振兴、人民幸福,中国梦勾勒出的美好图景,最终统一于人民梦的历史语境。"大河没水小河干",近代中国的百年奋斗,不断证明着一个朴素的道理,国家好,民族好,大家才会好。在实现民族复兴的征程中,唯有将个人之梦寄托于国家之梦、民族之梦,梦想才有成真的可能。

在中国梦的雄壮交响中,无论是实现国家民族的繁荣富强,还是追求普通个体的幸福生活,实现"人的全面发展"始终是最催人奋进的旋律。从站起来,到富起来,再到强起来;从实现总体达到小康水平,到跻身世界第二大经济体,再到构建覆盖13亿人的保障体系……国泰则民安,民富则国强,伟大的中国梦,使个人梦想有了广阔空间。

在这个意义上,"宏大叙事"的国家梦,也是"具体而微"的个人梦。中国梦,最终是由一个个鲜活生动的个体梦想汇聚而成。更好的教育、更稳定的工作、更满意的收入、更可靠的社会保障、更高水平的医疗卫生服务、更舒适的居住条件、更优美的环境……人民对美好生活的向往,对人生出彩机会的渴望,正是中国梦最富生命力的构成。

人人都有追梦的权利,也都是梦想的筑造者。如果说,"大河没水小河干"阐明的是命运共同体逻辑;"小河有水大河满",则揭示了发展进步的动力机制。正如习近平总书记指出的,中国梦的实现,"必须紧紧依靠人民"。每个人的自由发展是一切人自由发展的条件,个体梦想的实现,正是国家梦想实现的重要前提和必备条件。

一切为了人民,梦想便有了牢固的根基。淮海战役战场上一望无际的手推车,见证了人民战争的伟力;安徽凤阳小岗村18个鲜红的手印,标注着人民改革的精神。人民群众的创造实践,是创造历史不竭的原动力。正是得到了人民的拥护支持,尊重了人民的首创精神,激发出人民的无穷力量,我们才在披荆斩棘的奋斗中,创造了经济增长的奇迹,释放了社会发展的活力,开辟出一条生机勃勃的复兴之路。

历史证明,个人的前途与国家命运息息相关,而每一个人的奋斗努力,都是中国梦的组成部分。在实现民族复兴的关键阶段,最大程度吸纳人民群众参与改革发展,最大程度促进全面小康的共建共享,最大程度动员全体人民同心共筑中国梦,就能激发每个中国人的进取心和创造力,就能在逐梦之路上始终有众志成城的民意支撑,始终有破浪前行的不竭动力。

习近平总书记在十二届全国人大一次会议闭幕会上发表重要讲话表示,中国梦归根到底是人民的梦,必须紧紧依靠人民来实现,必须不断为人民造福。他指出,我们要坚持党的领导、人民当家作主、依法治国有机统一,坚持人民主体地位,扩大人民民主,推进依法治国,坚持和完善人民代表大会制度的根本政治制度,中国共产党领导的多党合作和政治协商制度、民族区域自治制度以及基层群众自治制度等基本政治制度,建设服务政府、责任政府、法治政府、廉洁政府,充分调动人民积极性。我们要坚持发展是硬道理的战略思想,坚持以经济建设为中心,全面推进社会主义经济建设、政治建设、文化建设、社会建设、生态文明建设,深化改革开放,推动科学发展,不断夯实实现中国梦的物质文化基础。

习近平总书记说,我们要随时随刻倾听人民呼声、回应人民期待,保证人民平等参与、平等发展权利,维护社会公平正义,在学有所教、劳有所得、病有所医、老有所养、住有所居上持续取得新进展,不断实现好、维护好、发展好最广大人民根本利益,使发展成果更多更公平惠及全体人民,在经济社会不断发展的基础上,朝着共同富裕方向稳步前进。

习近平总书记说,我们要巩固和发展最广泛的爱国统一战线,加强同民主党派和无党派人士团结合作,巩固和发展平等、团结、互助、和谐的社会主义民族关系,发挥宗教界人士和信教群众在促进经济社会发展中的积极作用,最大限度地团结一切可以团结的力量。

## 第三节　追寻中国梦之路

"梦",带给人多少遐想、多少憧憬、多少激情！习近平总书记在参观《复兴之路》展览时关于实现民族复兴是中华民族近代以来最伟大梦想的深情解读,在会见驻穗部队领导干部时关于"中国梦"是强国梦也是强军梦的深邃阐释,凝聚了几代中国人的共同夙愿,体现了中华民族和中国人民的整体利益,奏响了中国的发展强大不可逆转的时代强音,带给中国人特别是当代中国军人深刻的启迪和极大的激励。

### 一、中国梦蕴含的责任

中国梦的责任,就是要团结带领全党全国各族人民,继续解放思想,坚持改革开放,不断解放和发展社会生产力,努力解决群众的生产生活困难,坚定不移走共同富裕的道路。

#### 1. 对民族的责任

我们的民族是伟大的民族。在5 000多年的文明发展历程中,中华民族为人类文明进步做出了不可磨灭的贡献。近代以后,我们的民族历经磨难,中华民族到了最危险的时候。自那时以来,为了实现中华民族伟大复兴,无数仁人志士奋起抗争,但一次又一次地失败了。中国共产党成立后,团结带领人民前仆后继、顽强奋斗,把贫穷落后的旧中国变成日益走向繁荣富强的新中国,中华民族伟大复兴展现出前所未有的光明前景。我们的责任,就是要团结带领全党全国各族人民,接过历史的接力棒,继续为实现中华民族伟大复兴而努力奋斗,使中华民族更加坚强有力地自立于世界民族之林,为人类做出新的更大贡献。

#### 2. 对人民的责任

我们的人民是伟大的人民。在漫长的历史进程中,中国人民依靠自己的勤劳、勇敢、智慧,开创了各民族和睦共处的美好家园,培育了历久弥新的优秀文化。我们的人民热爱生活,期盼有更好的教育、更稳定的工作、更满意的收入、更可靠的社会保障、更高水平的医疗卫生服务、更舒适的居住条件、更优美的环境,期盼孩子们能成长得更好、工作得更好、生活得更好。人民对美好生活的向往,就是我们的奋斗目标。人世间的一切幸福都需要靠辛勤的劳动来创造。我们的责任就是要团结带领全党全国各族人民,继续解放思想,坚持改革开放,不断解放和发展社会生产力,努力解决群众的生产生活困难,坚定不移走共同富裕的道路。

#### 3. 对党的责任

我们的党是全心全意为人民服务的政党。党领导人民已经取得举世瞩目的成就,我们完全有理由因此而自豪,但我们自豪而不自满,绝不会躺在过去的功劳簿上。新形势下,我们党面临着许多严峻挑战,党内存在着许多亟待解决的问题,尤其是一些党员干部中发生的贪污腐败、脱离群众、形式主义、官僚主义等问题必须下大气力解决。全党必须警醒起来。打铁还需自身硬。我们的责任,就是同全党同志一道,坚持党要管党、从严治党,切实解决自身存在的突出问题,切实改进工作作风,密切联系群众,使我们党始终成为中国特色社会主义事业的坚强领导核心。

## 二、实现中国梦的"三个必须"

习近平说:"中国梦是民族的梦,也是每个中国人的梦。"也正因如此,习近平在讲话中对每位中华儿女,都有殷切的期望和嘱托。他还用了"三个必须"来指明实现"中国梦"的路径。

**1. 实现中国梦必须走中国道路**

这就是中国特色社会主义道路。这条道路来之不易,它是在改革开放30多年的伟大实践中走出来的,是在中华人民共和国成立60多年的持续探索中走出来的,是在对近代以来170多年中华民族发展历程的深刻总结中走出来的,是在对中华民族5 000多年悠久文明的传承中走出来的,具有深厚的历史渊源和广泛的现实基础。中华民族是具有非凡创造力的民族,我们创造了伟大的中华文明,我们也能够继续拓展和走好适合中国国情的发展道路。全国各族人民一定要增强对中国特色社会主义的理论自信、道路自信、制度自信,坚定不移沿着正确的中国道路奋勇前进。

**2. 实现中国梦必须弘扬中国精神**

这就是以爱国主义为核心的民族精神,以改革创新为核心的时代精神。这种精神是凝心聚力的兴国之魂、强国之魂。爱国主义始终是把中华民族坚强团结在一起的精神力量,改革创新始终是鞭策我们在改革开放中与时俱进的精神力量。全国各族人民一定要弘扬伟大的民族精神和时代精神,不断增强团结一心的精神纽带、自强不息的精神动力,永远朝气蓬勃迈向未来。

**3. 实现中国梦必须凝聚中国力量**

这就是中国各族人民大团结的力量。中国梦是民族的梦,也是每个中国人的梦。只要我们紧密团结,万众一心,为实现共同梦想而奋斗,实现梦想的力量就无比强大,我们每个人为实现自己梦想的努力就拥有广阔的空间。生活在我们伟大祖国和伟大时代的中国人民,共同享有人生出彩的机会,共同享有梦想成真的机会,共同享有同祖国和时代一起成长与进步的机会。有梦想,有机会,有奋斗,一切美好的东西都能够创造出来。全国各族人民一定要牢记使命,心往一处想,劲往一处使,用13亿人的智慧和力量汇集起不可战胜的磅礴力量。

中国梦归根到底是人民的梦,必须紧紧依靠人民来实现,必须不断为人民造福。习近平援引战国《尚书·周官》中的一句话"功崇惟志,业广惟勤"。他表示,中国仍处于并将长期处于社会主义初级阶段,实现中国梦,创造全体人民更加美好的生活,任重而道远,需要我们每一个人继续付出辛勤劳动和艰苦努力。

## 三、实现中国梦需要坚持"五个有"

中国社科院马克思主义研究院研究员、博士生导师辛向阳指出,实现中国梦,需要坚持"五个有"。

**1. 有路**

有路是指中国梦的实现有着中国道路的支撑。实现中国梦必须走中国道路,中国道路不是别的道路,就是中国特色社会主义道路。中国特色社会主义道路具有三大优势:社会主义道路的优势,融入经济全球化的优势,民族特色的优势。社会主义道路的一个独特优势是能够在公平的基础上实现广大人民群众的共同富裕,以社会主义来守护社会公正。

**2. 有魂**

有魂是指中国梦的实现有着中国特色社会主义理论体系的指导。中国特色社会主义理论体系具有三大能量:能够把握趋势、抓住机遇、化解风险。

**3. 有底**

有底是指中国梦的实现有着中国特色社会主义制度作为基础和可靠保障。中国特色社会主义制度具有三大能力:集中力量办大事、成熟定型成大事、融合发展干大事。

**4. 有人**

有人是指中国梦的实现有着广大人民群众这一历史主体。中国人的梦想正是在国家梦、民族梦的实现中不断得以实现的。

**5. 有备**

有备是指中国梦的实现不会是一帆风顺的,必须时刻准备迎接挑战。在发展中国特色社会主义的过程中实现伟大复兴的中国梦,必须准备进行具有许多新的历史特点的伟大斗争。我们必须有足够的估计,树立忧患意识,做好最充分的准备,迎接各种挑战。

## 四、真抓实干成就"中国梦"

"中国梦"凝聚着亿万人民对美好生活的期盼,对民族复兴的希望。全国两会将把党的十八大指出的全面建成小康社会的前景、路径,更加清晰地呈现在全国人民面前。人民的期待需要转化为一项项具体措施,落实到一件件好事、实事。唯有真抓,才能直面问题,攻坚克难;唯有实干,才能托起民族复兴的伟大梦想。

**1. 进一步赋予"中国梦"丰富的内涵**

任何一个能够引领民族发展进步的梦想都是美好的,任何美好的梦想都必然伴随时代的节拍、顺应现实条件的变化而变化。中华民族的复兴梦同样如此。在民族独立的梦想已经在艰苦卓绝的奋斗中得以实现之后,我们又将建设富强、民主、文明、和谐的社会主义现代化国家,推动社会更加自由、平等、公正、法治,将我们的生活家园建设得更加美丽等等写在了中国特色社会主义伟大旗帜上。对国家、民族、人民生活的这些美好愿景,进一步丰富了中华民族伟大复兴的内涵,进一步展现了"中国梦"的强大凝聚力、感召力,进一步激发了全体中华儿女团结奋进的强大动力。

**2. 进一步凝聚团结奋斗的强大合力**

邓小平说过:"我们共产党人的最高理想是实现共产主义,在不同历史阶段又有代表那个阶段最广大人民利益的奋斗纲领。因此我们才能够团结和动员最广大的人民群众,叫作万众一心。"民族复兴的伟大目标只有转化为一个个相互关联、具体实在的建设要求,才能鼓舞人心、凝聚力量,才能在人们的具体实干中变为现实。党的十八大提出了全面建成小康社会和全面深化改革开放的奋斗目标,引领着民族复兴进程的顺利推进。用"中国梦"凝聚强大精神能量,需要每个行业和领域在此基础上形成具体目标、具体路线图、具体时间表,让全社会的每一部分肌体、每一个工作岗位都焕发出最大的创造活力,进而汇聚为推动民族复兴的建设洪流。

**3. 进一步培育攻坚克难的顽强斗志**

精神能量的大小,不仅体现在其涵盖面和包容度的大小,也体现在其韧性和强度的高低。没有梦想的民族是可悲的,对美好梦想没有坚定不移、矢志不渝精神状态的民族同样没有前途。中华民族富有以坚定的信念和坚韧的毅力追求梦想的精神基因。在推进民族复兴的新征程中,我们面临的发展机遇和风险挑战前所未有,我们需要面对多种长期的、复杂的、严峻的考验,需要准备进行具有许多新的历史特点的伟大斗争。面对风险挑战和危险考验,我们唯有不断增强道路自信、理论自信、制度自信,更加坚定不移,更加清醒自觉,进一步培育攻坚克难的顽强斗志,进一步深化改革开放,始终坚持和发展中国特色社会主义,才能迎来中华民族伟大复兴更加光辉灿烂的前景。

## 五、中国梦的强军之梦

"中国梦"首先是一个"强军梦"。中华民族有着悠久灿烂的文明,长期居于世界文明发展的前列。近代中国的灾难,是从西方列强在军事上比中国强大并欺负中国开始的。

1840年的鸦片战争,大英帝国用"坚船利炮"击碎了"居天地之中者曰中国"的"天朝上国"迷梦;1900年,八国联军拼凑起来的兵力不足两万,而京畿一带纵有十几万清军、几十万义和团之众,仍无法阻止北京陷落和清政府向各国(共8国)赔款白银4.5亿两,分39年还清,年息4厘,本息共计982 238 150两(九亿八千二百二十三万八千一百五十两),以海关税、常关税和盐税做担保。从1840年到1919年的80年间,中国与列强签订了900多个丧权辱国的不平等条约,平均约每月一个。"和约"越签越多,而和平与安全却越来越少。

百年屈辱,百年渴望。当中华民族面对"千年未有之变局""千年未有之强敌",中华儿女就萌生了一个执着的梦想,一个民族复兴的梦想。这个"梦",从某种意义上说是被"打"出来的。

"无端忽作太平梦,放眼昆仑绝顶来。"1902年,梁启超在《新中国未来记》中,写下了对未来的梦想和期望。为了国家、民族的富强之梦,多少仁人志士苦苦求索、孜孜探寻。从林则徐、魏源的"睁开眼睛看世界",到李鸿章、曾国藩的"洋务运动",从康有为、梁启超的"戊戌变法",到孙中山领导的辛亥革命,历经一次次的失败,但强国、强军之梦从未泯灭。

"拯斯民于水火,扶大厦之将倾。"汇聚了中华民族先进分子的中国共产党及其领导下的人民军队自诞生之日起,就勇敢担起了实现这个梦想的历史重任。

中同共产党带领中国人民,坚持用马克思主义之"矢",射中国具体国情之"的",破解了"中国梦"的密码,找到了实现"中国梦"的路径,完成了近代以来中同人梦寐以求的民族独立、民族解放的历史任务,开创了中国特色社会主义伟大事业,开启了中华民族发展进步的历史新纪元。

在中国特色社会主义道路上,近代以来中华民族的历史命运实现了两个"不可逆转":不可逆转地结束了内忧外患、积贫积弱的悲惨命运;不可逆转地开启了不断发展壮大、走向复兴的历史进程。

在中国特色社会主义道路上,我们创造了同期世界上大国最快的经济增长速度、最快的对外贸易增长速度、最快的外汇储备增长速度、最快且人数最多的脱贫致富速度……在中国特色社会主义道路上,人民解放军已由昔日的"小米加步枪",发展成为诸军兵种合成、具有一定现代化水平并开始向信息化迈进的强大军队。

"雄关漫道真如铁,人间正道是沧桑。"

鸦片战争以来170多年的"中国梦",在今天比以往任何时候都更加清晰、更加切近、更加现实。

历史是一面镜子,也是一部教科书。百年的探索与奋斗、苦难与辉煌向我们昭示,道路决定命运。只有在中国共产党的领导下,走中国特色社会主义道路,才能实现伟大的"中国梦"。

1. 什么是中国梦?
2. 中国梦的时代特征是什么?

3. 什么是中国道路？其来源和本质是什么？
4. 实现中国梦的"三个必须"是什么？

**思考题**

1. 党的十八大是在什么样的国内、国际背景之下召开的？
2. 党的十八大对《中国共产党章程》进行了哪些修改？这些修改有什么积极意义？
3. 科学发展观在目前我国的经济、社会建设中有哪些现实意义？

# 第二章
## Chapter 2

## 全面深化改革，"四化"同步发展

**要点提示**

◆ 全面深化改革的重要意义
◆ "新四化"的内涵与现状
◆ 全面深化改革，促进"新四化"蓬勃发展

**开篇阅读**

中国的改革从党的十一届三中全会起，至今已经走过30多年历程。国家的发展水平进入了中等收入国家的行列。在这个新的历史节点上，习近平总书记做出了"四个全面"的战略部署。其中的重要方面是全面深化改革。我们需要站在全局和历史的高度，明确全面深化改革的战略布局，尤其要明确当前的全面深化改革与过去30多年的改革既有延续性，更有新的内容。同时要对所涉及的各项改革在全面深化改革的总体框架中正确定位。只有这样，才能推动新时期的改革步入新的高度。

中国农村改革的成就举世瞩目。在农村初步形成了维护农民经济利益、有利于资源优化配置的社会主义市场经济体制，即建立了以家庭承包经营为基础统分结合的双层经营体制，开始了农村工业化、城市化的进程，努力构建多元化、竞争性的农村金融体系，逐步提高农民进入市场的组织化程度，逐步放开了农产品市场。深化农村改革，就要落实中共中央十八届三中全会通过的《中共中央关于全面深化改革若干重大问题的决定》，在经济上保障农民的物质利益，在政治上尊重农民的民主权利，继续解放和发展农业和农村的生产力。

十八大报告提出信息化、工业化、城镇化、农业现代化"四化同步"发展，强调四化融合形成新的发展合力。"新四化"在新时期提出了新要求。

# 第一节　全面深化改革的重要意义

## 一、全面深化改革的历史必然性和现实紧迫性

理解和认识全面深化改革的历史必然性和现实紧迫性,需要从理论和历史、现实和未来全面把握。

（一）理论和历史：中国特色社会主义在改革中产生和发展

社会主义社会不是一成不变的,同其他社会一样,社会主义也是在生产力和生产关系、经济基础和上层建筑的矛盾运动中发展的。但与阶级斗争是阶级社会发展的直接动力不同,社会主义社会发展的直接动力是改革。

社会主义社会基本矛盾和直接发展动力理论是中国共产党人的贡献。马克思、恩格斯科学阐明了人类社会基本矛盾运动的一般规律及其在一些社会形态尤其是资本主义社会中的运动形式,但没有具体分析社会主义社会的矛盾问题。毛泽东以中国的实践经验为基础,运用马克思主义基本原理,全面阐述了社会主义社会的矛盾,形成了比较系统的理论。概括起来主要有:社会主义社会仍然存在着生产关系和生产力之间的矛盾、上层建筑和经济基础之间的矛盾,它们是推动社会主义社会不断前进的根本动力。

邓小平充分肯定了毛泽东关于社会主义社会基本矛盾的理论,他说:"关于基本矛盾,我想现在还是按照毛泽东同志在《关于正确处理人民内部矛盾的问题》一文中的提法比较好。"同时,又进一步指出:"当然,指出这些基本矛盾,并不就完全解决了问题,还需要就此做深入的具体的研究。"党的十一届三中全会以后,他在总结历史经验教训的基础上,对社会主义社会的基本矛盾,特别是社会主义初级阶段的主要矛盾状况进行了深入思考,在新的实践中丰富和发展了这一理论,提出了改革是社会主义社会发展直接动力的思想,强调革命是解放生产力,改革也是解放生产力,为改革开放提供了理论基础。

改革开放开创和发展了中国特色社会主义,使社会主义在中国呈现出勃勃生机。改革开放30多年来,党带领人民锐意改革,在各个领域各个层面为生产力发展扫清障碍,极大地解放和发展了社会生产力,变革之深、影响之广前所未有,成就举世瞩目。在世界经济年均增速2.8%的情况下,我国经济保持了年均近两位数的增长速度,成为世界第二大经济体、第一大贸易国,人民生活从温饱不足发展到向全面小康迈进。回顾改革开放以来的历程,每一次重大改革都给党和国家发展注入了新的活力、给事业前进增添了强大动力,改革每前进一步,都推动了中国特色社会主义的发展,都深化了我们对中国特色社会主义的认识,都进一步完善了中国

特色社会主义制度。

(二)现实和未来:改革是实现"两个一百年"目标和中华民族伟大复兴的关键一招

我国过去30多年的快速发展靠的是改革开放,未来发展也必须坚定不移地依靠改革开放,改革开放是决定中国命运的一招,也是实现"两个一百年"奋斗目标、实现中华民族伟大复兴的关键一招。改革开放只有进行时没有完成时。面对新形势新任务,发展的新要求和人民的新期待,顺应当今世界发展大势,抓住机遇,必须在新的历史起点上全面深化改革。全面深化改革根本在于改革,但重点强调的是全面深化。

解决现实问题,适应我国发展的新要求和人民的新期待,必须全面深化改革。改革开放30多年来,我们用改革的办法解决了党和国家事业发展中的一系列问题,但在认识世界和改造世界的过程中,旧的问题解决了,新的问题又会产生,中国共产党人干革命、搞建设、抓改革,从来都是为了解决中国的现实问题。改革是由问题倒逼而产生,又在不断解决问题中而深化,必须用改革解决前进中的问题。而解决我国发展面临的这一系列突出矛盾和问题,实现经济社会持续健康发展,不断改善人民生活,必须全面深化改革,因为这些问题涉及经济和社会发展各个领域。全面深化改革是统筹推进所有领域改革,不是一个领域改革,也不是几个领域改革,并且是各项改革协同配合、整体推进。

实现党的十八大提出的战略目标和任务,实现"两个一百年"目标、实现中华民族伟大复兴,必须全面深化改革。十八大描绘了全面建成小康社会、加快推进社会主义现代化、实现中华民族伟大复兴的宏伟蓝图,提出构建系统完备、科学规范、运行有效的制度体系,到2020年使各方面制度更加成熟更加定型的任务。为此,必须深化全面改革,破除一切妨碍科学发展的思想观念和体制机制弊端,攻克体制机制上的顽瘴痼疾,突破利益固化的藩篱,以实践基础上的理论创新推动制度创新。这是极其浩大的系统工程,零敲碎打不行,碎片化修补也不行,必须是全面的系统的改革和改进,是各领域改革和改进的联动和集成。

纵观世界,变革是大势所趋、人心所向,是浩浩荡荡的历史潮流。现在世界各国都在加快推进变革,特别是新一轮科技革命和产业变革正在孕育和兴起。抓住和用好机遇,对党和国家发展具有决定性意义。现在,我国国际环境总体稳定,国际地位和国际影响力大幅提高,塑造国际关系和国际秩序能力大幅提高;我们在改革开放中积累了丰富的实践经验和理论成果,对中国特色社会主义规律的认识不断深化;全党全国各族人民在实现中华民族伟大复兴的中国梦上精气神高涨。总起来看,主客观条件都对我们全面深化改革有利。抓住这个千载难逢的历史性机遇,通过全面深化改革,充分发挥我们的独特优势,激发党和国家生机活力,才能赢得战略主动。

## 二、全面深化改革的总目标和方向

习近平总书记多次深刻地阐述了全面深化改革的总目标和方向,准确理解和把握其精神,对全面推进社会主义改革和坚持改革的社会主义方向具有重要的意义。

### (一)改革总目标:完善和发展中国特色社会主义制度与推进国家治理体系和能力现代化不可分割

党的十八届三中全会通过了《中共中央关于全面深化改革若干重大问题的决定》,对全面深化改革做出了战略部署,提出全面深化改革的总目标是完善和发展中国特色社会主义制度,推进国家治理体系和治理能力现代化。

国家治理体系是在党领导下管理国家的制度体系,包括经济、政治、文化、社会、生态文明和党的建设等各领域体制机制、法律法规安排,也就是一整套紧密相连、相互协调的国家制度;国家治理能力则是运用国家制度管理社会各方面事务的能力,包括改革发展稳定、内政外交国防、治党治国治军等各个方面。推进国家治理体系和治理能力现代化的根本目的是完善和发展而不是改变和放弃中国特色社会主义,要完善和发展中国特色社会主义,必须推进国家治理体系和治理能力现代化。不讲完善和发展中国特色社会主义制度只讲国家治理体系和治理能力的现代化,会迷失方向;不推进国家治理体系和治理能力的现代化,中国特色社会主义很难坚持和发展。

推进国家治理体系和治理能力现代化,必须切实解决好制度模式的选择问题。而一个国家选择什么样的治理体系,是由这个国家的历史传承、文化传统、经济社会发展水平决定的,是由这个国家的人民决定的。中国共产党在全国执政以后,不断探索这个问题,虽然也发生了严重曲折,但在国家治理体系和治理能力上积累了丰富经验,取得了重大成果,改革开放以来的进展尤为显著。

中国今天的国家治理体系,是在中国历史传承、文化传统、经济社会发展的基础上长期发展、渐进改进、内生性演化的结果。我们的国家治理体系和治理能力总体上是好的,是适应我国国情和发展要求的,也得到了国际上越来越多的人的肯定。同时,也应该看到,相比我国经济社会发展要求、相比人民群众期待、相比当今世界日趋激烈的国际竞争、相比实现国家的长治久安,我们在国家治理体系和治理能力方面还有许多亟待改进的地方,还需要通过全面深化改革,下大力气推进国家治理体系和治理能力现代化。

总目标的实现离不开一个个具体目标,因此党的十八届三中全会既提出了全面深化改革的总目标,也在总目标统领下明确了经济体制、政治体制、文化体制、社会体制、生态文明体制和党的建设制度深化改革的具体目标。紧紧围绕使市场在资源配置中起决定性作用深化经济体制改革，紧紧围绕坚持党的领导、人民当家作主、依法治国有机统一深化政治体制改革，紧紧围绕建设社会主义核心价值体系、社会主义文化强国深化文化体制改革，紧紧围绕更好地保障和改善民生、促进社会公平正义深化社会体制改革，紧紧围绕建设美丽中国、深化生态文明体制改革。

## （二）改革方向：核心是坚持党的领导和中国特色社会主义制度

坚持社会主义市场经济改革方向。提出建立社会主义市场经济体制的改革目标，是建设中国特色社会主义进程中的一个重大理论和实践创新，解决了世界上其他社会主义国家长期没有解决的一个重大问题。党的十八届三中全会提出经济体制改革是全面深化改革的重点，核心问题是处理好政府和市场的关系，使市场在资源配置中起决定性作用和更好地发挥政府作用。这是党在理论上又一个重大创新，有利于树立关于政府和市场关系的正确观念，有利于转变经济发展方式，有利于转变政府职能，有利于抑制消极腐败现象。

坚持社会主义市场经济改革方向，不仅是经济体制改革的基本遵循，也是全面深化改革的重要依托。使市场在资源配置中发挥决定性作用，主要涉及经济体制改革，但必然会影响到政治、文化、社会、生态文明和党的建设等各个领域。中国30多年改革之所以能够顺利推进并取得历史性成就，根本原因在于始终坚持了正确的改革方向和改革立场，既不封闭僵化，也不改旗易帜。习近平总书记多次强调，中国是一个大国，不能出现颠覆性错误。所谓的颠覆性错误，就是指根本性、方向性错误。全面深化改革，必须坚持正确的方向。

坚持改革的正确方向，就是要坚持四项基本原则这个立国之本。最核心的是在改革中坚持和完善党的领导，坚持和完善中国特色社会主义制度。党是改革的倡导者、推动者、领导者，改革能否顺利推进，关键取决于党，取决于党的领导。中国特色社会主义是党带领人民长期奋斗的根本成就，是当代中国发展进步的根本方向。中国特色社会主义，是与时俱进的、发展着的社会主义。坚定中国特色社会主义的制度自信，不是故步自封，而是通过改革不断革除体制机制弊端，使制度不断完善和持久。

全面深化改革，是要不断促进现代化建设各个环节、各个方面相协调，不断促进生产关系与生产力、上层建筑与经济基础相协调，为不断解放和发展社会生产力、继续充分释放全社会创造活力提供制度保障，使中国特色社会主义制度不断发展和完善。在不同时期、不同阶段，改革的重点不同，不同领域不同方面的改革进展不同，但总体上不存在哪些方面改了，哪些方面没有改，一切妨碍经济社会发展的体制机制弊端都在改、都要改，但是必须坚持的不能改的，再过多长时间也不会改，要有政治原则和底线，有政治定力。能不能继续沿着中国特色社会主义道路深化改革，是一个涉及改革性质的原则问题，偏离坚持和改善党的领导、偏离坚持和完善中国特色社会主义制度,都是南辕北辙。

## 三、全面深化改革的意义

第一,推动经济现代化和国家管理制度现代化同步实现。国家管理制度属于上层建筑范畴,经济现代化属于经济基础范畴。国家制度适应经济基础的变化是一般性规律。随着我国社会主义市场经济的发展,经济、社会和国家事务管理面临的问题更复杂,需要协调的利益关系更加繁乱,这就需要建立更加完备、更加成熟和更加定型的国家制度体系。国家制度及其执行能力集中体现为国家的治理体系和治理能力。

第二,致力于由相对富裕和先富带动后富向共同富裕转变。公平正义是社会主义的内在诉求。在马克思主义看来,分配公平只有在生产资料公有制的条件下才能得到实现。因而,在全面深化改革中积极发展社会主义因素,坚持巩固和发展公有制经济,坚持推进劳动和资本共享型的企业制度和合作制经济,是转向共同富裕道路的必由之路。这既是中国特色社会主义的本质要求,也是中国人民的根本利益。在全面深化改革的过程中,我们党提出"努力使全体人民学有所教、劳有所得、病有所医、老有所养、住有所居"的奋斗目标,具有特定的政策含义。一方面,它使社会主义共同富裕从理论上与西方国家虚伪的福利制度相区别;另一方面,它又从实践层面有力地纠正了单纯市场决定论的全面市场化主张,有利于我国构建社会主义和谐社会。

第三,开启创新驱动引领社会主义大国崛起的新局面。历史证明,每一次重大技术革命都会引起国际经济关系的大重组和部分国家的率先崛起。在当前世界产业结构升级不断提速的趋势下,信息化和工业化的深度融合,将使得新一代信息技术、互联网特别是移动互联网技术、大数据技术、语音计算技术不断被引入现代生活,使得3D打印等数字化制造过程成为新的工业化热点。通过全面深化改革,加快实施创新驱动发展战略,将为我国加入和引领新一轮科技革命创造良好的条件。我国具有广阔的国内市场和充沛的资源,拥有雄厚的物质基础,完全可以在大数据时代占据先机,在绿色能源等新能源技术和太空技术方面占领国际竞争的制高点。

第四,转向经济全球化倒逼机制下的自主开放。经济全球化是一柄双刃剑,既带来开放的利益,又常常使落后国家被锁定在增长陷阱中。尽管我国经济融入全球化程度日益加深,但在高技术领域和新型服务业领域,我国却面临着各种无形的封锁。与贸易大国地位极不相称的是,我国在国际市场上往往没有相应的价格话语权。经济全球化形成的这种倒逼机制,使我国发展服务业和新型产业的紧迫性越来越强,传统产业优化升级的压力日益加大。在全面深化改革的过程中,通过更大范围和更深层次的开放,掌握价格话语权和开辟中国资本的国际投资空间,将有利于我国逐渐掌握对外开放的主动权,在资本开放上坚持中国核心利益,在国际贸易中保持中国利益优势。

第五,更加展现中国特色的内涵。对于中国特色社会主义有两个较为广泛的共识:一是其社会主义的目标取向以及社会主义的经济制度基础,二是中国道路对传统文化的改造和对人类先进文化的借鉴。毛泽东指出:"我们不但要把一个政治上受压迫、经济上受剥削的中国,变为一个政治上自由和经济上繁荣的中国,而且要把一个被旧文化统治因而愚昧落后的中国,变为一个被新文化统治因而文明先进的中国。"全面深化改革将继承这一重要的历史使命,并在新的历史阶段将其化作全面建成小康社会的动力源泉。在全面深化改革的语境下,中国特色与道路自信、制度自信是相互关联的,其本身构成中国国际话语权的基础。中国梦的战略构想和社会主义核心价值观的提出,正是新时期、新阶段中国文化进入国际话语权体系的一个展示。

## 第二节 农业现代化成为四化短板

### 一、"新四化"提出的背景

纵观中国改革开放以来现代化建设的成就,在经济持续增长的推动下,目前我国已进入工业化、城镇化发展的中期阶段,工业化与信息化不断融合,以城带乡和以工促农的城乡格局初步形成。然而,农业发展仍相对落后,农业现代化建设步伐从整体上看仍滞后于工业化、信息化和城镇化发展。为此,我国在十七届五中全会中提出"要在工业化、城镇化深入发展中同步推进农业现代化",继"三化同步"推进的理念提出后,2012年党中央在十八大报告中又从战略层面上将"新四化同步"作为新时期现代化发展的思路,特别是提出"城镇化和农业现代化相互协调,实现工业化、信息化、城镇化和农业现代化协调发展"。工业化、信息化、城镇化和农业现代化同步发展战略的提出,需要把握新时期阶段性和客观性的要求,丰富农业现代化的发展思路和方式,完善农业现代化的推进措施。

从理论意义来看,随着国家战略的调整和新时期经济社会格局的变化,推进工业化、信息化、城镇化和农业现代化同步发展已经成为建设中国特色社会主义现代化的重大理论创新和实践创新。但同时要看到,目前我国农业发展方式较为粗放,资源消耗过大、农村环境污染愈发严重,农业资源供需矛盾日益突出、环境承载压力不断加大,农业的本质仍然是生计型农业、仍然以粮食安全为核心,农产品供需出现"紧平衡、难平衡"局面,农业现代化滞后于工业化、信息化和城镇化发展的矛盾依然突出,城乡关系、工农关系依然不协调。目前,我国正处于转变经济发展方式时期,如何加快现代化建设,争取2020年底全面建成小康社会,重点在于同步推进四化建设,而同步推进"四化"发展,关键是要加快推进农业现代化,充分发挥工业化、信息化、城镇化对农业现代化的支撑与带动作用,实现工农和城乡协调发展。

## 二、"新四化"概念界定

### (一)概念界定

工业化是指工业(主要是指其中的制造业)或第二产业的产值在国民生产总值(GDP)中比重不断上升的过程,以及从事工业的就业人数在总就业人数中比重不断上升的过程。工业化是一个国家由传统的、落后的农业国向现代的、先进的工业国转变的历程中,所发生的一系列经济、社会与文化发展的变化。从量的扩张角度,工业化最显著的特征是第二产业占GDP的比重不断上升,而第一产业所占的比重不断下降。从质的变化角度,二次产业的蓬勃发展将会对整个国民经济结构的调整起到很大的促进作用,同时大幅度提高社会生产力。

城镇化简言之就是指一个国家或一个区域的人口、产业、资本、市场的集中过程。城镇化过程中的特征是农村人口不断向城镇转移,第二、三产业不断向城镇集聚,结果是使城镇数量增加、城镇规模扩大。人口城镇化是城镇化最本质的特征,通常用城镇人口占总人口的比重来表示城镇化水平。

农业现代化是指从传统落后农业向现代发达农业转化的过程,以及实现这一过程的手段。具体而言,是指传统农业通过运用现代先进的科学技术,提高生产过程中的物质技术装备水平,调整农业生产结构,对农业进行专业化、社会化分工,提高农业总要素生产率水平,最终达到经济效益、社会效益、生态效益协同发展和可持续发展的现代农业的过程。

信息化是指运用现代信息技术革命来推动经济发展,促进社会进步以及生产力解放的过程,是由传统的工业社会向信息社会演进的过程。在这一历程中,信息技术得到广泛的应用并趋于主导作用,信息资源得到充分的开发利用且逐步居于核心地位,在市场机制发挥基础作用和政府有目的的宏观调控的协同作用下,实现相关要素的优化组合。

### (二)"新四化"发展的逻辑关系

工业化为农业现代化提供所需物质和技术装备,能够提高农业的全要素生产率,是实现现代化农业的关键;工业化为城镇化的发展提供必要的产业支撑,同时,城镇工业的发展可以创造更多的就业岗位,有效解决城镇化进程中新增人口的就业问题,结果会吸纳更多的人口、资源向城镇集中;工业化是信息化发展的基础,它为信息化提供发展所需的设备、资金和人员。

城镇化的推进能够带动产业和经济活动在地理空间上的聚集,这就为工业化的发展提供了各类配套的公用设施和劳动力要素;随着城镇化进程加快,农业人口向城镇集中,反过来促进了城镇要素向农村的流动,为统筹城乡发展创造了新的条件。城镇化是信息化发展的载体和依托。一方面,城镇化为信息化发展提供了广阔的地理空间,离开了城镇化,信息化便失去了栖身之地;另一方面,城镇化带动的资源集聚效应,提高了信息化效率,有效降低了信息化成本。

总之,信息化对工业化、城镇化和农业现代化的发展起到了催化与加速的作用。信息化为农业现代化发展提供信息资源支撑,可以优化农业投入产出结构,及时提供国际农产品市场信息,增强农产品国际竞争力。信息化能够提高工业化效率,有助于对传统工业进行技术改造,降低能耗,缓解经济增长造成的环保压力,降低生产成本和交易成本,提高资源利用率,改变现有的工业化粗放增长模式,从而走高科技、低能耗、少污染、好效益的新型工业化道路;同时,信息化与工业化的有效融合,有利于推动经济结构的优化调整,形成高新技术产业的基础。

农业现代化是工业化、城镇化和信息化发展的重要保证。一方面,在农业现代化进程中,农业实现生产的规模化、机械化和集约化经营,提高了农业全要素生产率,为工业发展提供了原始资本积累,也为城镇化提供了食物等保障;另一方面,伴随着工业化和城镇化的发展,带来了一系列问题,例如,要素分配不公、收入差距扩大等,而农业现代化的实现可以有效解决以上问题,从而反过来推动工业化和城镇化发展。同时,随着农业现代化发展,农业生产对机械设备、农药化肥、农业咨询等的需求也不断增加,这些都为工业化和信息化的发展提供了广阔的市场。城镇化的本质是需要人口的城镇化,需要农业部门释放劳动力要素,而农业现代化的实现,减少了农业对劳动力的需求,有利于加快农业人口向非农产业的转移,从而为城镇化的发展提供了相对廉价的劳动力。

由以上分析构造"新四化"发展逻辑关系。"新四化"之间相互影响、相辅相成。工业化为城镇化提供了经济保障和产业支撑,而城镇化为工业化提供了发展空间和相关配套设施。工业化、城镇化、信息化能够带动农业现代化发展,农业现代化反过来则为工业化、城镇化、信息化提供支撑、保障和市场。信息化对工业化、城镇化和农业现代化起到催化作用,为其发展提供了重要手段,反映在工业化中,提高了产出规模和效率;反映在城镇化中,提升了城镇功能;反映在农业现代化中,提高农业生产效率,大大丰富现代农业的内容。

(三)"新四化"同步发展的基本内涵

在经济维度上,"新四化"同步发展实际上是城乡经济一体化。在市场机制作用下,资源、资金、技术等在城乡地理空间上,在不同产业间能够有序流动并且达到优化组合,最终实现城乡经济持续发展。

在社会维度上,"新四化"同步发展是国家或一个区域为了实现社会安定和谐和可持续发展,采取一定措施来调整城乡两大空间的经济利益分配,使城乡共同拥有一个公平的发展环境和生存空间。

在生态维度上,"新四化"同步发展是出于社会整体的利益和人民的基本需求考虑,将各个产业以及城镇的生产和生活活动纳入整体社会的生态系统中,对各自的贡献和负面影响进行全面评价,最终建立一个共建、共有、共享的生态系统。

在文化维度上,"新四化"同步发展是从接受城乡文化差异性和互补性等出发,采用客观科学、与时俱进的文化价值观将城乡文化统筹起来,实现乡土观念和现代城市文明的有机融合,促进城乡社会发展一体化。

总的来说,"新四化"同步发展把"区域"作为研究单元,寻求区域全面、协调、可持续的发展路径;实现"新四化"发展不单单是指达到空间的均衡发展,而是通过城乡分工、彼此带动的循环发展过程,最终形成一个有效集聚、有机结合、深度协作的优化空间网络系统,本质是为全体国民创造一个环境友好、生活富裕的生存环境。

### 三、"新四化"现状

(一)"新四化"同步发展、彼此关联、相互促进,但从中国的现实来讲,"四化"发展是不同步的

主要表现在以下几方面:

第一,工业化发展粗放,信息化发展滞后。2000年以来,工业增加值占国内生产总值比重在45%左右,目前处于工业化中后期。但工业化粗放式的数量扩张特征明显、产能过剩。2002年以来,我国电话普及率和互联网普及率呈井喷式增长趋势,中国居民家庭通信设备发展迅速,信息化水平显著提高。再者,对中国的信息化程度进行国际比较,结果发现,中国目前的"信息状态"指数为51.4,排名第79;"信息密度"指数为48.5,排名第84;"信息运用"指数为54.4,排名为第78。可见,中国信息化水平远低于发达国家水平。

第二,城镇化发展滞后,而且拉动能力较弱。1978年以来,中国城镇化率持续上升,2012年全国城镇化率达到52.6%,比1978年提高了34.7个百分点。但是,城镇化质量却滞后于经济发展、工业化和非农化进程。中国有2.2亿非农转移人口没有获得城镇户口,大量进城农民工子女的教育问题得不到妥善解决。当前城镇化进程中,出现了生产、就业、消费和居住的不同步,城市实际居住人口和户籍人口不一致,土地和人口城镇化速度不一致。中国当前的城镇化质量较低,没有充分发挥城镇化创造需求的作用。

第三,农业生产水平较低,而且发展更滞后。同世界水平相比,中国的农业现代化水平较低,而且滞后于工业化和城镇化。例如,按照农业劳动生产率、土地产出率、机械化程度等8项指标测算,农业现代化水平居世界第51位,结果导致农业现代化发展滞后于工业化和城镇化。城乡收入差距和消费差距持续扩大。1990年,城镇居民人均可支配收入是农村居民人均纯收入的2.2倍,到2011年扩大到3.1倍。不难看出,在中国经济高速发展的同时,经济结构失衡

的矛盾更加突出。这进一步说明工业化和城镇化的驱动乏力。

(二)"新四化"同步发展的制度障碍

实现"新四化"同步发展的关键,不是如何处理"新四化"之间的关系,而是营造"新四化"同步发展的外部环境。具体来说,在明确"新四化"同步发展目标、认清"新四化"同步发展现状的基础上,思考现在的制度或体制是否有利于实现这一目标。下面分别考察制约"新四化"同步发展的土地制度、户籍制度、行政体制和高教制度,考察这些制度或体制的历史变迁、现状以及对"新四化"同步发展的消极影响。

**1. 中国的土地制度**

土地是进行农业生产活动最基本的生产资料,土地制度是农村的一项最基本制度。在中国,如何创新土地制度,促进土地制度发挥其激励作用,进而实现土地资源的优化配置,并保障农民的合法权益,是实现"新四化"同步发展的最大难点,也是实现"新四化"同步发展必须解决的制度问题。

(1)土地制度变迁。我国农村土地制度变化经历了三个不同阶段:第一阶段是1949~1955年,农村土地归农民所有,由农民经营;第二阶段是1956~1978年,农村土地由集体统一经营,农民没有土地所有权和经营权;第三阶段是1978年以后,农村实行家庭联产承包责任制,土地所有权归农村集体所有,农户拥有土地承包经营权,即"两权分离"的阶段。值得注意的是,1990年以来,随着工业化和城镇化的发展,农村劳动力大量流动,土地制度在原有"两权分离"的基础上,又出现了"三权分离"格局。具体表现在:集体拥有土地所有权,集体成员(即农户)拥有土地承包权,土地经营权可以流转。

(2)土地制度存在问题。第一,土地产权主体不明。土地制度规定,农村土地归"集体"所有,但主体对象却不明确,导致农村集体土地产权主体虚设或缺位。特别是,当各利益集团为争取农地用途非农化带来的巨额收益时,这种模糊的产权主体关系,不仅加速了农地非农化趋势,而且无法保障农民土地的基本权益。

第二,产权实现机制缺失。实现财产权的关键在于是否具有合法的转让权。但是,由于产权主体不明晰和产权不完整,不能帮助农民有效实现土地产权的收益,使得现实中土地资源要素配置扭曲,土地产权效率低下。此外,由于现阶段农民行使土地权利意识不足,农民组织化程度较低,结果很容易出现侵害农民土地权益现象。例如,自1979年到2000年这20多年间,国家通过征地手段,从农民手里拿走了大约2 000亿元。

第三,农村土地产权歧视。根据现行土地法规,城市土地可以在一级市场交易,而农村集体土地却不能。农村土地只有通过征地手段,转变为国有土地后才能实现在一级市场上交易。农村土地产权歧视,导致城乡土地市场割裂。由于政府行为导致不公平的土地征用价格,无法真实反映土地市场供求状况,结果农村土地大部分增值收益落入政府和开发商手里,农户只得到很少的补偿收益。

由于土地制度存在上述问题,在推进工业化和城镇化过程中,势必出现侵犯农民土地权益现象。因此,现有土地资源配置效率低下,进一步加剧城乡发展失衡,不利于"新四化"同步发展。

**2. 中国的户籍制度**

中国的户籍制度对一系列制度起着重要的支撑作用,例如,公共产品和社会服务、基本消费品供应、土地管理、劳动就业、社会保障与教育等制度。因此,户籍制度改革可有效促进劳动力流动和人才资源有效配置,推动城乡统筹发展,是"新四化"同步过程中必须解决的重点问题之一。

(1)户籍制度变迁。中国的户籍制度改革大致可以分为三个阶段:第一阶段是1949~1957年,这一阶段着重户籍的登记管理职能,主要目的是加强户口管理和控制人口流动。第二阶段上1958~1978年,这一阶段重心是限定人口自由流动,其中,主要是严格约束人口在城乡之间流动行为,极力限制农民向城市迁移,同时形成大量城市居民迁入农村的逆城市化运动(如知识青年上山下乡等)。第三阶段是1978年改革开放以来,户籍制度主要体现相关利益分配,在就业、教育、住房、医疗、社会保障等方面,把公民的诸多福利权益与户口捆绑在一起。户籍制度是中国二元经济结构的核心制度,是政府控制与管理社会的重要手段。

问:何为二元经济结构?

答:二元经济结构是指发展中国家现代化的工业和技术落后的传统农业同时并存的经济结构(传统经济与现代经济并存)。即在农业发展还比较落后的情况下,超前进行了工业化,优先建立了现代工业部门。

(2)户籍制度存在问题。第一,限制人口流动,扩大城乡差距。20世纪中期,为了重工业发展的需要,开始实行户籍制度来严格控制城市的规模,阻碍农村劳动力向城市流动。户籍制度的存在,导致中国严重的城乡分割,扩大城乡收入差距。

第二,导致户口歧视,出现户口特权。随着社会经济发展水平提高,现阶段"户口"的功能更加强大。出现城里人歧视乡下人,形成城乡地区封锁。户籍制度实际上形成"户口特权"。例如,当前的一个北京户口,含有高达80余项福利,其绑定利益超过百万元。不难推断,按平均城镇家庭5口人计算,仅仅一个"户口特权"所带来的潜在收益,北京市家庭人均收入比其他地区高出20万元。

第三,民工潮大量涌现,加剧城镇不协调。改革开放以来,农村剩余劳动力开始大量不断地向城镇流动,出现了当时的"民工潮"现象,对原有城乡的二元户籍制度形成了巨大的冲击。由于户籍制度的刚性约束存在,城镇化进程中出现了一些不协调现象。例如,生产、消费、就业和居住不一致,城市实际居住人口和户籍人口不一致,土地城镇化和人口城镇化不一致等现象。因此,不管从工业化到城镇化,还是到统筹城乡发展,最后实现"新四化"同步发展,随着中国经济社会发展战略的转变,现有户籍制度正要迎来重要的转折点,对户籍制度进行改革的呼声也日益高涨。

**3. 中国的行政体制**

(1)行政资源优势。行政资源是一种软实力,是一种无形资源要素。在中国,行政资源是决定区域发展最重要的基础性要素,很大程度上决定和影响着其他资源的数量和质量。例如,政治中心(首都或省会城市)具有以下优势:得到中央政府或者省政府的大力关怀与支持;得到其他省市或地方的大力援助与支持;对各种要素特别是人才具有吸引力。因此,对于一个地区或城市来说,引起公众的注意力是这个地区或城市竞争力的最大资源优势。

第一,行政分布极不平衡,财富积累过于集中。中国的政治中心和行政管理中心主要分布在首都或省会城市。北京是中国的政治中心,同时也是中国的行政管理中心;同样,省会城市是各省的政治中心,同时也是各省的行政管理中心。由于行政资源的特有优势,全国的经济都集中在首都北京,各省经济都集中在省会城市。

第二,大量资源向上流动,剥夺地方发展机会。一方面,由于大城市具有行政资源优势,投资发展机会倍受追捧。在政策、经济和技术因素诱导下,大量资源要素流向中心城市,导致中心城市发展动力过剩。另一方面,由于地方城市缺乏行政资源优势,投资发展机会倍受冷落。受政策、经济和技术因素疲软制约,大量资源要素流出,导致地方中小城市发展动力不足。

第三,大城市蔓延式扩张,造成巨大环境压力。随着资源要素向行政管理中心城市的积聚,大中城市投资呈现爆发式增长;开发投资的快速增长,进一步吸引大量劳动力向中心城市迁移;人口的急剧增长,导致了大城市病出现。其主要后果是,随着城镇化与人口的增长,城市遭受越来越严峻的环境压力;中心城市蔓延式扩张,导致中心城市生态系统和经济系统失调;城市人口的剧增,直接增加了城市生活污水、垃圾等废弃物的产生量;土地利用引发激烈矛盾,造成经济的畸形发展。

(3)政府职能错位。行政的职能在于管理,而不是直接参与;政府重视市场行为的组织者、管理者,而不是被管理者,更不是身兼两职。然而,中国的情况却恰恰相反,政府是政治和经济一起抓,结果导致政府职能错位。

第一,政府干预市场经济。政府在许多行业中拥有垄断权,控制许多领域的生产与服务,这些行业的准入机制非常严格,并且对非国有企业实行歧视性政策。由于缺乏市场竞争压力,许多国有垄断企业仍习惯用行政指令管理方式,导致企业内部政企不分。很显然,政府对市场的干预降低了生产效率,造成了资源的浪费。

第二,公共服务质量下降。政府过多干预市场的结果,不仅造成了资源的浪费,而且降低了政府提供公共服务的质量。在许多的公共服务领域,例如石油、电信、民航、铁路等行业,存在着严重的垄断行为,导致这些国有垄断行业很少运用国际通行的(收益率、价格上限、边际成本等)定价方式,相反,是由政府依照《中华人民共和国价格法》规定,按照定价权限和范围,来制定价格的方式,结果直接影响了政府提供公共服务的质量。

第三,限制非政府组织。实际上,现有政府职能取代了许多非政府组织的功能。由于市场经济体制尚未完善,政府过多地管制和干预市场,结果是企业、非政府组织受到较大限制,甚至不公正待遇,很少或无法参与社会公共事务,没有充分发挥他们在公共事务中的积极作用。

**4. 中国的高等教育制度(简称"高教制度")**

高等教育具有公益性和社会性两个属性,是一种带有公共物品色彩的资源。高等教育公平是社会公平的重要内容,高等教育公平的实现程度是社会总体进步的表现,是衡量教育发展水平的重要标志。但是,只有适应经济社会发展的高等教育,才能满足社会和个人对教育需求,才能有效发挥教育对经济社会的推动作用。所以,就必须要建立完善的教育体制,保证教育公平,从而符合"新四化"同步发展的要求。

(1)高教制度变迁。从20世纪70年代后期以来,中国开始高等教育体制的探索与改革,具体分为三个阶段:第一阶段是1978~1984,这一阶段改革的重点是扩大高校办学自主权。第二阶段是1985~1992年,1985年5月,中共中央做出了《关于教育体制改革的决定》,高等教育开始围绕办学体制,管理体制,投资体制,招生、收费和毕业生就业制度,学校内部管理体制等方面进行改革。第三阶段是1993年以来,中共中央、国务院联合颁发了《中国教育改革和发展纲要》,这一阶段在"五大体制"改革全面深入的基础上,突出"管理体制改革"的重点和难点问题。

(2)高教制度存在问题。第一,高校分布过于集中,地区间分布不平衡。中国的高等学校主要分布在大城市和特大城市。例如,北京有83所高校,上海有63所高校,武汉有61所高校,西安有49所高校。总之,大城市和特大城市高校数量占全国的46%以上。而且,高校分布与当地人口数量不协调。例如,河南省有9 388万人口,有123所高校,每百万人拥有1.31所高校;北京有2 019万人口,有87所高校,每百万人拥有4.35所高校;上海有2 347万人口,有66所高校,每百万人拥有2.81所高校。更为重要的是,被列入"211工程"建设的大学,全国共有112所,北京有26所,上海有9所,而人口大省河南只有1所。

第二,重点院校定点招生,升学机会极不均等。高等学校的招生应当打破地区格局,建立全国统一的报考制度,公平竞争,择优录取。但是,中国高校招生计划存在明显的地区歧视。例如,2012年,清华大学在北京计划招生203人,在河南仅仅计划招生91人;实际上北京只有

7.3万考生,而河南有80多万考生。更严重的是,重点院校还要确定当地的招生比例。例如,北京大学在北京市招生占总招生总数的13%,而其他省市共占87%,平均不到3%;同样,复旦大学在上海市的招生数占总招生数的40%,武汉大学在湖北省招生50%,浙江大学在浙江省招生比例高达70%。

第三,资源分配极不合理,教育社会性难以体现。国外的经验是,例如美国的重点院校都是私立的,教育经费都是自食其力,而教育部门负责公立院校投资。中国的情况恰恰相反,教育部主要负责重点院校投入,省属院校需要地方财政负担。政府运用行政手段分配稀缺教育资源,从而决定所有高校的利益和发展。结果教育的社会性功能难以实现,造成中国教育的畸形发展,许多地方优秀考生不能进入理想大学。实际上,中国教育公共职能缺失,很大程度上为地区教育服务。

第四,教育社会功能较低,拉大区域经济差异。高等教育不但为区域经济发展提供充足的人才资源,而且提供了经济发展所需的科研成果;同时,大学基础设施建设过程中,能够有力刺激当地经济的发展,大学生的消费也带动了高校周边地区的经济发展。由此可见,高等教育资源的合理布局对地区经济发展具有重大影响力。很显然,根据上面的分析,目前中国高等教育的发展趋势,将进一步拉大区域经济发展不平衡,不利于实现"新四化"同步发展的长远目标。

## 第三节 全面深化改革,促进"新四化"蓬勃发展

在信息化时代,工业化、城镇化和农业现代化是信息产业的服务对象和发展的主要领域,工业化是城镇化的产业支撑,为农业现代化提供先进的物质装备,城镇化和农业现代化又为工业化提供空间载体和厚实的基础。党的十八大提出要促进工业化、信息化、城镇化、农业现代化"新四化"同步发展,是基于对"新四化"的重要性、关联度和存在问题的科学分析做出的战略决策。

### 一、以信息化带动工业化、城镇化和农业现代化发展

我们处于信息时代,信息化在我国现代化进程中居于战略地位。工业化、城镇化和农业现代化既是信息产业的服务对象,也是信息化发展的主要领域,信息化则是三者的血脉和重要带动力量。

#### (一)加快信息化自身的建设与发展

一是大力推进国民经济信息化,加快转变经济发展方式。加快信息技术与产业发展融合,积极发展面向社会主义新农村建设的信息服务,提升工业各部门和企业的信息化水平,加快服

务业信息化,加快发展电子商务。二是积极推动电子政务和社会事业信息化促进和谐社会建设。三是加强网络化建设,丰富网络内容,倡导网络道德,建设网络文明,满足人民群众日益增长的精神文化要求。四是提高自主创新能力,壮大核心基础产业,培育优势骨干企业,加快软件产业发展,做大做强信息产业。五是加强综合信息基础设施建设,提高信息化支撑能力。

(二)加快信息化对新型工业化的推动作用

利用装备制造、电子信息、文化创意、会展物流等产业优势,依托已有的产业和资源优势,依托大企业、好企业大项目、好项目,构建具有特色的现代工业体系。加快信息化步伐加大对传统工业的信息化改造,大力引进信息化产业,提高工业智能化程度。

(三)加快信息化对城镇化的推动作用

大力推进社会信息化。以信息化提高城市管理水平推进社会服务体系建设。要推动财税、金融、医疗、教育、社会保障等领域重要信息系统建设,提高政府社会管理和公共服务的水平。通过云计算、物联网、移动互联网、大数据等信息化技术的加速创新与应用普及,将智慧城市、无线城市、数字乡镇等一系列崭新理念引入城镇化建设,寻求信息化与城镇化结合的最佳模式提升城镇建设的质量。

(四)加快信息化对农业现代化的推动作用

一要打造农业科技创新的信息化平台。扩充和升级现有的网络系统,建立和完善贯通全国农业科研院所的农业科研信息化基础网络;开发和规划网络管理系统、信息管理系统等支撑平台,为农业科技创新提供资源共享平台;加强农业自然资源、农产品市场信息、科技成果、政策法规、生产经营等数据库的开发建设,构建覆盖广泛、内容全面的农业科技基础数据信息系统。

二要建设农业科技推广的信息化服务体系。建立农产品质量安全监测信息管理平台,开展农产品批发市场信息化示范,加强农产品配送、市场、管理、交易等方面的信息化建设,构建农业电子商务平台;加快农村信息化示范区建设,重点加强面向基层的涉农信息服务站点和信息示范村建设,增强信息化的辐射带动能力。

三要提高农业科研人员和技术推广人员的水平和能力。加强学科建设,培养高层次农业信息人才。

## 二、大力推动信息化与工业化深度融合

推动信息化与工业化深度融合,关键是全面提高信息化水平,加快经济社会各领域的信息

化。要推动新型工业化进程就应当加快推进信息化与工业化深度融合。在世界经济持续调整和快速变革的关键时期,信息化与工业化融合正在催生新的生产组织形式成为现代产业发展的重要途径。

首先,要找准工业化与信息化融合的切入点。一是工业产品研发设计的信息化;二是工业生产过程自动化;三是企业和行业管理信息化;四是产品流通和市场营销的信息化;五是培育新一代产业大军;六是推动工业经济延伸发展。为此,应围绕重点行业,深入实施典型企业工业化与信息化融合,提升工程、产品和装备智能化,提升工程、产业链融合,提升工程、中小企业信息化公共平台建设与服务工程、信息化,促进节能减排和安全生产应用示范工程、融合技术支持和服务体系建设工程。

其次,要突破核心技术,提升信息产业水平。信息产业是先导性和战略性产业。各地必须紧跟国家战略需求,立足自主创新,以突破瓶颈和满足重大应用为主要着力点,集中资源,提高核心技术创新能力。要推动产业集聚式发展围绕产业链核心环节引导产业整合。要统筹协调信息基础设施建设提高信息保障水平和应急能力。

## 三、努力实现城镇化与工业化良性互动

首先,以科学规划引领促进工业化与城镇化互动发展。从规划入手发挥规划的引领作用。推动经济社会发展规划、产业发展规划、城镇总体规划、土地利用总体规划、交通发展规划和新农村发展规划等相互衔接,尤其要在已有交通规划和布局的基础上制定产业规划和城镇规划,做到"三规合一"。

其次,以"产城一体"实现以工业化带动城镇化。城镇化的进程需要工业产业的发展并以经济的发展作为支撑,通过城镇经济的总量做大、质量提高、实力增强,积极创造就业岗位,扩大城镇就业容量,引导、吸纳农村人口向城镇有序转移。按照"产城一体"的要求,围绕工业发展需求优化城镇功能,以产业发展促进城镇扩张。工业发展要以城市为载体,协调和处理好与城市的空间关系。同时,要建立与工业化城镇化互动相匹配的社会管理体系。企业入园、农民工进城、非城市居民落户,在未来一个时期内,工业化、城镇化的步伐还将继续推进。

最后,大力发展现代服务业。既要继续大力发展现代物流、科技服务、金融保险、信息服务、商务服务等生产性服务业,又要大力发展商贸流通、交通运输、文教卫生、旅游休闲、餐饮住宿、娱乐健身、家政服务等生活性服务业发展;进一步完善鼓励支持创业的政策,以创业带动就业,促进城镇化的持续发展。

## 四、大力推进城镇化和农业现代化协调发展

首先,推进城镇化可持续健康发展。应通过发展"智慧城市"推动内涵型城市化发展,要

与资源环境承载能力相适应,把生态文明理念和原则全面融入城市发展的全过程,重视质量,要让进城的人真正融入城市生活。一要深化户籍制度改革。二要多途径加强职业培训,整合劳动、教育、社会、企业等各方面的教育培训资源,围绕产业、项目、市场的需求来开展培训,提高培训的针对性、有效性和实用性,切实增强农民的技能和就业能力,提高他们自主创业、自谋职业的积极性和成功率。三要切实解决好进城农民的就业、安居、子女就学、社会保障等问题,使其真正融入城镇生活,实现完全意义上的身份转换。

其次,在城镇化加速期,要深化农村产权制度改革。通过全面确权颁证,明晰农村集体耕地、林地、宅基地、其他集体土地及资产的产权,盘活农村集体资源、资产,有效保障农村集体财产收益分配权促进农村集约发展。明确农村基层各类组织的职能,推动农村基层公共服务和社会管理职能与集体资产经营管理职能的进一步分离。强化农业生产合作社经营集体资产的职能,实现农村集体经济组织成员可持续增收。进一步完善农村养老、医疗、失业保险及救助等社会保障体系;逐步建立以"安身工程"为主要内容的农村公共住房制度;建立财政支农资金稳定增长和以工促农、以城带乡的长效机制,着力构建城乡一体的公共财政体系。建立健全体制机制,引导生产要素资源向农村合理流动,从而实现城镇化与农业现代化良性互动、协调发展。

### 本讲思考

1. 全面深化改革的历史必然性和现实紧迫性。
2. 全面深化改革的意义。
3. "新四化"及其特征。

### 思考题

1. 全面深化改革的总目标和方向是什么?
2. "新四化"同步发展的制度障碍是什么?
3. 如何理解全面深化改革,促进"新四化"蓬勃发展?

# 第三章

Chapter 3

## 全面推进依法治国的新方略

**要点提示**

- 十八届四中全会决议的主要内容
- 十八届四中全会会议新亮点
- 法律的生命力在于实施

**开篇阅读**

中国共产党第十八届中央委员会第四次全体会议于10月20日至23日在北京召开。本次四中全会专题讨论依法治国问题,这在党的历史上尚属首次。

## 第一节 中国共产党的十八届四中全会决议的主要内容

《中共中央关于全面推进依法治国若干问题的决定》于2014年10月23日中国共产党第十八届中央委员会第四次全体会议通过,于2014年10月28日发布。党的十八届四中全会决议的主要内容如下。

【实现依法治国总目标要坚持五个原则】全面推进依法治国,总目标是建设中国特色社会主义法治体系,建设社会主义法治国家。实现这个总目标,必须坚持以下原则:坚持中国共产党的领导,坚持人们主体地位,坚持法律面前人人平等,坚持依法治国和以德治国相结合,坚持从中国实际出发。

【一切违反宪法的行为都必须予以追究和纠正】全国各族人民、一切国家机关和武装力量、各政党和各社会团体、各企业事业组织,都必须以宪法为根本的活动准则,并且负有维护宪法尊严、保证宪法实施的职责。一切违反宪法的行为都必须予以追究和纠正。

【完善全国人大及其常委会宪法监督制度】完善全国人大及其常委会宪法监督制度,健全宪法解释程序机制。加强备案审查制度和能力建设,把所有规范性文件纳入备案审查范围,依法撤销和纠正违宪违法的规范性文件,禁止地方制发带有立法性质的文件。

【建立宪法宣誓制度】将每年的12月4日定为国家宪法日。在全社会普遍开展宪法教育,弘扬宪法精神。建立宪法宣誓制度,凡是经过人大及其常委会选举或者决定任命的国家工作人员正式就职时公开向宪法宣誓。

【明确立法边界】从体制机制和工作程序上有效防止部门利益和地方保护主义法律化。对部门间争议较大的重要立法事项,由决策机关引入第三方评估,充分听取各方意见,协调决定,不能久拖不决。加强法律解释工作,及时明确法律规定含义和适用法律依据。

【探索委托第三方起草法律法规草案】健全法律法规规章起草征求人大代表意见制度,增加人大代表列席人大常委会会议人数,更多发挥人大代表参与起草和修改法律作用。完善立法项目征集和论证制度。健全立法机关主导、社会各方有序参与立法途径方式。探索委托第三方起草法律法规草案。

【法律草案重要条款可以单独表决】拓宽公民有序参与立法推进,健全法律法规规章草案公开征求意见和公众意见采纳情况反馈机制,广泛凝聚社会共识。完善法律草案表决程序,对重要条款可以单独表决。

【增强全社会尊重和保障人权意识】依法保障公民权利,加快完善体现权利公平、机会公平、规则公平的法律制度,保障公民人身权、财产权、基本政治权利等各项权利不受侵犯……增强全社会尊重和保障人权意识,健全公民权利救济渠道和方式。

【清理有违公平的法律法规条款】必须以保护产权、维护契约、统一市场、平等交换、公平竞争、有效监管为基本导向,完善社会主义市场经济法律制度。健全以公平为核心原则的产权保护制度,加强对各种所有制经济组织和自然人财产权的保护,清理有违公平的法律法规条款。

【编纂民法典】加强市场法律制度建设,编纂民法典,制定和完善发展规划、投资管理、土地管理、能源和矿产资源、农业、财政税收、金融等方面法律法规,促进商品和要素自由流动、公平交易、平等使用。

【加强推进反腐败国家立法】加快推进反腐败国家立法,完善惩治和预防腐败体系,形成不敢腐、不能腐、不想腐的有效机制,坚决遏制和预防腐败现象。完善惩治贪污贿赂犯罪法律制度,把贿赂犯罪对象由财产扩大为财务和其他财产性利益。

【建立健全文化法律制度】制定文化产业促进法,把行之有效的文化经济政策法定化,健全促进社会效益和经济效益有机统一制度规范。制定国家勋章和国家荣誉称号法,表彰有突出贡献的杰出人士。加强互联网领域立法,完善网络信息服务、网络安全保护、网络社会管理等方面的法律法规。

【抓紧出台反恐怖等一批急需法律】贯彻落实总体国家安全观,加快国家安全法治建设,抓紧出台反恐怖等一批急需法律,推进公共安全法制化,构建国家安全法律制度体系。

【大幅度提高生态违法成本】用严格的法律支付保护生态环境,加快建立有效约束开发行为和促进绿色发展、循环发展、低碳发展的生态文明法律制度,强化生产者环境保护的法律责任,大幅度提高违法成本。

【行政机关不得法外设定权力】行政机关不得法外设定权力,没有法律法规依据不得做出减损公民、法人和其他组织合法权益或者增加其义务的决定。推行政府权力清单制度,坚决消除权力设租寻租空间。

【建立行政机关内部重大决策合法性审查机制】建立行政机关内部重大决策合法性审查机制,未经合法性审查或经审查不合法的,不得提交讨论。

【积极推行政府法律顾问制度】积极推行政府法律顾问制度,建立政府法制机构人员为主体、吸收专家和律师参加的法律顾问队伍,保证法律顾问在指定重大行政决策、推进依法行政中发挥积极作用。

【建立重大决策终身责任追究制度及责任倒查机制】对决策严重失误或者依法应该及时做出决策但久拖不决造成重大损失、恶劣影响的,严格追究行政首长、负有责任的其他领导人员和相关责任人员的法律责任。

【理顺行政强制执行体制】完善市县两级政府行政执法管理,加强统一领导和协调。理顺行政强制执行体制。理顺城管执法体制,加强城市管理综合执法机构建设,提高执法和服务水平。

【健全行政和刑事司法衔接机制】完善案件移送标准和程序,建立行政执法机关、公安机关、检察机关、审判机关信息共享、案情通报、案件移送制度,坚决克服有案不移、有案难移、以罚代刑现象,实现行政处罚和刑事处罚无缝对接。

【坚决判处对执法活动的干预】全面落实行政执法责任制,严格确定不同部门及机构、岗位执法人员执法责任和责任追究机制,加强执法监督,坚决排除对执法活动的干预,防止和克服地方和部门保护主义,惩治执法腐败现象。

【完善纠错问责机制】完善政府内部层级监督和专门监督,改进上级机关对下级机关的监督,建立常态化监督制度。完善纠错问责机制,健全责任公开道歉、停职检查、引咎辞职、责令辞职、罢免等问责方式和程序。

【司法机制的管理】任何党政机关和领导干部都不得让司法机关做违反法定职责、有碍司法公正的事情,任何司法机关都不得执行党政机关和领导干部违法干预司法活动的要求。对干预司法机关办案的,给予党纪政纪处分,造成冤案错案或者其他严重后果的,依法追究刑事责任。

【推动实行审判权和执行权相分离的体制改革试点】完善司法体制,推行实行审判权和执法权相分离的体制改革试点。完善刑罚执行制度,统一刑罚执行体制。改革司法机关人财物管理体制,探索实行法院、检察院司法行政事务管理权和审判权、检察权相分离。

【变立案审查制为立案登记制】改革法院案件受理制度,变立案审查制为立案登记制,对人民法院依法应该受理的案件,做到有案必立、有诉必理,保障当事人诉权。加大对虚假诉讼、恶意诉讼、无理缠诉行为的惩治力度。完善刑事诉讼中认罪认罚从宽制度。

【落实谁在办案谁负责】明确司法机关内部各层级权限,健全内部监督制约机制。司法机关内部人员不得违法规定干预其他人员正在办理的案件,建立司法机关内部人员过问案件的记录制度和责任追究制度。完善主审法官、合议庭、主任检察官、主办侦查员办案责任制,落实谁办案谁负责任。

【统一法律适用标准】坚持以事实为根据、以法律为准绳,健全事实认定符合客观真相、办案结果符合实体公正、办案过程符合程序公正的法律制度。加强和规范司法解释和案例指导,统一法律适用标准。

【全面贯彻证据裁判规则】推进以审判为中心的诉讼制度改革,确保侦查、审查起诉的案件事实证据经得起法律的检验。全面贯彻证据裁判规则,严格依法收集、固定、保存、审查、运用证据、完善证人、鉴定人出庭制度,保证庭审在查明事实、认定证据、保护诉权、公正裁判中发挥决定性作用。

【实行办案质量终身负责制和错案责任倒查问责制】明确各类司法人员工作职责、工作流程、工作标准,实行办案质量终身负责制和错案责任倒查问责制,确保案件处理经得起法律和历史检验。

【完善人民陪审员制度】完善人民陪审员制度,保障公民陪审权利,扩大参审范围,完善随机抽选方式,提高人民陪审制度公信度。逐步实行人民陪审员不再审理法律适用问题,只参与审理事实认定问题。

【建立生效法律文书统一上网和公开查询制度】构建开放、动态、透明、便民阳光司法机制,推进审判公开、检务公开、警务公开、狱务公开,依法及时公开执法司法依据、程序、流程、结果和生效法律文书,杜绝暗箱操作。加强法律文书释法说理,建立生效法律文书统一上网和公开查询制度。

【健全落实罪刑法定、疑罪从无、非法证据排除等法律原则的法律制度】完善对限制人身自由司法措施和侦查手段的司法监督,加强对刑讯逼供和非法取证的源头预防,健全冤假错案有效防范、及时纠正机制。

【防止舆论影响司法公正】完善人民监督员制度,重点监督检查机关查办职务犯罪的立案、羁押、扣押冻结财物、起诉等环节的执法后劲。司法机关要及时回应社会关切。规范媒体对案件的报道,防止舆论影响司法公正。

【坚决惩治司法掮客行为】依法规范司法人员与当事人、律师、特殊关系人、中介组织的接触、交往行为。严禁司法人员私下接触当事人及律师、泄露或者为其打探案情、接受吃请或者接受其财物、为律师介绍代理和辩护业务等违法违纪行为,坚决惩治司法掮客行为,防止利益输送。

【坚决破除各种潜规则】坚决破除各种潜规则,绝不允许法外开恩,绝不允许办关系案、人情案、金钱案,坚决反对和克服特权思想、衙门作风、霸道作风,坚决反对和惩治粗暴执法、野蛮执法行为,对司法领域的腐败零容忍,坚决清除害群之马。

【构建对维护群众利益具有重大作用的制度体系】建立健全社会矛盾预警机制、利益表达机制、协商沟通机制、救济救助机制,畅通群众利益协调、权益保障法律渠道。把信访纳入法治化轨道,保证合理合法诉求依照法律规定和程序就能得到合理合法的解决。

【把善于运用法治思维方式推动工作人选拔到领导岗位】抓住立法、执法、司法机关各级领导班子建设这个关键,突出政治标准。把善于运用法治思维和法治方式推动工作的人选拔到领导岗位上来。畅通立法、执法、司法部门干部和人才相互之间以及与其他部门具备条件的干部和人才交流渠道。

【完善法律职业准入制度】健全国家统一法律职业资格考试制度,建立法律职业人员统一职前培训制度。建立从符合条件的律师、法学专家中招录立法工作者、法官、检察官制度,畅通具备条件的军队转业干部进入法治专门队伍的通道,健全从政法专业毕业生中招录人才的规范便捷机制。

【建立法官、检察官逐级遴选制度】初任法官、检察官由高级人民法院、省级人民检察院统一招录,一律在基层法院、检察院任职,上级人民法院、人民检察院的法官、检察官一般从下一级人民法院、人民检察院的优秀法官、检察官中遴选。

【构建社会律师、公职律师、公司律师等优势互补、结构合理的律师队伍】提高律师队伍业务素质,完善执业保障机制。加强律师事务所管理,发挥律师协会自律作用,规范律师执业行为,监督律师严格遵守职业道德和职业操守,强化准入,推出管理,严格执行违法违规执业惩戒制度。

【各级党政机关和人民团体普遍设立公职律师】企业可设立公司律师,参与决策论证、提供法律意见,促进依法办事,防范法律风险。明确公职律师、公司律师法律地位及义务,理顺公职律师、公司律师管理体制机制。

【各级领导干部要对法律怀有敬畏之心】牢记法律红线不可逾越、法律底线不可触碰,带头遵守法律,带头依法办事,不得违法行使权力,更不能以言代法、以权压法、徇私枉法。

【政法委员会是党委领导政法工作的组织形式,必须长期坚持】各级党委政法委员会要把工作着力点放在把握政治方向、协调各方职能、统筹政法工作、建设政法队伍、监督依法履职、创造公正司法环境上,带头依法办事,保障宪法法律正确统一实施。

【党规党纪要严于国家法律】各级组织和广大党员干部不仅要模范遵守国家法律,而且要按照党规党纪以更高标准严格要求自己,坚定理想信念,践行宗旨,坚决同违法乱纪行为做斗争。对违反党规党纪的行为必须严肃处理,对苗头性倾向问题必须抓早抓小,防止小错酿成大错、违纪走向违法。

【依纪依法反对和克服形式主义、官僚主义、享乐主义和奢靡之风】形成严密的长效机制。完善和严格执行领导干部政治、工作、生活待遇方面各项制度规定,着力整治各种特权行为。对任何腐败行为和腐败分子,必须依纪依法予以坚决惩处,决不手软。

【建立军事法律顾问制度】在各级领导机关设立军事法律顾问,完善重大决策和军事行动法律咨询保障制度,改革军队纪检监察体制。

【防范和反对外部势力干预港澳事务】严格依照宪法和基本法办事,完善与基本法实施相关的制度和机制,依法行使中央权力,依法保障高度自治,支持特别行政区行政长官依法施政。保障内地与香港、澳门经贸关系发展和各领域交流合作,防范和反对外部势力干预港澳事务。

【运用法律手段捍卫一个中国原则】运用法治方式巩固和深化两岸关系和平发展,完善涉台法律法规,依法规范和保障两岸人民关系,推进两岸交流合作。运用法律手段捍卫一个中国原则、反对"台独",增进维护一个中国框架的共同认知,推进祖国和平统一。

**知识问答**

问:十八届四中全会明确了什么任务?

答:十八届四中全会明确了全面推进依法治国的重大任务:完善以宪法为核心的中国特色社会主义法律体系,加强宪法实施;深入推进依法行政,加快建设法治政府;保证公正司法,提高司法公信力;增强全民法治观念,推进法治社会建设;加强法治工作队伍建设;加强和改进党对全面推进依法治国的领导。

## 第二节 中国共产党的十八届四中全会会议新亮点

《中共中央关于全面推进依法治国若干重大问题的决定》(以下简称《决定》)于2014年10月28日公布,这份16 000字的文件被看作是中共全面推进依法治国的纲领性行动指南。《决定》从法治上为解决实现促进社会公平正义、维护社会和谐稳定、确保党和国家长治久安

等问题,提供一系列制度化方案。体现了如下亮点:

——制定国家勋章和国家荣誉称号法

《决定》指出,制定国家勋章和国家荣誉称号法,表彰有突出贡献的杰出人士。新中国成立以来,虽然先后开展了多种形式的奖励表彰活动,但以国家名义颁发、面向全民的最高奖励制度却一直处于空白状态。此项新举措无疑将向社会传递更多正能量。

——争议较大的重要立法事项,引入第三方评估

《决定》指出,对部门间争议较大的重要立法事项,由决策机关引入第三方评估,充分听取各方意见,协调决定,不能久拖不决。这表明立法工作将更凸显其民主性,更重要的是最大可能地防范在立法当中部门利益的干预。

——国家宪法日

《决定》指出,将每年12月4日定为国家宪法日。在全社会普遍开展宪法教育,弘扬宪法精神。宪法将从"文本"走进"生活",其意义或许不光是一种仪式上的安排,同时也是为宪法的实施和监督做铺垫,甚或这本身就是一种宪法实施的体现。

——宪法宣誓制度

《决定》指出,建立宪法宣誓制度,凡经人大及其常委会选举或者决定任命的国家工作人员正式就职时公开向宪法宣誓。这将有助于增强宣誓仪式的庄严性,增强宣誓主体对宪法的敬畏感,使他们能更好地铭记自己对宪法、对公众、对这个时代所做的庄严承诺。

——责任倒查机制

《决定》指出,建立重大决策终身责任追究制度及责任倒查机制,对决策严重失误或者依法应该及时做出决策但久拖不决造成重大损失、恶劣影响的,严格追究行政首长、负有责任的其他领导人员和相关责任人员的法律责任。此举将有助于从源头上防治腐败。

——民法典

《决定》指出,加强市场法律制度建设,编纂民法典,制定和完善发展规划、投资管理、土地管理、能源和矿产资源、农业、财政税收、金融等方面的法律法规,促进商品和要素自由流动、公平交易、平等使用。专家指出,通过编纂民法典,有助于中国市场经济法治化、国际化、透明化和诚信化的推进。

——加强互联网领域立法

《决定》指出,加强互联网领域立法,完善网络信息服务、网络安全保护、网络社会管理等方面的法律法规,依法规范网络行为。对于互联网行业的从业人员来说,应该有一个清晰可见的法律禁区,此行可谓刻不容缓。

——设立巡回法庭

《决定》提出,最高人民法院设立巡回法庭,审理跨行政区域重大行政和民商事案件。这

样做,有利于审判机关重心下移、就地解决纠纷、方便当事人诉讼,有利于最高人民法院本部集中精力制定司法政策和司法解释、审理对统一法律适用有重大指导意义的案件。

——公益诉讼制度

《决定》指出,探索建立检察机关提起公益诉讼制度。此举意义在于更有效地给予违法行政行为司法监督。如国有资产保护、国有土地使用权转让、生态环境和资源保护等问题,由检察机关提起公益诉讼,有利于优化司法职权配置,也有利于推进法治政府建设。

## 第三节 法律的生命力在于实施

党的十八届四中全会提出,"要加快建设职能科学、权责法定、执法严明、公开公正、廉洁高效、守法诚信的法治政府"。

全面推进依法治国,建设法治政府,首要问题是解决党员领导干部头脑中对法治理解和认识上的偏差。法治的核心要义不是扩权,而是限权;不是治民,而是治官。各级党员领导干部必须清醒地意识到,依法治国,建设法治政府,既要通过法治不断拓宽渠道,使民众积极参与政府决策、治理和监督,更好地保证公民民主权利的实现;又要通过法治强化对行政权力的制约与监督,更有效地克制行政权力扩张的冲动。

针对当前国家和社会治理中存在的各种问题,四中全会全方位、多角度地对我国法治政府建设提出了明确要求,做出了具体部署。

建设法治政府要加快政府职能转变。"全能政府"思维必然导致行政权力无限扩张,只有明确权力边界,真正做到权责法定,才能把权力关进制度的"笼子"。近年来,各级各地政府开始积极推行权力清单制度,2015年3月,国务院审改办公开了国务院60个部门的行政审批事项汇总清单,共计1 235项。按照国务院要求,各部门不得在清单之外实施行政审批。权力清单制度的核心是推进政府机构、职能、权限、程序、责任法定化,体现了法治政府权力运行规范化、制度化的本质属性。

建设法治政府要健全依法决策机制。决策的民主化、科学化、法治化,是法治政府的必然要求,必须建立健全政府决策机制,以严格完善的制度克制"拍脑袋""拍胸脯""拍屁股"三拍式决策的任性与随意。要把公众参与、专家论证、风险评估、合法性审查、集体讨论决定确定为重大行政决策法定程序,建立行政机关内部重大决策合法性审查机制,建立重大决策终身责任追究制度及责任倒查机制。

建设法治政府要深化行政执法体制改革。权责不明、权责交叉、多头执法,是当前我国行政执法过程中的突出问题。深化行政执法体制改革,要健全行政执法和刑事司法衔接机制,加大关系群众切身利益的重点领域执法力度,全面落实行政执法责任制,完善纠错问责机制。而深化行政执法体制改革涉及面广、工作量大,任务复杂艰巨,必须以更大的勇气全力推进改革深入进行。

建设法治政府要强化对行政权力的制约监督。有权必有责,用权受监督,这是权力运行的基本规则,不受监督和制约的权力必然会损害国家利益和公民合法权益。我国现行的权力监督机制包括党内监督、人大监督、民主监督、行政监督、司法监督、审计监督、社会监督、舆论监督等,要加强制度建设,充分发挥这些监督机制对权力运行的制约作用,努力形成科学有效的权力运作制约监督体系,增强监督合力和实效。

建设法治政府要全面推进政务公开。"阳光是最好的防腐剂",只有公开透明才能避免权力滥用和暗箱操作。近年来,为了推进政务公开,各级各地政府部门做了大量切实有效的工作。2007年,国务院颁布了政府信息公开条例,以立法形式推进政府信息公开建设,实现了政务公开法治化。建设法治政府要以政务公开为突破口,坚持以公开为常态、不公开为例外原则,推进决策公开、执行公开、管理公开、服务公开、结果公开。

法律的生命力在于实施,法律的权威也在于实施。在依法治国的语境下,法治政府建设是重点中的重点,同时也是难点中的难点。深入贯彻落实四中全会精神,政府部门需要以壮士断腕的勇气,以自我革命的精神,以四中全会设定的目标为导向,全力推进法治政府建设。

### 本讲思考

1. 党的十八届四中全会的主要内容是什么?
2. 党的十八届四中全会拟在解决的亮点问题有哪些?
3. 如何全面实施依法治国,提高司法公信力?

### 思考题

1. 实现依法治国总目标要坚持哪些原则?
2. 全面推进依法治国,如何建设法治政府?

# 第四章
## Chapter 4

## 中国共产党建设的新举措

**要点提示**

◆ 中国共产党建设的最根本经验
◆ 全面加强中国共产党的自身建设

**开篇阅读**

中国共产党的十八大以来,以习近平同志为总书记的党中央高举中国特色社会主义伟大旗帜,深刻把握国内国际发展大势,团结和带领全国各族人民为实现中华民族伟大复兴中国梦而努力奋斗,取得了举世瞩目的伟大成就,赢得了干部群众的衷心拥护和国际社会的高度评价。

## 第一节 中国共产党的建设的全面进步

中共十八大刚结束,习近平同志就在一中全会上对全党提出"必须以更大的决心和勇气抓好党的自身建设",并在与中外记者见面时响亮地提出"我们的责任,就是同全党同志一道,坚持党要管党、从严治党"。此后,在新进中央委员、候补委员学习贯彻中共十八大精神研讨班上,在中央纪委二次全会上,在全国组织工作会议等各种不同场合,习近平总书记反复强调,"打铁还需自身硬"。对我们这样一个拥有8500多万党员、在一个13亿人口大国长期执政的党,管党治党一刻不能松懈。2012年12月,中央政治局做出关于改进工作作风、密切联系群众的八项规定,为全党做出了示范和表率。党要管党、从严治党的各项要求,在党的建设各个方面得到贯彻落实。

## 一、坚定理想信念，补好精神上的"钙"，党的思想理论建设成效显著

中共十八大以后，在中央政治局第一次集体学习时，习近平同志说："理想信念就是中国共产党人精神上的'钙'，没有理想信念，理想信念不坚定，精神上就会'缺钙'，就会得'软骨病'。"坚定的理想信念，无论是对中国共产党来说，还是对每个中国共产党党员来说，都具有根本性意义和不可估量的作用。中共十八大以来，党中央强调要抓好思想理论建设这个根本、党性教育这个核心、道德建设这个基础，解决好广大党员干部世界观、人生观、价值观这个"总开关"问题，中国共产党的马克思主义水平有了新的提高。以各级党校、行政学院和干部学院为主阵地，通过中心组学习、教育培训、专题研讨等多种方式开展对中国特色社会主义理论体系和习近平总书记系列重要讲话的深入学习。广大党员干部的方向更加明确，思想更加统一，力量更加凝聚，信心更加充足。中国共产党坚持两手抓、两手都要硬，进一步掌握意识形态工作的领导权、管理权、话语权，社会主义意识形态的主导性和感召力进一步加强，全党全国人民团结奋斗的思想基础更加巩固。积极培育和践行社会主义核心价值观，广大党员干部率先垂范、以身作则，发挥引领示范作用，全社会的道德风尚进一步改善。

## 二、着力培育选拔党和人民需要的好干部，大力加强基层、基础工作，党的组织建设取得新进展

党要管党，首先是管好干部；从严治党，关键是从严治吏。习近平同志在全国组织工作会议上强调："进行具有许多新的历史特点的伟大斗争，实现党的十八大确定的各项目标任务，关键在党，关键在人。关键在党，就是要确保党在发展中国特色社会主义历史进程中始终成为坚强领导核心。关键在人，就要建设一支宏大的高素质干部队伍。"他还指出，建设这样一支队伍，要按照"信念坚定、为民服务、勤政务实、敢于担当、清正廉洁"的标准，大力培育党和人民需要的好干部。中共十八大以来，我们党积极推进干部人事制度改革，着力破解干部工作中存在的"唯票""唯分""唯GDP""唯年龄"等问题，修订了《党政领导干部选拔任用工作条例》，为培养选拔党和人民需要的好干部奠定了扎实的制度基础。

中共十八大以来，习近平总书记多次对人才队伍建设和人才工作做出重要指示，强调没有一支宏大的高素质人才队伍，中国梦这篇大文章就难以顺利写下去。中国共产党始终坚持党管人才原则，大力推进人才发展体制机制改革和政策创新，推进"千人计划""万人计划"等重大人才工程，人才工作开创了新的局面，一支规模宏大、专业门类齐全、能力素质较高的人才大军已初步形成。

回顾中共十八大以来中国共产党加强组织建设的历程，我们认识到：中国共产党是执政

党,用人权是最重要的执政权。削弱党管干部就等于削弱党的领导,放弃党管干部就意味着放弃党的领导。党的干部队伍建设和干部人事制度改革必须紧紧围绕"好干部"要求,解决"为谁选人""用什么理念选人""选什么样的人""依据什么选人"等问题,构建一套有效管用、简便易行的选人用人机制,形成与中国特色社会主义制度相适应的干部制度体系。实现中国梦要有强大的智力支撑,伟大的事业呼唤各类优秀人才。我们必须高度重视人才工作,破除影响人才流动、使用、发挥作用的各种体制机制障碍,千方百计吸引人才、招揽人才,集聚各方面人才为实现中国梦而奋斗。

## 三、坚持不懈地加强党的作风建设,党同人民群众的血肉联系进一步增强

中共十八大以来,中央以作风建设作为突破口加强管党治党工作,在党内外、国内外产生积极影响,受到普遍好评。中央领导同志带头贯彻落实"八项规定",为各级党组织和广大党员干部树立了榜样。各级党政机关陆续出台细化八项规定的具体措施,会风、文风、学风、工作作风和生活作风不断改进。中国共产党党风政风带动了社风民风的好转。以为民务实清廉为主要内容的党的群众路线教育实践活动,是新形势下我们党依靠自身力量和人民群众的帮助监督解决自身问题的成功实践。第一批教育实践活动已经取得重要阶段性成果,"四风"得到有效遏制,人民群众反映强烈的突出问题得到认真解决,新形势下做好群众工作的能力进一步提高。第二批教育实践活动正在扎实推进。在这次教育实践活动中,各级党组织及其班子成员以整风精神开展批评和自我批评,党员干部从理想信念、党性修养和人生观、世界观、价值观上剖析原因,深挖根源,触动了思想深处的一些东西,真正收到了"照镜子、正衣冠、洗洗澡、治治病"的效果。

中共十八大以来加强作风建设的经验,给我们以深刻启示:作为马克思主义执政党,不但要有强大的真理力量,而且要有强大的人格力量。真理力量集中体现在我们党的正确理论上,人格力量集中体现在中国共产党的优良作风上。必须坚持问题导向,解决突出问题,紧紧抓住"讲认真"这个要害,破解作风建设中的难题。必须持之以恒,建立长效机制,善始善终、善做善成、久久为功,让人民群众不断看到实实在在的成效和变化,真正取信于民。

## 四、坚持以零容忍态度反对腐败,廉政建设和反腐败斗争向纵深发展

腐败是社会的毒瘤,也是一种极其复杂的社会现象,党的性质和宗旨决定了中国共产党与腐败现象是水火不相容的。中共十八大以来,党中央加大了反腐败的力度,始终保持反腐败的高压态势,坚持"老虎""苍蝇"一起打,既坚决查处领导干部违纪违法案件,又切实解决发生在

群众身边的不正之风和腐败问题。一批"老虎""苍蝇"纷纷落马,彰显了中国共产党惩治腐败的坚定决心,遏制了腐败蔓延的势头,赢得了民心。中国共产党的十八届三中全会强调:"坚持用制度管权管事管人,让人民监督权力,让权力在阳光下运行,是把权力关进笼子里的治本之策。"在治标的同时,中央持续推进反腐倡廉制度建设,强调用完善制度的办法从源头上杜绝腐败滋生的土壤,审议通过了《建立健全惩治和预防腐败体系2013—2017年工作规划》等一系列反腐败法规文件,惩治和预防腐败体系建设进一步完善,反腐败制度建设进一步加强。

回顾中共十八大以来加强反腐倡廉建设的历程,我们深刻认识到:必须以最坚决的态度反对腐败。反对腐败、建设廉洁政府的问题解决不好,就会对中国共产党造成致命伤害,甚至亡党亡国。古今中外,概莫能外。要充分认识反腐败斗争的长期性、复杂性、艰巨性,以猛药去病、重典治乱的决心,以刮骨疗毒、壮士断腕的勇气,坚决把党风廉政建设和反腐败斗争进行到底。要善于用法治思维和法治方式反对腐败,加强反腐倡廉的国家立法和党内法规制度建设,把权力关进法律和制度的笼子里,形成不敢腐的惩戒机制、不能腐的防范机制、不易腐的保证机制。

## 五、积极推进党的建设制度改革,党的建设科学化水平进一步提高

加强制度建设,是中国共产党坚持党要管党、从严治党的一条基本经验。中共十八大以来,党中央高度重视党的制度建设,做出了一系列重要部署。中国共产党的十八大闭幕不久,习近平总书记就发表了"认真学习党章、严格遵守党章"的重要讲话,指出认真学习、严格遵守党章,是加强党的建设的基础性工作;提出建立健全党内制度体系,要以党章为根本依据。全党开展了对党章的学习,遵守党章、贯彻党章、维护党章的自觉性不断增强。近些年来,一系列重要的党内制度法规相继出台。中共十八大以来加强党的制度建设的历程,使我们进一步认识到制度建设的重要性和紧迫性。党的建设制度是国家治理体系的基础,党的建设制度改革成效如何、进展如何,直接关系着全面深化改革总目标的实现。党的建设制度改革涉及党和国家整个领导体制、领导制度,推进党的建设制度改革,必须把准党的建设制度改革的方向,有利于加强和改善党的领导,有利于提高党的执政能力,有利于巩固党的执政地位。党的建设制度改革的重点是,着力深化党的组织制度方面的改革,着力深化干部选拔任用制度改革,着力深化干部管理制度改革,着力健全改进作风常态化制度,着力健全党的基层组织体系,着力强化权力运行制约和监督体系。要用党的建设制度改革的新成效,来推动全面深化改革和经济社会全面发展的新进步。

第四章 中国共产党建设的新举措

问：四中全会关于中国共产党的五项建设的内容是什么？
答：切实抓好中国共产党的建设，切实加强思想、组织、作风、反腐倡廉建设和制度建设。

## 第二节 以改革创新精神推进中国共产党的建设

中国共产党的十七届四中全会在北京召开，会议审议通过《中共中央关于加强和改进新形势下党的建设若干重大问题的决定》，从党和国家事业发展全局的战略高度，集中全党智慧，凝聚全党共识，全面分析世情、国情、党情的深刻变化对党的建设提出的新要求，科学总结我们党作为马克思主义执政党进行自身建设的基本经验，对中国共产党的建设进行部署，必将对以改革创新精神推进中国共产党的建设实践创新、理论创新、制度创新、工作创新，实现管党治党新飞跃起到巨大推动作用。

中国共产党的建设是中国共产党领导的伟大事业不断取得胜利的重要法宝。在领导中国革命、建设、改革的长期实践中，中国共产党根据自身历史方位和中心任务的变化，创造性地运用马克思主义建党学说，不断加强和改进党的建设，保持和发展党的先进性，使党始终与时代发展同进步、与人民群众共命运，为中国相继实现从半殖民地半封建社会到民族独立、人民当家作主新社会的历史性转变，从新民主主义革命到社会主义革命和建设的历史性转变，从高度集中的计划经济体制到充满活力的社会主义市场经济体制、从封闭半封闭到全方位开放的历史性转变提供了根本保证。

当今世界正处在大发展大变革大调整时期。世界多极化、经济全球化深入发展，科技进步日新月异，国际金融危机影响深远，全球思想文化交流交融交锋呈现新特点，综合国力竞争和各种力量较量更趋激烈。中国经济建设、政治建设、文化建设、社会建设以及生态文明建设全面推进，工业化、信息化、城镇化、市场化、国际化深入发展，中国正处在进一步发展的重要战略机遇期，在新的历史起点上向前迈进。同时，中国发展呈现一系列新的阶段性特征，出现一系列新情况新问题，呈现出新旧矛盾相互交织，长期性矛盾和阶段性矛盾相互交织，可以预料和难以预料的矛盾相互交织的复杂局面。在我们这个十几亿人口的发展中大国，中国共产党在推进改革开放和社会主义现代化建设中肩负任务的艰巨性、复杂性、繁重性世所罕见。中国共产党要适应这样的新形势，统筹国内国际两个大局，更好带领全国各族人民聚精会神搞建设、一心一意谋发展，实现中国共产党的十七大描绘的宏伟蓝图，必须进一步加强和改进自身建设，不断提高领导水平和执政水平、提高拒腐防变和抵御风险能力。

当前，中国共产党的领导水平和执政水平、中国共产党的建设状况、中国共产党党员队伍素质总体上同中国共产党肩负的历史使命是适应的。同时，党内也存在不少不适应新形势新任务要求、不符合党的性质和宗旨的问题，使党面临着如何坚定理想信念，如何增强党的创造活力和团结统一，如何提高推动科学发展、促进社会和谐能力，如何夯实党执政的组织基础，如何继承和发扬党的优良传统和作风，如何保持党同人民群众的血肉联系等重大问题，需要我们采取切实有效措施，抓紧加以解决。

中国共产党在长期执政实践中，围绕建设什么样的党、怎样建设党这个重大课题，探索形成了中国共产党作为马克思主义执政党加强自身建设的基本经验，这就是：坚持把思想理论建设放在首位，提高全党马克思主义水平；坚持把推进党的建设伟大工程同推进党领导的伟大事业紧密结合起来，保证党始终成为社会主义事业的坚强领导核心；坚持以执政能力建设和先进性建设为主线，保证党始终走在时代前列；坚持立党为公、执政为民，保持党同人民群众的血肉联系；坚持改革创新，增强党的生机活力；坚持党要管党、从严治党，提高管党治党水平。这些基本经验，凝聚着几代中国共产党人不懈探索党的自身建设实践的智慧和心血，具有深厚的历史依据和实践基础，具有丰富的思想理论内涵，必须倍加重视、倍加珍惜，必须作为加强和改进新形势下党的建设的重要指导原则长期坚持，并在实践中不断丰富发展。

加强和改进新形势下党的建设，必须按照全会提出的总体要求，围绕建设马克思主义学习型政党、提高全党思想政治水平，坚持和健全民主集中制、积极发展党内民主，深化干部人事制度改革、建设善于推动科学发展和促进社会和谐的高素质干部队伍，做好抓基层打基础工作、夯实党执政的组织基础，弘扬党的优良作风、保持党同人民群众的血肉联系，加快推进惩治和预防腐败体系建设、深入开展反腐败斗争等六个方面任务，精心谋划，扎实推进，务求实效。

治党兴党强党，党员责无旁贷。中国共产党全党同志必须以高度的政治责任感和历史使命感，居安思危，增强忧患意识，常怀忧党之心，恪尽兴党之责，时刻把党和人民放在心中最高位置，把关注党的前途命运、塑造党的执政形象、巩固党的执政地位，贯彻到治国理政的执政实践中，落实到具体工作中，以与时俱进、昂扬奋发的精神风貌，埋头苦干、精益求精的踏实作风，丰富的创新成果、一流的工作业绩和坚强的党性原则、闪光的人格力量赋予党的先进性以新的时代特征，赋予共产党员的先进性以新的时代内涵。

各级党组织必须坚持党要管党、从严治党，全面落实党建工作责任制，严格实行集体领导与个人分工相结合，切实做到责任明确、措施到位、领导有力。要全面认识和自觉运用马克思主义执政党建设规律，推动党的建设创新，确保党的建设各项部署落到实处，努力在以科学理论指导党的建设、以科学制度保障党的建设、以科学方法推进党的建设上见到成效，不断提高党的建设科学化水平。

## 第三节 "两学一做"学习教育

为深入学习贯彻习近平总书记系列重要讲话精神,推动全面从严治党向基层延伸,巩固拓展党的群众路线教育实践活动和"三严三实"专题教育成果,进一步解决党员队伍在思想、组织、作风、纪律等方面存在的问题,保持发展党的先进性和纯洁性,党中央决定,2016年在全体党员中开展"学党章党规、学系列讲话,做合格党员"学习教育(以下简称"两学一做"学习教育)。

学习教育首先要进行党章党规的学习。着眼明确基本标准,树立行为规范,逐条逐句通读党章,全面理解党的纲领,牢记入党誓词,牢记党的宗旨,牢记党员义务和权利,引导党员尊崇党章、遵守党章、维护党章,坚定理想信念,对党绝对忠诚。

其次,学系列讲话。着眼加强理论武装、统一思想行动,认真学习习近平总书记关于改革发展稳定、内政外交国防、治党治国治军的重要思想,认真学习以习近平同志为总书记的党中央治国理政新理念、新思想、新战略,引导党员深入领会系列重要讲话的丰富内涵和核心要义,深入领会贯穿其中的马克思主义立场、观点、方法。坚定中国特色社会主义道路自信、理论自信、制度自信。

再次,做合格党员。着眼党和国家事业的新发展对党员的新要求,坚持以知促行,做讲政治、有信念,讲规矩、有纪律,讲道德、有品行,讲奉献、有作为的合格党员。引导党员强化政治意识,保持政治本色,把理想信念时时处处体现为行动的力量;坚定自觉地在思想上、政治上、行动上同以习近平同志为总书记的党中央保持高度一致,经常主动向党中央看齐,向党的理论和路线方针政策看齐,做政治上的明白人;践行党的宗旨,保持公仆情怀,牢记共产党员永远是劳动人民的普通一员,密切联系群众,全心全意为人民服务;加强党性锻炼和道德修养,心存敬畏、手握戒尺,廉洁从政、从严治家,筑牢拒腐防变的防线;始终保持干事创业、开拓进取的精气神,平常时候看得出来,关键时刻冲得上去,在"十三五"规划开局起步、决胜全面建成小康社会、实现第一个百年奋斗目标中奋发有为、建功立业。

开展"两学一做"学习教育,基础在学,关键在做。要把党的思想建设放在首位,以尊崇党章、遵守党规为基本要求,以用习近平总书记系列重要讲话精神武装全党为根本任务,教育引导党员自觉按照党员标准规范言行,进一步坚定理想信念,提高党性觉悟;进一步增强政治意识、大局意识、核心意识、看齐意识,坚定正确的政治方向;进一步树立清风正气,严守政治纪律政治规矩;进一步强化宗旨观念,勇于担当作为,在生产、工作、学习和社会生活中起先锋模范作用,为党在思想上、政治上、行动上的团结统一夯实基础,为协调推进"四个全面"战略布局、贯彻落实五大发展理念提供坚强组织保证。

> **知识问答**

问：什么叫作"两学一做"？

答：党中央决定，2016年在全体党员中开展"学党章党规、学系列讲话，做合格党员"学习教育，这一教育活动被简称为"两学一做"学习教育。

# 第四节　中国共产党第十八届六中全会

中国共产党第十八届中央委员会第六次全体会议，于2016年10月24日至27日在北京举行。出席这次全会的有，中央委员197人，候补中央委员151人。全会听取和讨论了习近平受中央政治局委托做的工作报告，审议通过了《关于新形势下党内政治生活的若干准则》和《中国共产党党内监督条例》，审议通过了《关于召开党的第十九次全国代表大会的决议》。

中国共产党第十八届六中全会会议通过决议的主要内容有：

新形势下加强和规范党内政治生活，必须以党章为根本遵循，坚持党的政治路线、思想路线、组织路线、群众路线，着力增强党内政治生活的政治性、时代性、原则性、战斗性，着力增强党自我净化、自我完善、自我革新、自我提高能力，着力提高党的领导水平和执政水平、增强拒腐防变和抵御风险能力，着力维护党中央权威、保证党的团结统一、保持党的先进性和纯洁性，努力在全党形成又有集中又有民主、又有纪律又有自由、又有统一意志又有个人心情舒畅生动活泼的政治局面。

必须把坚定理想信念作为开展党内政治生活的首要任务。全党同志必须把对马克思主义的信仰、对社会主义和共产主义的信念作为毕生追求，坚定对中国特色社会主义的道路自信、理论自信、制度自信、文化自信。

必须全面贯彻执行党的基本路线，把以经济建设为中心同坚持四项基本原则、坚持改革开放这两个基本点统一于中国特色社会主义伟大实践，任何时候都不能有丝毫偏离和动摇。全党必须聚精会神抓好发展这个党执政兴国的第一要务。必须勇于推进理论创新、实践创新、制度创新、文化创新以及其他各方面创新。必须把坚持党的思想路线贯穿于执行党的基本路线全过程，在实践中检验真理和发展真理，不断推进马克思主义中国化。

坚持党的领导，首先是坚持党中央的集中统一领导。全党必须自觉在思想上、政治上、行动上同党中央保持高度一致，向党中央看齐，向党的理论和路线方针政策看齐，向党中央决策部署看齐，做到党中央提倡的坚决响应、党中央决定的坚决执行、党中央禁止的坚决不做。

必须严明党的纪律，把纪律挺在前面，用铁的纪律从严治党。坚持纪律面前一律平等，遵守纪律没有特权，执行纪律没有例外，党内决不允许存在不受纪律约束的特殊组织和特殊党员。

必须把坚持全心全意为人民服务的根本宗旨、保持党同人民群众的血肉联系作为加强和规范党内政治生活的根本要求。全党必须贯彻党的群众路线,为群众办实事、解难事,当好人民公仆。

党内决策、执行、监督等工作必须执行党章党规确定的民主原则和程序,任何党组织和个人都不得压制党内民主、破坏党内民主。重大决策部署,必须深入开展调查研究,广泛听取各方面意见和建议。必须尊重党员主体地位、保障党员民主权利,落实党员知情权、参与权、选举权、监督权,保障全体党员平等享有党章规定的党员权利、履行党章规定的党员义务,坚持党内民主平等的同志关系,任何党组织和党员不得侵害党员民主权利。畅通党员参与讨论党内事务的途径,拓宽党员表达意见渠道,营造党内民主讨论的政治氛围。党员有权向党负责地揭发、检举党的任何组织和任何党员违纪违法的事实,提倡实名举报。

选拔任用干部必须坚持德才兼备、以德为先,坚持五湖四海、任人唯贤,坚持信念坚定、为民服务、勤政务实、敢于担当、清正廉洁的好干部标准。党的各级组织必须自觉防范和纠正用人上的不正之风和种种偏向。建立容错纠错机制,宽容干部在工作中特别是改革创新中的失误。

必须坚持党的组织生活各项制度,创新方式方法,增强党的组织生活活力。全体党员、干部特别是高级干部必须增强党的意识,时刻牢记自己第一身份是党员。要坚持"三会一课"制度,坚持民主生活会和组织生活会制度,坚持谈心谈话制度,坚持对党员进行民主评议。领导干部必须强化组织观念,工作中的重大问题和个人有关事项必须按规定、按程序向组织请示报告。

批评和自我批评必须坚持实事求是,讲党性不讲私情、讲真理不讲面子。党员、干部必须严于自我解剖,对发现的问题要深入剖析原因,认真整改。

监督是权力正确运行的根本保证,必须加强对领导干部的监督,党内不允许有不受制约的权力,也不允许有不受监督的特殊党员。要完善权力运行制约和监督机制,形成有权必有责、用权必担责、滥权必追责的制度安排。党的各级组织和领导干部必须在宪法法律范围内活动,决不能以言代法、以权压法、徇私枉法。

必须筑牢拒腐防变的思想防线和制度防线,着力构建不敢腐、不能腐、不想腐的体制机制。领导干部特别是高级干部必须带头践行社会主义核心价值观,讲修养、讲道德、讲诚信、讲廉耻。

党内监督没有禁区、没有例外。党内监督要贯彻民主集中制,依规依纪进行,强化自上而下的组织监督,改进自下而上的民主监督,发挥同级相互监督作用。

党内监督的任务是确保党章党规党纪在全党有效执行,维护党的团结统一,保证党的组织充分履行职能、发挥核心作用,保证全体党员发挥先锋模范作用,保证党的领导干部忠诚、干净、担当。

党内监督的重点对象是党的领导机关和领导干部特别是主要领导干部。要建立健全党中央统一领导,党委(党组)全面监督,纪律检查机关专责监督,党的工作部门职能监督,党的基层组织日常监督,党员民主监督的党内监督体系。

各级党委应当支持和保证同级人大、政府、监察机关、司法机关等对国家机关及公职人员依法进行监督,人民政协依章程进行民主监督,审计机关依法进行审计监督。要支持民主党派履行监督职能,重视民主党派和无党派人士提出的意见、批评、建议。要认真对待、自觉接受社会监督。

全会号召,全党同志紧密团结在以习近平同志为核心的党中央周围,全面深入贯彻本次全会精神,牢固树立政治意识、大局意识、核心意识、看齐意识,坚定不移维护党中央权威和党中央集中统一领导,继续推进全面从严治党,共同营造风清气正的政治生态,确保党团结带领人民不断开创中国特色社会主义事业新局面。

## 知识问答

问:公报共使用了哪8个"不允许"?

答:党内不允许存在不受纪律约束的特殊组织和特殊党员;决不允许在群众面前自以为是、盛气凌人;决不允许当官做老爷、漠视群众疾苦;不允许欺压群众、损害和侵占群众利益;坚持集体领导制度,实行集体领导和个人分工负责相结合,是民主集中制的重要组成部分,必须始终坚持,任何组织和个人在任何情况下都不允许以任何理由违反这项制度;党内不允许有不受制约的权力;不允许有不受监督的特殊党员;党内决不允许有腐败分子藏身之地。

## 本讲思考

1. 为什么要抓好中国共产党的自身建设?
2. 中国共产党党员自身如何治党、兴党、强党?
3. 如何"两学一做"学习教育活动?
4. 十八届六中全会的一个主题、两个板块是什么?

## 思考题

1. 进行中国共产党的建设,最根本的经验是什么?
2. 加强和改进新形势下中国共产党的建设,总体要求是什么?
3. "两学一做"学习教育工作的主要内容是什么?
4. 十八届六中全会是怎样评价十八大以来全面从严治党成就的?

# 第五章
Chapter 5

## "十三五"规划的制定与实施

> **要点提示**
> - "十三五"规划的主要目标
> - "十三五"规划的重大举措
> - "十三五"规划的保障措施

> **开篇阅读**

中华人民共和国国民经济和社会发展第十三个五年(2016~2020年)规划纲要,主要阐明国家战略意图,明确经济社会发展宏伟目标、主要任务和重大举措,是市场主体的行为导向,是政府履行职责的重要依据,是全国各族人民的共同愿景。

## 第一节 "十三五"规划的主要目标

### 一、"十三五"规划的指导思想

高举中国特色社会主义伟大旗帜,全面贯彻党的十八大和十八届三中、四中、五中全会精神,以马克思列宁主义、毛泽东思想、邓小平理论、"三个代表"重要思想、科学发展观为指导,深入贯彻习近平总书记系列重要讲话精神,坚持全面建成小康社会、全面深化改革、全面依法治国、全面从严治党的战略布局,坚持发展是第一要务,牢固树立和贯彻落实创新、协调、绿色、开放、共享的发展理念,以提高发展质量和效益为中心,以供给侧结构性改革为主线,扩大有效供给,满足有效需求,加快形成引领经济发展新常态的体制机制和发展方式,保持战略定力,坚持稳中求进,统筹推进经济建设、政治建设、文化建设、社会建设、生态文明建设和党的建设,确保如期全面建成小康社会,为实现第二个百年奋斗目标、实现中华民族伟大复兴的中国梦奠定更加坚实的基础。

## 二、"十三五"规划的主要目标

按照全面建成小康社会新的目标要求,今后五年经济社会发展的主要目标是:

——经济保持中高速增长。在提高发展平衡性、包容性、可持续性的基础上,到2020年国内生产总值和城乡居民人均收入比2010年翻一番,主要经济指标平衡协调,发展质量和效益明显提高。产业迈向中高端水平,农业现代化进展明显,工业化和信息化融合发展水平进一步提高,先进制造业和战略性新兴产业加快发展,新产业新业态不断成长,服务业比重进一步提高。

——创新驱动发展成效显著。创新驱动发展战略深入实施,创业创新蓬勃发展,全要素生产率明显提高。科技与经济深度融合,创新要素配置更加高效,重点领域和关键环节核心技术取得重大突破,自主创新能力全面增强,迈进创新型国家和人才强国行列。

——发展协调性明显增强。消费对经济增长贡献继续加大,投资效率和企业效率明显上升。城镇化质量明显改善,户籍人口城镇化率加快提高。区域协调发展新格局基本形成,发展空间布局得到优化。对外开放深度广度不断提高,全球配置资源能力进一步增强,进出口结构不断优化,国际收支基本平衡。

——人民生活水平和质量普遍提高。就业、教育、文化体育、社保、医疗、住房等公共服务体系更加健全,基本公共服务均等化水平稳步提高。教育现代化取得重要进展,劳动年龄人口受教育年限明显增加。就业比较充分,收入差距缩小,中等收入人口比重上升。我国现行标准下农村贫困人口实现脱贫,贫困县全部摘帽,解决区域性整体贫困。

——国民素质和社会文明程度显著提高。中国梦和社会主义核心价值观更加深入人心,爱国主义、集体主义、社会主义思想广泛弘扬,向上向善、诚信互助的社会风尚更加浓厚,国民思想道德素质、科学文化素质、健康素质明显提高,全社会法治意识不断增强。公共文化服务体系基本建成,文化产业成为国民经济支柱性产业。中华文化影响持续扩大。

——生态环境质量总体改善。生产方式和生活方式绿色、低碳水平上升。能源资源开发利用效率大幅提高,能源和水资源消耗、建设用地、碳排放总量得到有效控制,主要污染物排放总量大幅减少。主体功能区布局和生态安全屏障基本形成。

——各方面制度更加成熟更加定型。国家治理体系和治理能力现代化取得重大进展,各领域基础性制度体系基本形成。人民民主更加健全,法治政府基本建成,司法公信力明显提高。人权得到切实保障,产权得到有效保护。开放型经济新体制基本形成。中国特色现代军事体系更加完善。党的建设制度化水平显著提高。

## 三、"十三五"规划的发展主线

贯彻落实新发展理念、适应把握引领经济发展新常态,必须在适度扩大总需求的同时,着力推进供给侧结构性改革,使供给能力满足广大人民日益增长、不断升级和个性化的物质文化和生态环境需要。必须用改革的办法推进结构调整,加大重点领域关键环节市场化改革力度,调整各类扭曲的政策和制度安排,完善公平竞争、优胜劣汰的市场环境和机制,最大限度激发微观活力,优化要素配置,推动产业结构升级,扩大有效和中高端供给,增强供给结构适应性和灵活性,提高全要素生产率。必须以提高供给体系的质量和效率为目标,实施宏观政策要稳、产业政策要准、微观政策要活、改革政策要实、社会政策要托底的政策支柱,去产能、去库存、去杠杆、降成本、补短板,加快培育新的发展动能,改造提升传统比较优势,夯实实体经济根基,推动社会生产力水平整体改善。

问:什么叫作"五年规划"?

答:五年规划(原称五年计划),全称为中华人民共和国国民经济和社会发展五年规划纲要,是中国国民经济计划的重要部分,属长期计划。主要是对国家重大建设项目、生产力分布和国民经济重要比例关系等做出规划,为国民经济发展远景规定目标和方向。

# 第二节 "十三五"规划的重大举措

## 一、实施创新驱动发展战略

### 1. 强化科技创新引领作用

发挥科技创新在全面创新中的引领作用,加强基础研究,强化原始创新、集新和引进消化吸收再创新,着力增强自主创新能力,为经济社会发展提供持久动力。

### 2. 深入推进大众创业万众创新

把大众创业万众创新融入发展各领域各环节,鼓励各类主体开发新技术、新产品、新业态、新模式,打造发展新引擎。

### 3. 构建激励创新的体制机制

破除束缚创新和成果转化的制度障碍,优化创新政策供给,形成创新活力竞相迸发、创新成果高效转化、创新价值充分体现的体制机制。

### 4. 实施人才优先发展战略

把人才作为支撑发展的第一资源,加快推进人才发展体制和政策创新,构建有国际竞争力的人才制度优势,提高人才质量,优化人才结构,加快建设人才强国。

### 5. 拓展发展动力新空间

坚持需求引领、供给创新,提高供给质量和效率,激活和释放有效需求,形成消费与投资良性互动、需求升级与供给升级协调共进的高效循环,增强发展新动能。

## 二、构建发展新体制

### 1. 坚持和完善基本经济制度

坚持公有制为主体、多种所有制经济共同发展。毫不动摇地巩固和发展公有制经济,毫不动摇地鼓励、支持、引导非公有制经济发展。依法监管各种所有制经济。

### 2. 建立现代产权制度

健全归属清晰、权责明确、保护严格、流转顺畅的现代产权制度。推进产权保护法治化,依法保护各种所有制经济权益。

### 3. 健全现代市场体系

加快形成统一开放、竞争有序的市场体系,建立公平竞争保障机制,打破地域分割和行业垄断,着力清除市场壁垒,促进商品和要素自由有序流动、平等交换。

### 4. 深化行政管理体制改革

加快政府职能转变,持续推进简政放权、放管结合、优化服务,提高行政效能,激发市场活力和社会创造力。

### 5. 加快财税体制改革

围绕解决中央地方事权和支出责任划分、完善地方税体系、增强地方发展能力、减轻企业负担等关键性问题,深化财税体制改革,建立健全现代财税制度。

### 6. 加快金融体制改革

完善金融机构和市场体系,促进资本市场健康发展,健全货币政策机制,深化金融监管体制改革,健全现代金融体系,提高金融服务实体经济效率和支持经济转型的能力,有效防范和化解金融风险。

### 7. 创新和完善宏观调控

健全宏观调控体系,创新宏观调控方式,增强宏观政策协同性,更加注重扩大就业、稳定物价、调整结构、提高效益、防控风险、保护环境,更加注重引导市场行为和社会预期,为结构性改革营造稳定的宏观经济环境。

## 三、推进农业现代化

### 1. 增强农产品安全保障能力

确保谷物基本自给、口粮绝对安全,调整优化农业结构,提高农产品综合生产能力和质量安全水平,形成结构更加合理、保障更加有力的农产品有效供给。

### 2. 构建现代农业经营体系

以发展多种形式适度规模经营为引领,创新农业经营组织方式,构建以农户家庭经营为基础、合作与联合为纽带、社会化服务为支撑的现代农业经营体系,提高农业综合效益。

### 3. 提高农业技术装备和信息化水平

健全现代农业科技创新推广体系,加快推进农业机械化,加强农业与信息技术融合,发展智慧农业,提高农业生产力水平。

### 4. 完善农业支持保护制度

以保障主要农产品供给、促进农民增收、实现农业可持续发展为重点,完善强农惠农富农政策,提高农业支持保护效能。

## 四、优化现代产业体系

### 1. 实施制造强国战略

深入实施《中国制造2025》,以提高制造业创新能力和基础能力为重点,推进信息技术与制造技术深度融合,促进制造业朝高端、智能、绿色、服务方向发展,培育制造业竞争新优势。

### 2. 支持战略性新兴产业发展

瞄准技术前沿,把握产业变革方向,围绕重点领域,优化政策组合,拓展新兴产业增长空间,抢占未来竞争制高点,使战略性新兴产业增加值占国内生产总值比重达到15%。

### 3. 加快推动服务业优质高效发展

开展加快发展现代服务业行动,扩大服务业对外开放,优化服务业发展环境,推动生产性服务业向专业化和价值链高端延伸、生活性服务业向精细和高品质转变。

## 五、拓展网络经济空间

### 1. 构建泛在高效的信息网络

加快构建高速、移动、安全、泛在的新一代信息基础设施,推进信息网络技术广泛运用,形成万物互联、人机交互、天地一体的网络空间。

## 2. 发展现代互联网产业体系

实施"互联网+"行动计划,促进互联网深度广泛应用,带动生产模式和组织方式变革,形成网络化、智能化、服务化、协同化的产业发展新形态。

## 3. 实施国家大数据战略

把大数据作为基础性战略资源,全面实施促进大数据发展行动,加快推动数据资源共享开放和开发应用,助力产业转型升级和社会治理创新。

## 4. 强化信息安全保障

统筹网络安全和信息化发展,完善国家网络安全保障体系,强化重要信息系统和数据资源保护,提高网络治理能力,保障国家信息安全。

# 六、构筑现代基础设施网络

## 1. 完善现代综合交通运输体系

坚持网络化布局、智能化管理、一体化服务、绿色化发展,建设国内国际通道联通、区域城乡覆盖广泛、枢纽节点功能完善、运输服务一体高效的综合交通运输体系。

## 2. 建设现代能源体系

深入推进能源革命,着力推动能源生产利用方式变革,优化能源供给结构,提高能源利用效率,建设清洁低碳、安全高效的现代能源体系,维护国家能源安全。

## 3. 强化水安全保障

加快完善水利基础设施网络,推进水资源科学开发、合理调配、节约使用、高效利用,全面提升水安全保障能力。

# 七、推进新型城镇化

## 1. 加快农业转移人口市民化

统筹推进户籍制度改革和基本公共服务均等化,健全常住人口市民化激励机制,推动更多人口融入城镇。

## 2. 优化城镇化布局和形态

加快构建以陆桥通道、沿长江通道为横轴,以沿海、京哈京广、包昆通道为纵轴,大中小城市和小城镇合理分布、协调发展的"两横三纵"城市化战略格局。

## 3. 建设和谐宜居城市

转变城市发展方式,提高城市治理能力,加大"城市病"防治力度,不断提升城市环境质量、居民生活质量和城市竞争力,努力打造和谐宜居、富有活力、各具特色的城市。

#### 4. 健全住房供应体系

构建以政府为主提供基本保障、以市场为主满足多层次需求的住房供应体系,优化住房供需结构,稳步提高居民住房水平,更好地保障住有所居。

#### 5. 推动城乡协调发展

推动新型城镇化和新农村建设协调发展,提升县域经济支撑辐射能力,促进公共资源在城乡间均衡配置,拓展农村广阔发展空间,形成城乡共同发展新格局。

## 八、推动区域协调发展

#### 1. 深入实施区域发展总体战略

深入实施西部开发、东北振兴、中部崛起和东部率先的区域发展总体战略,创新区域发展政策,完善区域发展机制,促进区域协调、协同、共同发展,努力缩小区域发展差距。

#### 2. 推动京津冀协同发展

坚持优势互补、互利共赢、区域一体,调整优化经济结构和空间结构,探索人口经济密集地区优化开发新模式,建设以首都为核心的世界级城市群,辐射带动环渤海地区和北方腹地发展。

#### 3. 推进长江经济带发展

坚持生态优先、绿色发展的战略定位,把修复长江生态环境放在首要位置,推动长江上中下游协同发展、东中西部互动合作,建设成为我国生态文明建设的先行示范带、创新驱动带、协调发展带。

#### 4. 扶持特殊类型地区发展

加大对革命老区、民族地区、边疆地区和困难地区的支持力度,实施边远贫困地区、边疆民族地区和革命老区人才支持计划,推动经济加快发展、人民生活明显改善。

#### 5. 拓展蓝色经济空间

坚持陆海统筹,发展海洋经济,科学开发海洋资源,保护海洋生态环境,维护海洋权益,建设海洋强国。

#### 6. 加快改善生态环境

以提高环境质量为核心,以解决生态环境领域突出问题为重点,加大生态环境保护力度,提高资源利用效率,为人民提供更多优质生态产品,协同推进人民富裕、国家富强、中国美丽。

#### 7. 推进资源节约集约利用

树立节约集约循环利用的资源观,推动资源利用方式根本转变,加强全过程节约管理,大幅提高资源利用综合效益。

#### 8. 加大环境综合治理力度

创新环境治理理念和方式，实行最严格的环境保护制度，强化排污者主体责任，形成政府、企业、公众共治的环境治理体系，实现环境质量总体改善。

#### 9. 加强生态保护修复

坚持保护优先、自然恢复为主，推进自然生态系统保护与修复，构建生态廊道和生物多样性保护网络，全面提升各类自然生态系统稳定性和生态服务功能，筑牢生态安全屏障。

#### 10. 积极应对全球气候变化

坚持减缓与适应并重，主动控制碳排放，落实减排承诺，增强适应气候变化能力，深度参与全球气候治理，为应对全球气候变化做出贡献。

#### 11. 健全生态安全保障机制

加强生态文明制度建设，建立健全生态风险防控体系，提升突发生态环境事件应对能力，保障国家生态安全。

#### 12. 发展绿色环保产业

培育服务主体，推广节能环保产品，支持技术装备和服务模式创新，完善政策机制，促进节能环保产业发展壮大。

## 九、构建全方位开放新格局

#### 1. 完善对外开放战略布局

全面推进双向开放，促进国内国际要素有序流动、资源高效配置、市场深度融合，加快培育国际竞争新优势。

#### 2. 健全对外开放新体制

完善法治化、国际化、便利化的营商环境，健全有利于合作共赢、同国际投资贸易规则相适应的体制机制。

#### 3. 推进"一带一路"建设

秉持亲诚惠容，坚持共商共建共享原则，开展与有关国家和地区多领域互利共赢的务实合作，打造陆海内外联动、东西双向开放的全面开放新格局。

#### 4. 积极参与全球经济治理

推动国际经济治理体系改革完善，积极引导全球经济议程，维护和加强多边贸易体制，促进国际经济秩序朝着平等公正、合作共赢的方向发展，共同应对全球性挑战。

## 十、深化内地和港澳、大陆和台湾地区合作发展

支持港澳巩固传统优势、培育发展新优势，拓宽两岸关系和平发展道路，更好地实现经济

互补互利、共同发展。

## 十一、全力实施脱贫攻坚

充分发挥政治优势和制度优势,贯彻精准扶贫、精准脱贫基本方略,创新扶贫工作机制和模式,采取超常规措施,加大扶贫攻坚力度,坚决打赢脱贫攻坚战。

## 十二、提升全民教育和健康水平

把提升人的发展能力放在突出重要位置,全面提高教育、医疗卫生水平,着力增强人民科学文化和健康素质,加快建设人力资本强国。全面贯彻党的教育方针,坚持教育优先发展,加快完善现代教育体系,全面提高教育质量,促进教育公平,培养德智体美全面发展的社会主义建设者和接班人。

## 十三、提高民生保障水平

按照人人参与、人人尽力、人人享有的要求,坚守底线、突出重点、完善制度、引导预期,注重机会公平,保障基本民生,不断提高人民生活水平,实现全体人民共同迈入全面小康社会。

## 十四、加强社会主义精神文明建设

坚持社会主义先进文化前进方向,坚持以人民为中心的工作导向,坚持把社会效益放在首位、社会效益和经济效益相统一,加快文化改革发展,推动物质文明和精神文明协调发展,建设社会主义文化强国。

## 十五、加强和创新社会治理

加强社会治理基础制度建设,构建全民共建共享的社会治理格局,提高社会治理能力和水平,实现社会充满活力、安定和谐。

## 十六、加强社会主义民主法治建设

坚持中国共产党领导、人民当家作主、依法治国有机统一,加快建设社会主义法治国家,发展社会主义政治文明。

## 十七、统筹经济建设和国防建设

坚持发展和安全兼顾、富国和强军统一,实施军民融合发展战略,形成全要素、多领域、高效益的军民深度融合发展格局,全面推进国防和军队现代化。

## 第三节 强化规划实施保障

保障"十三五"规划有效实施,要在中国共产党的领导下,更好地履行各级政府职责,最大限度地激发各类主体的活力和创造力,形成全党全国各族人民全面建成小康社会的强大合力。

### 一、发挥党的领导核心作用

坚持党总揽全局、协调各方,发挥各级党委(党组)领导核心作用,提高领导能力和水平,为实现"十三五"规划提供坚强保证。坚持党要管党、从严治党,以改革创新精神全面推进党的建设新的伟大工程,保持和发展党的先进性、纯洁性,提高党的执政能力,确保党始终成为中国特色社会主义事业的坚强领导核心。

### 二、形成规划实施合力

明确政府主体责任,科学制定政策和配置公共资源,广泛动员全社会力量,共同推动规划顺利实施。

#### (一)加强规划协调管理

加强统筹管理和衔接协调,形成以国民经济和社会发展总体规划为统领,专项规划、区域规划、地方规划、年度计划等为支撑的发展规划体系。国务院有关部门要组织编制一批国家级专项规划特别是重点专项规划,细化落实本规划提出的主要目标任务。地方规划要做好发展战略、主要目标、重点任务、重大工程项目与国家规划的衔接,切实贯彻落实国家规划的统一部署,加快出台发展规划法。

#### (二)完善规划实施机制

各地区、各部门要加强对本规划实施的组织、协调和督导。开展规划实施情况动态监测和评估工作,把监测评估结果作为改进政府工作和绩效考核的重要依据,并依法向全国人民代表大会常务委员会报告规划实施情况,自觉接受人大监督。发挥审计机关对推进规划实施的审计监督作用。需要对本规划进行调整时,由国务院提出调整方案,报全国人民代表大会常务委员会批准。

## 三、强化财力保障

加强财政预算与规划实施的衔接协调,在明晰各级政府支出责任的基础上,强化各级财政对规划实施的保障作用。中期财政规划和年度预算要结合本规划提出的目标任务和财力可能,合理安排支出规模和结构,加快政府投资立法。

## 四、充分调动全社会积极性

本规划提出的预期性指标和产业发展、结构调整等任务,主要依靠市场主体的自主行为实现。要激发全国各族人民参与规划实施、建设祖国的主人翁意识,充分发挥各级政府、社会各界的积极性、主动性和创造性,尊重基层首创精神,汇聚人民群众的力量和智慧,形成全体人民群策群力、共建共享的生动局面。

1. 十三五规划的主要目标是什么?
2. 十三五规划的重大举措有哪些?
3. 十三五规划的保障措施有哪些?

# 第六章
## Chapter 6

## 社会主义建设新辉煌

> 要点提示
> - 新中国 60 多年的历史回顾
> - 社会主义建设的辉煌成就与经验

> 开篇阅读

新中国成立后的第一个 30 年,中国共产党领导全国各族人民有步骤地实现从新民主主义向社会主义的转变。十一届三中全会之后的 30 多年,我们真正进入了新的历史发展时期,全面改革开放,进行社会主义市场经济体制,全面建成小康社会,构建社会主义和谐社会。两个 30 年,共同成就了我们民族的历史,虽然期间有挫折、有失误,但总体而言,中华人民共和国 60 多年的历史是光辉灿烂的。

## 第一节 社会主义建设的光辉历程

中华人民共和国的成立,是中华民族悠久历史发展中的一个伟大转折点。从此,全国各族人民在中国共产党的领导下,迈入了社会主义革命和建设的崭新历史时期。

### 一、新中国成立后的第一个 30 年(1949 年至 978 年)

从 1949 年中华人民共和国成立到 1978 年党的十一届三中全会,可以称为中华人民共和国成立后的第一个 30 年。这 30 年,是中华人民共和国奠定基础的时期,既有凯歌行进的胜利,也遭受了比较多的挫折。从国民经济建设和发展的角度看,这 30 年可以划分为三个阶段。

第一个阶段,基本完成社会主义改造的时期(1949年至1956年)。从1949年10月中华人民共和国成立起到1956年,中国共产党领导全国各族人民有步骤地实现从新民主主义向社会主义的转变,迅速恢复了国民经济并开展了有计划的经济建设,在全国绝大部分地区基本上完成了对生产资料私有制的社会主义改造。在这个历史阶段中,中国共产党确定的指导方针和基本政策是正确的,取得的胜利是辉煌的。特别是中国共产党在这个时期中,创造性地开辟了一条适合中国特点的社会主义改造的道路,在社会主义发展史上是一个重要的贡献。

　　第二个阶段,社会主义建设曲折发展的时期(1956年至1976年)。这一时期又可以分为两个小的阶段:开始全面建设社会主义的10年(1956年至1966年)和社会主义建设遭受严重挫折的10年(1966年至1976年)。总体上讲,这一时期我们国家虽然也有过这样那样的失误,甚至比较严重的失误,但仍然取得了很大的成就。我们国家赖以进行现代化建设的物质技术基础,很大一部分是在此期间建立起来的;全国经济文化建设等方面的骨干力量和他们的工作经验,大部分也是在此期间培养和积累起来的,同时中国共产党在这20年中也积累了领导社会主义建设的重要经验。总之,这一时期是社会主义建设在曲折中发展的时期,是中华人民共和国在各方面经历风雨和考验的时期。

　　第三个阶段,历史的伟大转折时期(1976年至1978年)。1976年10月,以粉碎"四人帮"为标志到十一届三中全会之前,党和国家进入到了一个伟大的历史转折时期。这一转折以十一届三中全会胜利召开为标志而最终完成。

　　新中国成立后的第一个30年,前进与挫折同在,成就与失误并存,但成绩是主要的。十一届六中全会《关于建国以来党的若干历史问题的决议》对这段历史做了充分的肯定。这30年所取得的成就和经验,是全党和全国各族人民继续前进,取得今后进步和发展的基础。

## 二、新中国成立后的第二个30年(1979年至今)

　　从1979年初至今,是新中国成立以后的第二个30年,也是改革开放的30年。十一届三中全会之后,我们国家真正进入了新的历史发展时期,开始了中国特色社会主义的全新事业。这个时期大致可分为以下六个阶段。

　　第一个阶段,改革开放思想的提出和初步实践阶段。这个阶段大体上从1978年十一届三中全会到1982年党的十二大。1978年12月召开的十一届三中全会,是新中国成立以来中国共产党的历史上最具有深远意义的伟大转折,标志着中国共产党重新确立了马克思主义的思想路线、政治路线、组织路线,标志着中国共产党人在新的时代条件下的伟大觉醒,显示了中国共产党顺应时代潮流和人民愿望、勇敢开辟建设社会主义新道路的坚强决心。

　　第二个阶段,全面改革阶段。从1982年中国共产党的十二大到1988年9月中共中央做出《关于治理经济环境整顿经济秩序全面深化改革的决议》。1982年,在中国共产党的十二大上,邓小平同志提出:照抄照搬别国经验、别国模式,从来不能得到成功。我们要把马克思主义的普遍真理同我国的具体实际结合起来,走自己的道路,建设有中国特色的社会主义。十二大之后,经济体制改革迅速地在全国范围内全面展开。全面改革、对外开放使我国经济经历了一个加速发展的飞跃时期,整个国民经济提高到一个新的水平。

第三个阶段,治理整顿阶段。从1988年9月中共中央做出《关于治理经济环境整顿经济秩序全面深化改革的决议》到1992年邓小平南方谈话。这一阶段针对经济过热,通货膨胀严重,社会生产和消费总量不平衡、结构不合理,经济秩序混乱等社会问题,进行了以治理经济环境、整顿经济秩序为重点的改革。

第四个阶段,以建立社会主义市场经济体制为目标的改革攻坚阶段。从1992年邓小平南方谈话到中国共产党的十六大召开。这一阶段党中央带领全国各族人民,从容应对挑战并成功化解来自政治、经济和自然领域的风险与挑战,把改革开放的伟大事业成功地推向了21世纪。

第五个阶段,以全面建设小康社会和构建社会主义和谐社会为主题的改革阶段。这一阶段大体从中国共产党的十六大到中国共产党的十八大的召开。这期间大约10年时光,党中央以邓小平理论和"三个代表"重要思想为指导,深入贯彻落实科学发展观,继续解放思想,坚持改革开放,推动科学发展,促进社会和谐,是中国综合国力大幅提升和人民得到更多实惠的十年,是中国国际地位显著提高、影响显著增强的10年,也是中国共产党的创造力、凝聚力、战斗力显著增强和全国各族人民更加紧密团结的10年。

第六个阶段,以全面建成小康社会为主题的决定性阶段。这一阶段从中国共产党的十八大到现在,高举中国特色社会主义伟大旗帜,以邓小平理论、"三个代表"重要思想、科学发展观为指导,解放思想,改革开放,凝聚力量,攻坚克难,坚定不移沿着中国特色社会主义道路前进,为全面建成小康社会而奋斗。中国共产党十八大报告明确指出,建设中国特色社会主义,总依据是社会主义初级阶段,总布局是"五位一体",总任务是实现社会主义现代化,实现中华民族伟大复兴,并且使发展成果更多更公平惠及全体人民。

两个30年,都是中华民族走过的道路,从而构成了中华人民共和国发展史上的两个重要阶段。前一个30年为后一个30年奠定了必要的政治前提、制度基础和物质基础;后一个30年在前一个30年的基础上,实现了一次历史性飞跃,取得了更为丰硕的成果。两个30年,中国共产党紧紧依靠人民,把马克思主义基本原理同中国实际和时代特征结合起来,独立自主走自己的路,历经千辛万苦,付出各种代价,取得革命建设改革伟大胜利,开创和发展了中国特色社会主义,从根本上改变了中国人民和中华民族的前途命运。两个30年,共同成就了中华民族的历史,虽然期间有挫折、有失误,但总体而言,中华人民共和国60多年的历史是光辉灿烂的。

问:什么叫"五位一体"?

答:"五位一体"是中共十八大报告的"新提法"之一。中国共产党的十八大报告对推进中国特色社会主义事业做出"五位一体"的总体布局,着眼于全面建成小康社会、实现社会主义现代化和中华民族伟大复兴。具体包括:经济建设、政治建设、文化建设、社会建设、生态文明建设。

## 第二节 社会主义建设的辉煌成就与经验

### 一、社会主义建设的辉煌成就

60多年,在人类历史的长河中不过是短暂的一瞬。但由于中国人民站起来了,60多年社会主义建设和改革,使中国这块古老的土地发生了翻天覆地的变化,使党、国家和人民的面貌发生了历史性变化,其主要成就表现在以下几个方面。

(一)建立了工人阶级领导的、以工农联盟为基础的人民民主专政的国家政权,中国人民掌握了自己的命运

中国是有五千多年历史的文明古国,但人民当家作主,真正成为国家、社会和自己命运的主人,只是在中国共产党执政以后才成为事实,这是中国人民社会政治地位的根本变化。新型的人民民主专政国家政权的建立,标志着中国实现了从几千年的封建专制政治向人民民主政治的伟大跨越,标志着中国人民从此站立起来了,中华民族的发展从此开启了新的历史纪元。

(二)建立了社会主义制度,实现了中国历史上最伟大最深刻的社会变革

中华民族创造性地开辟了一条适合中国特点的社会主义改造道路,消灭了剥削制度和剥削阶级,成功地实现了由新民主主义到社会主义的转变,全面确立了社会主义基本制度,使占世界人口近1/4的东方大国进入了社会主义社会,为新中国的发展奠定了坚实的制度基础。这是中国社会变革和历史进步的巨大飞跃,也极大地支持和推进了世界社会主义事业。

(三)开辟了中国特色社会主义道路和形成了中国特色社会主义理论体系,为实现中华民族的伟大复兴找到了正确道路和理论指导

以中国共产党的十一届三中全会为标志,中国进入了社会主义事业发展的新时期。在长

期社会主义建设的基础上,我们总结国内国际的历史经验,经过艰辛探索,实行了改革开放的新政策,确立了中国共产党在社会主义初级阶段的基本理论、基本路线、基本纲领和基本政策,从而成功地开辟了中国特色社会主义道路,并形成了包括邓小平理论、"三个代表"重要思想、科学发展观以及深入贯彻习近平总书记系列重要讲话精神等重大战略思想在内的中国特色社会主义理论体系。

(四)彻底结束了旧中国一盘散沙的局面,巩固了国家的独立,实现了国家的高度统一和各民族的空前团结

中国废除了西方列强强加的不平等条约和帝国主义在中国的一切特权,封建式的割据局面在中国大地上一去不复返了,五十六个民族同呼吸、共命运、心连心,形成了平等、团结、互助的社会主义民族关系。各政党、各人民团体团结一心、同舟共济。全体社会主义劳动者、拥护社会主义的爱国者和拥护祖国统一的爱国者,为了祖国的统一和繁荣,结成最广泛的爱国统一战线。香港、澳门胜利回归祖国,发展前景美好,实现了全民族的夙愿,展现了"一国两制"的魅力。海峡两岸同胞血浓于水,交流不断加强,合作不断扩大,共识越来越多,最终解决台湾问题、完成祖国统一必将实现。

(五)建立了独立的和比较完整的国民经济体系,经济实力和综合国力显著增强,国际地位空前提高

新中国成立初期我国经济千疮百孔,极其落后。但是到了2010年,中国就超过了美国,成为全球制造业第一大国。美国从1895年直到2009年,已经在制造业世界第一的"宝座"上稳坐了114年,而中国制造业结束了美国这段辉煌历史。根据世界粮农组织(FAO)统计,中国的谷物产量占世界总量比重一直处于世界第一位。另外,在国际贸易、外汇储备、外资引进大国、消费大国、互联网、科技人力资源等方面也均占有极高的地位,最近几年开始处在世界第一的位置。

(六)人民群众的生活水平显著提高,13亿中国人不仅解决了温饱问题,而且总体上实现了小康

1949年的中国是世界上贫困人口最多的国家,人均预期寿命只有35岁,人均国民收入只有27美元。到2016年,我国人均国内生产总值上升到8 126美元。我国人均寿命已上升到75岁,九年制义务教育基本普及,广大人民群众家庭财产普遍增多,吃、穿、住、行、用水平明显提高,中国人千百年来梦想和追求的"小康生活"在新中国总体上实现了。

（七）社会主义文化事业蓬勃发展，全国人民的精神生活日益丰富，新中国的国家形象逐步形成

中国共产党的十八大报告强调指出："倡导富强、民主、文明、和谐，倡导自由、平等、公正、法治，倡导爱国、敬业、诚信、友善，积极培育和践行社会主义核心价值观。"这一论述明确了社会主义核心价值观的基本理念和具体内容，指出了社会主义核心价值体系建设的现实着力点，是对社会主义核心价值体系建设的新部署、新要求。正确理解社会主义核心价值观的内涵，深刻把握积极培育和践行社会主义核心价值观的重要性，对于推进社会主义核心价值体系建设，用社会主义核心价值体系引领社会思潮、凝聚社会共识，具有重要的理论意义和实践意义。

增强社会主义核心价值体系的凝聚力和感召力。社会主义核心价值体系是兴国之魂，是社会主义先进文化的精髓，决定着中国特色社会主义发展方向，是文化建设的根本任务。没有社会主义核心价值体系的支撑，就谈不上文化的真正发展；没有人民群众对社会主义核心价值体系发自内心的认同，就谈不上文化的凝聚力。只有以社会主义核心价值体系作为全党全国各族人民团结奋斗的共同思想道德基础，才能实现文化强国建设的目标。所以，建设文化强国，关键在于不断增强社会主义核心价值体系的凝聚力和感召力，在全党全社会形成统一指导思想、共同理想信念、强大精神力量、基本道德规范，使党和国家事业发展始终保持正确的方向，使全国各族人民为了国家的发展振兴而共同团结奋斗。

提升国家文化软实力和国际影响力。在历史上我国曾经是一个文化强国，我国的价值观念、制度文明和艺术文化等对周边国家乃至全世界产生了强大的吸引力和影响力。当今世界，衡量综合国力的一个重要标准就是看一个国家的文化在国际上的影响力，特别是其价值理念、发展道路、国民素质、国家形象等能不能在国际上有竞争力，能不能赢得更多的国际认同，能不能占领世界文化高地。因此，我们需要着力增强国家文化软实力，深入把握文化交流规律，进一步加强对外宣传和文化交流，创新文化走出去模式，推动中华文化走向世界，增强我国文化产业国际竞争力，扩大中华文化国际影响力，维护国家文化安全，为人类文明进步做出更大贡献。

激发文化创新活力。我国文化资源丰厚，是文化产品生产的大国。建设文化强国，需要进一步探索和掌握社会主义市场经济条件下文化创新的规律，进一步激发文化创新活力。不解决创新动力不足、创新活力不够、创新能力不强的问题，文化产品数量再多，也不能说是文化大发展大繁荣。增强文化创新活力，关键是进一步解放和发展文化生产力，激发文化工作者的积极性、主动性和创造性，同时努力培育、引导和提升人民群众的文化创造和文化消费能力。一方面，应在大胆利用各种文化资源的基础上，走中国特色社会主义文化发展道路，创造贴近时代、贴近生活、体现中国风格和中国气派的文化产品。另一方面，应提升全社会的文化品位，激

发有思想、有影响力的文化创作。坚持尊重劳动、尊重知识、尊重人才、尊重创造,大力增强创新意识、培育创新精神、提高创新能力、营造创新环境,激励文化工作者不断创造精品力作。

(八)锻造了一支党绝对领导下的人民军队,国防和军队建设取得重大成就

人民军队经过长期的革命战争,打败了拥有优势装备、异常凶残的国内外敌人,为共和国的成立立下了不朽的功勋。共和国成立后,人民解放军始终坚持全心全意为人民服务的宗旨,在巩固国防、抵抗侵略,保卫社会主义制度和人民的和平劳动,参加国家社会主义建设和抗击各种自然灾害中发挥了重大作用。十一届三中全会后,人民军队重新确立了"把我军建设成一支强大的现代化、正规化、革命军队"的总目标,军队革命化、现代化、正规化建设全面加强,中国特色军事变革加速推进,裁军任务顺利完成,中国特色精兵之路成功开辟,军队武器装备建设成效显著。目前,人民解放军正在全面履行党和人民赋予的新世纪新阶段的历史使命,科学判断世界发展大势,准确把握世界军事发展新趋势。中共中央总书记习近平强调,世界新军事革命对中国既是机遇,也是挑战。中国要登高望远、见微知著,看到世界军事领域发展变化走向,看到世界新军事革命重大影响,形成科学的认识和判断,与时俱进大力推进军事创新,有针对性地推进国防和军队建设改革,更好地坚持党对军队绝对领导、坚持人民军队根本宗旨,努力建立起一整套适应信息化战争和履行使命要求的新的军事理论、体制编制、装备体系、战略战术、管理模式。使我军真正担当起中国共产党赋予的历史重任。60多年来,人民解放军大力弘扬听党指挥、服务人民、英勇善战的优良传统,树立了人民军队威武之师、文明之师、和平之师的良好形象。

(九)始终不渝奉行互利共赢的开放战略,坚持在和平共处五项原则基础上全面发展同各国的友好合作

中国始终不渝奉行互利共赢的开放战略,通过深化合作促进世界经济强劲、可持续、平衡增长。中国一直致力于缩小南北差距,支持发展中国家增强自主发展能力。中国加强同主要经济体宏观经济政策协调,通过协商妥善解决经贸摩擦。中国坚持权利和义务相平衡,积极参与全球经济治理,推动贸易和投资自由化便利化,反对各种形式的保护主义。

中国坚持在和平共处五项原则基础上全面发展同各国的友好合作,改善和发展同发达国家关系,拓宽合作领域,妥善处理分歧,推动建立长期稳定健康发展的新型大国关系。中国坚持与邻为善、以邻为伴,巩固睦邻友好,深化互利合作,努力使自身发展更好惠及周边国家。中国注重加强同广大发展中国家的团结合作,共同维护发展中国家正当权益,支持扩大发展中国家在国际事务中的代表性和发言权,永远做发展中国家的可靠朋友和真诚伙伴。中国还积极参与多边事务,支持联合国、二十国集团、上海合作组织、金砖国家等发挥积极作用,推动国际

秩序和国际体系朝着公正合理的方向发展。扎实推进公共外交和人文交流，维护我国海外合法权益。

## 二、社会主义建设的辉煌经验

60多年来，共和国的步伐虽然有时迈得那么沉重，甚至也有迷途，但全国各族人民在中国共产党的坚强领导下，艰苦奋斗，克服重重困难，终于大踏步赶上了时代潮流，稳定走上了奔向富裕安康的广阔道路。是什么唤醒了中华民族的青春和创造力呢？又是什么成就了中国的光荣和梦想呢？我们认为其基本经验主要有以下几个方面。

（一）60多年来的历史充分证明，只有社会主义才能救中国，只有中国特色社会主义才能更好更快地发展中国

社会主义在中国的出现，首先是和近代中国的救亡图存联系在一起的。1840年鸦片战争以后，中国沦为半殖民地半封建社会，整个国家贫穷落后，不断遭受帝国主义的侵略。如何才能使国家摆脱危亡的厄运，救广大人民于水深火热之中，是当时中国面临的根本问题。经过戊戌变法乃至辛亥革命等，都没有解决中国繁荣富强的问题。历史无情地证明，资本主义在中国是走不通的。是新民主主义革命的胜利和社会主义基本制度的建立，拯救了中国和中国人民，也为中国的进一步发展提供了政治和制度的保证。

为什么只有中国特色社会主义才能更好更快地发展中国呢？因为新中国成立以后前30年的实践也同时证明，并不是建立了社会主义制度以后，中国就能够自然而然地发展起来，就能够轻轻松松地找到一条理想的发展之路。历史从来不会让人们轻易摘取它的胜利之果。如同民主革命时期我们是尝了不少苦头之后，才最终找到了正确的革命道路一样，探索社会主义建设的道路也同样经过了曲折和痛苦。最早意识到这个问题的是毛泽东。1956年苏共二十大后，毛泽东就提出要以苏为鉴，探索中国的社会主义建设道路。1978年党的十一届三中全会之后中国又开始了新的探索、新的认识，并成功地开辟了中国特色社会主义道路。改革开放的历史告诉我们，这条道路是又好又快的发展之路，是实现中华民族复兴的必由之路，也是中国人民的幸福之路。

（二）60多年来的历史充分证明，中国共产党的领导是中国巨大的政治优势和组织优势，只有坚持和完善党的领导，社会主义中国才会获得持续、科学发展的根本保证

中华人民共和国成立60多年来的历史表明，中国共产党的坚强领导，是中华民族独立、解

放和自立于世界民族之林的根本前提,是社会主义制度建立、形成、巩固和发展的根本保证,是社会主义中国不断发展壮大、繁荣富强的根本条件。

邓小平在南方谈话中告诫我们,中国的问题关键在党。但党的问题关键在哪里呢?我们认为,党的问题的关键在民主。党内民主是党的生命。民主是一所伟大的学校,只有当执政党特别是他的绝大多数领导干部,把维护党的民主视为维护党的生命的时候,勇于学习民主、实践民主、运用民主和捍卫民主的时候,打破"周期率"的时代就真正到来了,中华民族伟大复兴的时代也就到来了。经过了60多年的磨炼之后,今天,中国欣喜地看到,中国共产党正朝着这一目标坚实稳步地前行着。这是中国的民族之福,是中国持续、科学发展的根本保证。

(三)60多年来的历史充分证明,只有坚持把马克思主义基本原理同中国实际相结合,不断推进马克思主义中国化,中国才能保持创造活力和明确前进的方向

中国近现代的国情决定了,马克思主义之于中国人民,不是一般的理论学说,而是翻身解放求得民族新生的强大思想武器。事实上在中国人民长期的解放斗争中,马克思主义也确实起到了这样的功能。因此,中国的执政党及其人民,对马克思主义有着一种特殊的情感,把它作为我们立党立国的根本指导思想,作为引领我们不断前进的伟大旗帜。马克思主义是工人阶级的世界观,是工人阶级认识世界和改造世界的思想武器,它有一个鲜明的特点就是理论联系实际。由于实践是不断发展的,作为反映实践、指导实践的马克思主义理论需要不断创新,因此与时俱进是马克思主义的基本理论品质。马克思主义之所以能够在中国发挥如此巨大的作用,一个极其重要的原因,就是工人阶级政党在实现自身的历史使命中,不断把马克思主义的普遍真理与中国的具体实践相结合,不断解决时代赋予的课题,不断推进马克思主义中国化。尤其是中共十一届三中全会前后,中国共产党首先进行了思想路线上的拨乱,实现了把马克思主义普遍真理同中国的具体实践相结合的第二次历史性飞跃,形成了中国特色社会主义理论体系,从而使中国共产党和中国人民焕发出无穷的创造力,使中国在正确的道路上阔步前进。

(四)60多年来的历史充分证明,在工作重心转移后,只有坚持以经济建设为中心,同时积极稳妥地改革生产关系和上层建筑领域中的弊端,才能保持社会的全面发展

按照马克思主义的要求,无产阶级在夺取政权、上升为统治阶级之后,一个中心的任务,就是尽可能快地增加劳动生产力的总量。中国在基本完成社会主义改造后召开的中国共产党的

八大也是这样做的。大会指出,社会主义制度在中国已经基本上建立起来,国内的主要矛盾已经不再是工人阶级和资产阶级的矛盾,而是人民对于经济文化迅速发展的需要同当前经济文化不能满足人民需要的状况之间的矛盾,全国人民的主要任务是集中力量发展社会生产力,实现国家工业化,逐步满足人民日益增长的物质和文化需要。这为新时期社会主义事业的发展指明了方向。但遗憾的是随着社会主义改造后国内外形势的变化,中国共产党在认识上出现了偏差,对中共八大确定的、以发展经济和改善民生为主要任务的正确方针发生动摇,不恰当地以阶级斗争取代经济建设作为党的中心工作,提出了"以阶级斗争为纲"的错误指导方针,以至于工作重心的转移一直到中共十一届三中全会才完成。实践告诉我们,大规模的群众性阶级斗争结束之后,全党的工作重心必须而且应该迅速转移到经济建设上来,除非发生大规模的外敌入侵,这个原则决不能动摇。在经济社会发展中,肯定会有这样那样的问题,只有用发展的办法,用改革的办法,用法治的办法去解决前进中的各种问题,特别要积极稳妥地改革生产关系和上层建筑领域中的弊端,我们的社会才能以较小的成本换得更大的进步,才会有全面的发展。

(五)60多年来的历史充分证明,国家的统一安全,社会的稳定和谐,全国各族人民的团结友爱,是中国事业胜利的重要保证

短短60多年,中华人民共和国取得的成就来之不易,举世瞩目。这里有一条基本的经验,就是中国始终维护了国家的统一安全,保持了全国各民族的团结友爱,没有让任何分裂祖国的阴谋得逞。中国共产党的几代领袖在这个问题上都是坚定不移的。毛泽东早在1957年就指出,国家的统一,人民的团结,国内各民族的团结,这是中国的事业必定要胜利的基本保证。邓小平多次强调,国家的主权和安全要始终放在第一位。中国的最高利益就是稳定,稳定才能搞建设。没有安定团结的政治环境,没有稳定的社会秩序,什么事也干不成。江泽民在1999年就告诫全党,西方一些敌对势力与我国一些分裂主义势力加紧勾结,利用民族、宗教问题,不断地挑起事端,就是企图在中国打开一些缺口,而实现其"西化""分化"中国的政治图谋,我们千万不能麻痹大意。胡锦涛也多次提出,必须站在国家安全和发展战略的高度,统筹经济建设和国防建设,应对各种安全威胁。中国必须保持清醒的认识,采取得力的措施,决不能让他们的阴谋得逞,以影响中国发展的大局。

(六)60多年来的历史充分证明,搞好社会主义现代化建设,必须面向世界、面向未来,不要封闭自己,要大胆地积极地吸收和借鉴世界文明优秀成果

社会主义本质上是现代大工业的产物,是在继承人类已有文明成果特别是资本主义创造

的文明成果基础上,随着全球化进程产生和发展起来的。因此,社会主义和共产主义不可能是地域性的、封闭性的,它内含着开放性、交往性和世界性。中国几十年社会主义建设正反两方面的经验,揭示了一条真理:外部的封锁不以中国的意志为转移,更重要的是现代化建设要有一种世界眼光、未来视野,不能自己封闭自己,更不能夜郎自大,邓小平晚年一个重要的贡献,就是不管遇到多大的困难,始终坚持改革开放的基本政策不变。他多次强调,切不要把中国搞成一个关闭性的国家,实行关闭政策的做法对我们极为不利。在1992年邓小平视察南方谈话中,他告诫全党,社会主义要赢得与资本主义相比较的优势,就必须大胆吸收和借鉴人类社会创造的一切文明成果,吸收和借鉴当今世界各国包括资本主义发达国家的一切反映现代社会生产规律的先进经营方式和管理方法。中国之所以能取得今天的成就,能具有今天的国际影响,就是坚持了一条面向世界、面向未来的社会主义的开放之路,社会主义的建设之路。

### 本讲思考

1. 新中国成立后60多年,中国社会的发展给予我们哪些启示?
2. 总结社会主义事业发展的辉煌成就,有哪些经验和心得?

### 思考题

1. 中国几十年社会主义建设正反两方面的经验,揭示了什么道理?
2. 根据马克思主义基本原理辩证分析中国60多年的历史发展过程。

# 第七章
## Chapter 7

## 飞速发展的中国航天事业

> **要点提示**

- ◆ 世界航天发展历程
- ◆ 中国航天事业的起步与发展
- ◆ 中国迈向航天大国

> **开篇阅读**

升空飞行是人类最古老、最美好的愿望之一。千百年来，中国及其他国家和地区流传着许多有关飞行的美妙神话和传说，而家喻户晓、一直为人津津乐道的嫦娥奔月就是其中之一。由于科学技术长期落后，飞行的探索直到近代一直处于盲目的冒险和无尽的幻想阶段。在人们认识到简单模仿鸟类的扑翼飞行方式并不能使人升空之时，在近乎偶然的情况下，人们开始转向轻于空气的航空器的研究。1783年，载人热气球和氢气球相继研制和试验成功，标志着人类在征服天空的漫长历程中迈出了历史性的伟大一步，实现了古老的升空飞行理想。

19世纪第二次工业革命出现了新型动力装置——内燃机。与此同时，流体力学和空气动力学的理论、试验研究也取得初步进展。这两方面的发展为飞机的诞生奠定了重要的技术基础。19世纪后期，欧美许多航空先驱者的探索研究取得了一定的进展。综合前人的探索工作并依据自己的研制成果，美国的莱特兄弟试飞成功历史上第一架有动力、载人、可操纵的飞机，开创了现代航空新纪元。

20世纪头十几年是航空技术初步达到使用化、飞机逐步走向成熟期。美国、苏联、英国、法国相继组建了相关技术的专门研究机构。从此，飞机的研制和试验从个人盲目实践行为变成有科学技术指导和严密组织的工业门类。航空的发展走上了真正科学的道路。

中国是一个底子薄、人口多、工业基础差的发展中国家,因而在中国航天事业发展的不同年代,始终根据国家经济基础和技术能力,选择有限目标,采取循序渐进、逐步发展和壮大的策略。中国首先发展了进入空间的能力,随后发展了空间应用的能力,在国家经济实力壮大之后,开始发展载人航天的能力。现在中国正在发展深空探测的能力。经过几十年的发展,逐步形成了比较完善的航天工业基础能力和配套能力。实践证明,中国走的道路是一条符合国情的正确之路。

航天科技的发展给国家安全、科技进步、经济发展、环境监测、资源保护、减灾救灾等军、民、商诸多领域均带来了日新月异的变化。21世纪,越来越多的国家认识到航天科技发展的重要性,掀起了新一轮航天科技竞争热潮。中国航天科技工业已取得一定成绩,但与世界一流航天国家还有相当差距。跟踪研究国外航天科技发展、把握世界航天科技发展的竞争态势,对中国着眼跨越式发展、尽快赶超世界航天先进水平、统筹谋划中国航天未来发展战略具有重要的现实参考意义。

# 第一节 世界航天发展历程

## 一、人类的飞天传说

有关古人对宇宙和太空的认识,自古就充满了神奇色彩。当古人们目睹美丽的蓝天,面对奇异的星空时,他们创作出了许多极富想象力的神话与传说。这些神话与传说,不仅丰富了人类的社会文化生活,同时也孕育了后来的航空航天科学及实践。

(一)中国古代的飞天传说

中国是世界文明古国之一,所创造的神话传说极为丰富,并且生动感人。它们有的是口头流传,有的记录在典籍中,有的反映在文学艺术作品中。

1.《山海经》中的"人鸟一体"

在根据民间传说编著的《山海经》中,有不少"人鸟一体"的怪异插图,如羽民国(羽民国在东南方,国民长着一颗像鸟一样长长的头,身上长满了羽毛)、人面鹗等。这些带有浓厚神秘色彩的怪异图,表达了古人想借飞鸟来实现飞行的愿望。

其中,最为人所津津乐道的是书中一幅名为"敦湖"的插图。据推测,它可能是古人通过对人、兽、鸟三者的比较认识到:人的头脑比飞禽走兽发达;而野兽的力气比人、鸟都大;飞行离不开翅膀,因而创造出人面、兽身、鸟翼三者合一的敦湖图。

飞行器的基本要素:控制、动力和翼。人面代表高等智慧,相当于飞行器操纵、控制系统;

兽身表示力大无穷,相当于飞行器的发动机;鸟翼象征展翅高飞,相当于飞行器的翼。可以说"敦湖"是古人向往飞行,对人、兽、鸟三者的"部件"重新进行组合的最佳方案。

**2. 嫦娥奔月**

嫦娥奔月是在中国流传最广的神话故事之一。它说的是后羿从西天王母娘娘那里求得"不死之药",想着夫妻分吃,如此可以长生不老。谁知后羿的妻子嫦娥竟然偷着一人吃了,结果她不由自主地飞上天空,一直升到月宫里。

这不仅是航空神话,也是航天神话。这说明古代的中国人,不仅有航空的理想,甚至还有登上月球、征服宇宙的愿望。

**3. 屈原的飞龙车**

中国战国时期的伟大诗人屈原(约前340—前278)在《离骚》中便曾想象自己驾着由飞龙拉着的车,在天上飞行。朵朵云彩就像一面面旗帜,在他车旁迎风飘扬;而凤凰一边唱着歌,一边随他在空中飞翔。他飞过巍峨的昆仑山,飞过一望无际的流沙河,最后到达天边的西海。

**4. 飞天伎乐**

中国甘肃敦煌壁画中的飞天,其职能是侍奉佛陀和天帝释,因能歌善舞,周身还散发着香气,所以又叫香音神或飞天伎乐。按佛经的描述,飞天的形象似人非人,头上长角,并不美。但经过艺术家之手,却成了形貌俊美的天男天女。这些生动活泼,千姿百态的飞天,身披天衣,环绕彩带,飞腾之状犹如游龙翔凤,彩云飘扬。这是人们向往飞行的又一种表现形式。

**5. 汤王的回赠**

传说,成汤时期,西方有个奇肱国。奇肱国的人都是独臂,但心灵手巧,会猎取飞禽,还会制造飞车。人乘坐飞车可以快速飞到很远的地方去。

有一次刮西风,把奇肱国的人和飞车刮到了汤的国都豫州。汤王把独臂人和飞车的到来视为不祥之兆,于是把飞车给毁了。过后,汤王觉得失礼,遂令工匠复制奇肱飞车。过了10年,有一次刮东风,又把奇肱国人和飞车刮了回去。

**(二)古希腊的飞天传说——自做翅膀飞行的代达罗斯**

古希腊的神话中,建筑师代达罗斯和他的儿子伊卡洛斯为逃脱诺斯国王的囚禁,返回自己的故乡雅典,用蜡和羽毛为自己制造了翅膀,飞逃了出来,他们升空翱翔越飞越远。后来,儿子不听父亲的忠告,靠近了炽热的太阳,结果粘住羽毛的蜡熔化,羽翅燃烧,伊卡洛斯失去了翅膀,坠入大海,而代达罗斯却扇动翅膀成功地飞越爱琴海到达了目的地。

## 二、世界各国争先恐后进太空

（一）"先人一步"的前苏联与负重前行的俄罗斯

**1. "先人一步"的前苏联**

20世纪40年代中期，前苏联和美国都相继提出研制人造卫星计划。由于美国政府沉浸在经济的高速增长中，认为有了原子弹和先进的飞机就足够了，所以，没有大力支持人造卫星计划，而前苏联的研制工作却在政府的支持下秘密进行。因为前苏联政府十分清楚，先于美国把卫星送入太空有极大意义，这将使前苏联的国际威望得到空前的提高。

为了抢在美国之前发射卫星，前苏联决定将原来准备的卫星推迟发射，而改为发射简易卫星。1957年10月4日，"卫星"号运载火箭托着世界上第一颗人造地球卫星向太空飞去，不久便遨游在茫茫天宇之中。几个小时后，前苏联的新闻媒体便公布了震惊全球的消息：从前苏联领土上成功地发射了世界上第一颗人造地球卫星。随后，人们听到了这颗命名为"卫星1"号的卫星在太空中发出的无线电波。一个月后，前苏联又发出爆炸性新闻，"卫星2"号载着一只叫"莱伊卡"的小狗遨游太空。

1963年，前苏联又发射了第一颗气象卫星。在以后的时间里，前苏联在民用卫星方面主要发展了通信卫星系列、导航卫星系列、地球资源卫星系列、电子卫星系列和微重力卫星系列；而在军事应用卫星中，前苏联主要发展了侦察卫星系列、电子卫星系列、导弹预警卫星系列，以及军事通信卫星、测地卫星，军事导航卫星和反卫星卫星等。

在大力发展卫星的同时，前苏联还发展了载人飞船。1960年5月15日，苏联发射第一个宇宙飞船。1961年4月12日，前苏联发射了世界上第一艘载人飞船——"东方"号，宇航员加加林乘坐东方1号绕地球一圈。两年后，又发射了"上升"号飞船。1963年6月16日，苏联女宇航员捷列什科娃乘坐"东方6"号绕地球飞行48圈，成为世界上第一个进入太空的女宇航员。1965年3月18日，苏联宇航员别列亚耶夫和阿列克谢·列昂诺夫乘坐"上升2"号飞船进入太空，这在人类史上是第一次。苏联还发射了第一颗生物卫星。1988年12月9日，苏联第一个太空邮电局在和平号轨道空间站上开业，邮件只限于在空间站上工作的宇航员的家信及特种纪念邮件。

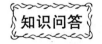

问：第一个进入太空的地球人是谁？

答：尤里·阿列克谢耶维奇·加加林（1934年3月9日—1968年3月27日），世界第一名航天员,苏联英雄,苏联红军上校飞行员,是第一个进入太空的地球人。生于苏联斯摩棱斯克州格扎茨克区的克卢希诺镇一个集体农庄庄员家庭,白俄罗斯人。1955年从萨拉托夫工业技术学校毕业后参军。1957年在契卡洛夫第一军事航空飞行员学校结业,成为红旗北方舰队航空兵歼击机飞行员。1960年被选为航天员,加入苏联共产党。1968年3月27日因飞机失事遇难。

值得一提的是,前苏联在深空探测方面也做了不少工作。如从1959至1976年,前苏联共发射了月球探测器24个。1966年2月3日,"月球9"号探测器成功进行了月球表面的软着陆。随后前苏联又发射了金星、火星探测器。

**2. 负重前行的俄罗斯**

前苏联解体后,俄罗斯继承了前苏联的宇航业,航天部门的国家拨款减少了13~14倍,但航天部门通过国际合作,增加了预算外资金。作为世界宇航业的大国,俄罗斯的雄厚科技实力举世公认。

1994年,俄罗斯对航天计划提供的国家津贴只相当于1989年的12%,低于法国、日本、德国。从1989年至1994年,俄罗斯对民用航天计划的投资减少了4/5,对军用航天计划的投资减少了9/10。另外,各制造厂家分散在独联体各国,这一系列原因使俄罗斯的宇航工业每况愈下。资金不足对宇航业的生存和发展构成了极大的威胁。从1985至1995年,俄罗斯(包括前苏联)发射火箭的总数下降了一半多,"和平"号轨道站的建设也不得不停工5年。俄罗斯1995年的发射计划,因资金问题只完成50%。

在1996年至2005年这一时期,俄罗斯宇航工业国际竞争力提高,更加注重面向国际航天市场,通过商业发射来创收。为走出困境,弥补航天经费的不足,发展航天事业,俄罗斯利用在航天开发上长期积累的技术可靠性和低成本优势,一边与外国企业进行合作,一边开拓航天市场。俄推出太空旅行、太空广告等商业项目,大力承揽商业发射业务,组织航天旅游,用卫星为国外用户提供勘探、测绘和太空观测服务,用新技术为商业伙伴改造航天设备。还对外出口火箭。

2005年至今,俄罗斯已具有技术成熟、载重能力大的"能源"型超重载火箭,如果俄宇航工业所需资金和材料得到保证的话,它可凭借自己的实力与竞争力,将在世界航天市场上争取到占世界太空货物50%~60%的订货,即1 000~3 000吨/年,每年将为俄带来80亿~240亿美元的利润。此外,通过出租世界水平的轨道站和航天通信设施,提供地球矿物勘探,绘制地图等方面的服务,出售在太空合成和采取的物质,将为俄挣来更多的钱。

2007年11月,时任俄总统的普京签署建设新的航天发射基地的命令,取名为"东方",该基地将同时执行军事和民用航天器的发射任务。东方航天发射场位于俄罗斯远东联邦区阿穆尔州斯沃博德内市,其驻地乌格列戈尔斯克镇,与西伯利亚大铁路"列佳纳亚"站和2010年通车的"阿穆尔"公路相邻,距离中国黑龙江省不超过100千米。

2016年4月28日,俄罗斯航天集团公司顺利完成东方航天发射场的第一次发射任务。普京抵达现场观看了发射的全过程。

据俄罗斯航天局负责人伊戈尔·科马罗夫预计,2017年发射场将完成第二次发射,到2018年将逐渐承担更多发射任务。

### (二)步步紧跟的美国

美国的航天活动包括军用和民用两个部分,分别由国防部和国家航空航天局负责。国防部和国家航空航天局均有独立的科研和试验机构、发射基地和测控系统,并与政府其他部门、高等院校和私营企业广泛协作。美国主要的航天器发射场是空军东靶场、西靶场和国家航空航天局的肯尼迪航天中心。

虽然在前苏联研制卫星的同时,美国也在积极地准备,但还是落后于前苏联。美国于1957年12月6日发射了一颗卫星——"先锋1"号,卫星重量只有1.4千克,但未成功。直到1958年1月,美国才把14千克的"探险者1"号送入太空。自此以后,美国的卫星发射数量在不断增加,占世界第一。

事实上,美国发射的卫星主要也是用于军事目的,如侦察卫星系列、电子情报卫星系列、国防通信卫星系列、国防气象卫星系列、军事导航卫星和军事海洋监测卫星、全球定位卫星等。在民用卫星方面,美国主要发展了如气象卫星、陆地卫星、海洋卫星、通信卫星、星际探测器等。

美国的航天技术与前苏联相比,可谓后来居上。在前苏联1961年4月12日把世界上第一名宇航员加加林送上天的不到一个月时间里,美国便于1961年5月5日发射了"水星"飞船,也把一名宇航员送入太空,而且它首先用一艘飞船把两名宇航员送入太空,这点比前苏联领先。

同时,美国在航天飞机的研制和实际应用上,也大大超过了前苏联。最为壮观的当属美国人的"阿波罗"登月活动。从1969年7月到1972年12月,美国人6次成功地完成登月飞行,先后把12名宇航员送上月球,这是一项在人类历史上了不起的壮举。

从1958年到1984年,美国发射人造卫星923颗,仅次于前苏联。而美国研制的照相侦察卫星的地面分辨率达到0.3米,通信卫星的容量达到12 000多条话路。

在深空探测方面,美国不甘落后。美国深空探测的目标是考察太阳系内的天体和行星际空间环境,重点是月球和火星,其次是金星、水星、木星和土星。1958~1968年间先后用"先驱者"号、"徘徊者"号、"勘测者"号探测器和"月球轨道环行器"等考察了月球,包括拍摄月面照片和分析月球土壤,为实现载人登月提供了科学资料。

## （三）欧洲劲旅——英法

英国的航天技术发展得也比较早,在欧洲算是首屈一指的。当然和美苏相比还有一段距离。

英国自1957年到1991年,共发射卫星21颗,主要是军事通信卫星、民用通信卫星以及科学探测卫星。据英国贸易投资署的报告,2006年英航空航天产业研发投入27亿英镑,占英国总研发投入的13%,2006年行业新订单金额达308亿英镑,增长33%。2006年航空航天器进口29.3亿英镑,出口31.3亿英镑;英航空航天产业有超过3000家相关企业,直接从业人员近15万人,相关从业人员25万人,其海外还有3.8万人。2006年,英国航空航天工业销售收入227亿英镑,增长25%,其中民用航天器销售收入105亿英镑,增长18%,军用航天器销售收入122亿英镑,增长30%。

在欧洲仅次于英国的是法国,法国于1965年11月26日发射了它的第一颗人造地球卫星,成为世界上第三个能够自行研制和发射卫星的国家。

自那以后,法国共发射卫星10多颗,主要是通信卫星。法国的对地观测卫星——"斯伯特"的性能非常优良,可与美国的同型号卫星媲美。

## （四）异军突起的日本

日本航天计划始于1955年,首先在东京大学工业科学研究所开始研制探空火箭。1964年,东京大学成立了日本宇宙与航空科学研究所,1981年改称日本宇航科学研究所(ISAS)。1966至1969年期间,ISAS在尝试发射日本第一颗卫星过程中,经历了4次失败。1969年10月1日成立日本国家宇宙开发事业团(NASDA)。同样地,他们也与美国公司组成团队获得开发其卫星通信系统的能力。

1990至2003年,日本自主研制了H-2、H-2A火箭、"国际空间站"日本试验舱,且启动了日本侦察卫星计划。但从1994年开始,一连串的卫星和运载火箭发射失败却影响了日本卫星和火箭的发展步伐。

日本航天计划失败的原因很多,涉及的领域很广。其中包括遥感制冷器、远地点发动机,太阳电池阵和通信卫星的失效以及低温一级和二级发动机、固体火箭发动机等故障。但还未发现因为一个共同的技术问题导致重复的失败。这些问题的多样性表明,日本航天计划的失败不是由于设计上的缺陷,而是普遍缺乏严格精准的测试、质量控制和质量保证。

## （五）发展中的航天大国——印度

虽然印度有着几亿贫困人口,但其火箭航天技术却早已超过了曾是其宗主国的英国。早在印度成为欧洲人的殖民地几百年以前,火箭就从中国传入。1792年,入侵的欧洲人在塞林加巴坦战役中与印度遭遇,当时印度人向英国人发射了大量火箭。印度的作战火箭主要是绑有导向竹竿的铁管,射程超过1 000米。

1963年,印度在顿巴建成了第一个火箭发射台,发射了第一枚探空火箭。1975年4月19日,印度第一颗自制卫星从苏联的火箭发射场发射成功。到2012年为止,印度已发射各类卫星50多颗,用于教育、卫生、减灾、自然资源利用、国防等方面。

截至2006年,印度拥有4种类型国产运载火箭:卫星运载火箭3(SLV-3)、加大推力运载火箭(ASLV)、极地卫星运载火箭(PSLV)、地球同步卫星运载火箭(GSLV)。2001年4月,印度将一颗2.54吨的通信卫星送入地球同步轨道。2001年10月22日,用"极地卫星运载火箭"把3颗卫星送入轨道。2007年1月10日,印度用一枚极地卫星运载火箭将首个返回式太空舱和3颗卫星送入太空。

印度于2016年进行首次载人航天飞行,派2名宇航员完成为期7天的太空之旅。这一载人飞行项目总花费高达27亿多美元。其中,空间研究组织将在南部卡纳塔克邦首府班加罗尔建立宇航员培训基地,并在南部再建一个新的发射场。

## 第二节　中国航天事业的起步与发展

### 一、中国古代的飞天发明

中国古代劳动人民对于天空的探索和追求,从来没有停止过。一些神话故事传说和天文学家的出现,都说明了中国人对宇宙天空的关注。虽然古人多次尝试飞上天未获成功,但是其中的许多发明和发现,都对后世产生了重大的影响。

（一）竹蜻蜓

竹蜻蜓是汉族民间古老的儿童玩具,其外形呈T字形,横的一片像螺旋桨,当中有一个小孔,其中插一根笔直的竹棍子,用两手搓转这根竹棍子,竹蜻蜓便会旋转飞上天,当升力减弱时才落到地面。

公元前500年,中国人从对蜻蜓飞翔的观察中受到启示,制成竹蜻蜓,几千多年来一直是中国孩子手中的玩具。在18世纪传到欧洲,启发了人们的思路,被誉为"航空之父"的英国人乔治·凯利一辈子都对竹蜻蜓着迷。他的第一项航空研究就是在1796年仿制和改造了"竹蜻蜓",并由此悟出螺旋桨的一些工作原理。他的研究推动了飞机研制的进程,并为西方的设计师带来了研制直升机的灵感。

## (二)风筝

风筝是由古代汉族劳动人民发明于中国东周春秋时期,至今已2 000多年。相传墨翟以木头制成木鸟,研制三年而成,是人类最早的风筝起源,后来鲁班用竹子,改进墨翟的风筝材质。直至东汉期间,蔡伦改进造纸术后,坊间才开始以纸做风筝,称为"纸鸢"。

中国风筝的发明,对后来的世界科学技术和航空事业的发展产生了深远的影响。美国科学家富兰克林曾用风筝挂上一只铁钥匙,在雷电交加时,把风筝送上天,引来雷电,从而证明了雷电也是一种放电现象,避雷针也由此发明。

## 二、中国近现代的飞天探索

### (一)中国第一个航天先驱者——旅美青年冯如

冯如12岁由广东漂泊到美国旧金山,边打工边学习,最终成为一名工程师。1906年,23岁的冯如决心制造飞机,并得到孙中山的鼓励和支持,在1901年制造了一架双翼飞机。同年10月,冯如参加了在旧金山举行的国际飞机比赛,飞行高度200米,时速100千米,绕海湾飞行一圈,距离约为30千米,成绩为全场之冠,荣获国际飞行协会优等证书。美国许多大公司争相聘请他传授飞行技术,但都被他谢绝了。毅然返回祖国后的1911年1月,冯如在广州成立广东飞行器公司,不幸在1913年的一次飞行中,因飞机失速坠落身亡,时年28岁。他已经把飞机的种子散落在祖国的土地上。

### (二)中国设计制造水上飞机第一人——谭根

谭根,原名谭德根,祖籍广东开平县祥乡,1890年出生于美国加利福尼亚州旧金山市。少年时家境贫苦,后到美国旧金山机器厂当学徒。当时美国莱特兄弟的飞机发明不久,许多人热衷研究飞机制造和钻研飞行技术,谭根也醉心飞行之学,他一面做工,一面学习,曾进奥克兰中学学习机械,孜孜不倦地钻研飞行工程技术。

后来,他结识了当时在奥克兰设厂试制飞机的冯如,开始接触飞机技术。不久,谭根得到亲友的资助,又进入美国希敦飞机实践学校学习,深入研究航空理论与飞机构造技术,直到1910年毕业。谭根在航空理论和设计制造技术上,收获颇丰。于是在华侨资助下,谭根开始自己设计制造水上飞机,成为世界早期水上飞机设计者。

他设计了一种新式结构的水上飞机,把发动机安装在机头上,试飞性能良好,获得了当时在美国旧金山举行的万国飞机制造大会比赛冠军奖。1911年到1912年,美国陆军曾聘请谭根负责空投炸弹的训练,由于教练很有成绩,被委以加州飞机队后备军司令的职位。

1911年辛亥革命前夕,谭根夫妇奉孙中山之命由美国返广州。1912年,"中华民国"飞船公司聘请谭根任总教练并主持公司业务。谭根为这个公司设计制造了3架适合飞行表演的水上飞机,培养了一批飞行人才。

1913年,谭根东渡太平洋到夏威夷群岛一带进行飞行表演,并获得成功。他先后飞行数百次,普及了航空知识,也为中国人在海外赢得了声誉。他还飞越了菲律宾著名的2 416米高的马荣火山,创造了当时水上飞机世界飞行高度的最新纪录。后来,谭根渐渐脱离航空界,转而经商。

### (三)中国空军先驱——林福元

林福元1890年出生于美国加利福尼亚州奥克兰,祖籍广东开平。1913年毕业于美国寇蒂莱斯特航空学校。青年时期的林福元在维新变法的潮流影响下,加入了康有为创立的保皇党。林福元遵从保皇党的要求,于1911年初考入美国斯莱特航空学校。1913年3月,林福元在航空学校毕业。他在美国西部举行过多次飞行表演。以飞行技术高超而蜚声美国。

1917年9月,林福元脱离保皇党,追随孙中山革命。1927年6月,孙中山创办的军事飞机学校改名为国民革命军总司令部航空学校,通称广东航空学校,并于1928年3月恢复招生,林福元被任命为该校机务处长。该校复办之初,经费不足。林福元便发挥他的机械专门学识,选用技术员工,修旧利废,物尽其用。

1928年11月,南京中央政府扩建空军,把国民革命军总司令部航空处扩充为航空署,隶属军政部;又在中央陆军军官学校开设航空班,训练空军人才。1929年6月,林福元被聘为该班机械组长,负责飞机维修业务。1929年9月2日,林福元从广州驾驶一架美国制造的"城古"型飞机经长途飞行抵达上海,再转往南京。当时的飞机没有无线电装置和地面导航,林福元的这次长途飞行,可以说是中国早期航空史上一次壮举。1931年7月,林福元就任广东航空学校教育长,培育航空人才。

### (四)中国航天之父——钱学森

旧中国航空工程人才培养始于清末民初,当时有少数留学生负笈海外,学习航空技术。20世纪40年代已近千人,留学生中不乏学有成就早已高深的人,最著名的就是钱学森。

钱学森1935年9月进入美国麻省理工学院航空系学习,1936年9月获麻省理工学院航空工程硕士学位,后转入加州理工学院航空系学习。他先后获航空工程硕士学位和航空、数学博士学位。1938年7月至1955年8月,钱学森在美国从事空气动力学、固体力学和火箭、导弹等领域研究,并与导师共同完成高速空气动力学问题研究课题和建立"卡门-钱学森"公式,在28岁时就成为世界知名的空气动力学家。

1918年在福建马尾，出现了近代中国最早的训练航空工程人才的学校——海军飞潜学校。20世纪30年代后，陆续有北洋大学、中央大学、厦门大学、清华大学、交通大学、浙江大学、云南大学、四川大学、西北工学院设立了航空工程系。到1949年底，航空系科毕业生约1 000人，后来设立了航空航天大学用以培养专业人才。

## 三、中国当代航天事业的进步

回望中国航天探索的发展之路，不禁让人想起曾被举世关注的那些里程碑式事件。中国航天事业是在基础工业比较薄弱、科技水平相对落后和特殊的国情、特定的历史条件下发展起来的。中国独立自主地进行航天活动，以较少的投入，在较短的时间里，走出了一条适合本国国情和有自身特色的发展道路，取得了一系列重要成就。

美国军事战略家认为，在19世纪，谁控制了欧亚大陆，谁就能称霸世界；20世纪，谁控制海洋，谁就能称霸世界；而21世纪，决定霸业的关键领域将是太空。

中国成为航天大国，突破了"六个难关"：即"上天关""回收关""一箭多星关""地球同步关""太阳同步关""载人航天关"，每个难关，都有着重大的军事意义。

### （一）突破"卫星上天"关：中国中远程导弹技术已经过关

1970年4月24日，中国用自行研制的长征一号运载火箭成功地将"东方红一号"人造地球卫星送往太空，动听的《东方红》乐曲传遍全球，从此，中国的火箭和卫星一次次成功，令人瞩目，也使中国成为真正的航天大国。

"东方红一号"卫星的发射成功使中国成为世界上继苏联、美国、法国和日本之后第五个完全依靠自己的力量成功发射人造卫星的国家。虽比苏联发射第一颗人造卫星"斯普特尼克一号"晚了13年，但它的质量超过了前四个国家第一颗卫星质量的总和。

中国"东方红一号"卫星每114分钟绕地球一周，播送凯旋的乐曲《东方红》，证明了中国已进入空间时代。西方的观察家指出：把人造卫星射入地球轨道的技术，表明中国有能力制造和试验一枚洲际弹道导弹。莫斯科电台和《真理报》仅用一句话报道中国的发射：毛泽东的人造月亮是打在俄国脸上的一记耳光！

### （二）突破"卫星回收"关：尖兵侦察卫星监视美日

1975年11月26日，中国用"长征2号"运载火箭发射返回式卫星成功，卫星在轨道上运行3天后按预定计划返回地面，中国成为世界上第三个掌握卫星回收技术的国家。

回收是一件难度很高的技术，回收过程中不仅要卫星减速、低头，而且必须落回到地面预定地域，这些对遥测、遥控技术提出了很高的要求。回收要比发射更加困难。目前为止过了回收关的国家只有美国、俄罗斯、中国。它难是因为它具有重大的军事用途。

中国发射了19颗回收卫星,成功回收18颗,成功率为94%。18颗卫星中,3颗是国土普查军民兼用,另外15颗中6颗给了总参测绘局,9颗给了总参情报部。

### (三)突破"一箭多星"关:分导技术让敌人防不胜防

1981年9月20日,中国用一枚运载火箭同时将3颗卫星送入轨道,中国成为世界上第三个实现一箭多星技术的国家。

运载火箭技术与弹道导弹技术是相辅相成、互为促进的。掌握"一箭多星"发射技术最重要的军事意义,就是可以为导弹多弹头技术打下一定的基础。当前,世界各国都很重视导弹防御系统的建设,而多弹头技术是突破导弹防御系统的最好办法。一枚导弹如果装载多枚弹头,它就可以同时攻击敌方不同的目标,并能有效躲过敌方对导弹的拦截,使敌方顾此失彼、防不胜防。

显然,在导弹有效载荷不变的前提下,众多的子弹头变成了一个个令导弹防御系统防不胜防的"小精灵",成为对付导弹防御系统最有效的手段和方式。有关研究也证明,当弹头数为5到15个时,导弹的突防概率趋近于1,也就是说导弹拦截的可能性几乎为零。

### (四)突破"地球同步"关:北斗导航卫星精确定位

1984年4月8日,中国用新型"长征3号"运载火箭将试验通信卫星"东方红2号"送入赤道上空的静止轨道运行,中国不仅成为世界上第三个掌握氢氧发动机技术的国家,也是世界上第五个独立发射地球静止轨道卫星的国家。中国掌握了多级火箭技术,即中段机动变轨技术;静止卫星则为定全球定位系统做出先行准备。

"北斗"全球卫星导航系统的空间段由5颗静止轨道卫星和30颗非静止轨道卫星组成,可提供开放服务和授权服务两种服务方式。开放服务是在服务区免费提供定位、测速和授时服务,定位精度为10米,测速精度为0.2米/秒,授时精度为50纳秒。

随着我军高技术武器的不断发展,对导航定位的信息支持要求越来越高。只有使用具备先进性、适用性、军民两用、抗干扰性、抗继毁性等特征的北斗导航系统,才能保证在战时不受制于人。

### (五)突破"太阳同步"关:气象侦察和国土普查

中国1988年9月开始发射的"风云一号"气象卫星以及1999年10月发射成功的、与巴西合作研制的"资源一号"国土普查卫星就属于这类太阳同步卫星。这些卫星在全球中长期气候观测预报以及国土普查方面发挥了积极的作用。

目前,美国、俄罗斯等发达国家的照相侦察卫星,大多采用太阳同步轨道。在战争时期,气象卫星和国土普查卫星都可以为解放军提供信息服务,提高作战水平。

(六)突破"载人航天关":给美俄敲响警钟

2003年10月15日9时9分50秒,中国自行研制的第一艘载人飞船神舟五号发射升空,大约21个小时后,即16日6时23分,神舟五号飞船在环绕地球14圈之后,成功着陆。这标志着中国首次载人航天飞行获得圆满成功。从此,中国成为世界上第三个独立掌握载人航天飞行技术的国家。

飞船系统共有13个分系统,由推进舱、轨道舱、返回舱和附加段组成,是中国实现载人航天的工具。其中轨道舱和返回舱都是密封的,是航天员活动的地方。在上升段、变轨段和返回段中,他们都固定在返回舱的个人座椅上。飞船在轨运行时,航天员可以去轨道舱中活动,做试验。

美国《华尔街日报》2003年10月16日文章题目是"中国载人飞船的发射给美俄敲响警钟"。美国国防部中国事务部门的陆军上校马克·斯托克斯说,此次行动确实能够增强中国的战略实力。他说,中国的载人空间飞行计划不会对美国构成直接威胁,但他承认它将使中国成为一个"太空领域的竞争者"。

## 四、走向强大的中国航天

20世纪以来,中国航天逐渐撩开了神秘的面纱,顺利完成从国防向民用、计划向市场、保密向公开的转型。进入21世纪,中国航天更是走向公开、透明,继续以"两弹一星"精神,以较少的资金投入,沿着适合中国国情和有自身特色的道路前进。中国航天在运载火箭、卫星回收技术上,在各类发射中心和由国内各地面站、远程跟踪测量船组成的测控网,多种卫星应用系统的建设上取得了重大成就。目前,中国航天在遥感卫星研制及其应用、通信卫星研制及其应用、载人飞船试验,以及空间微重力实验等方面均取得重大成果;在卫星回收、一箭多星、低温燃料火箭技术、捆绑火箭技术,以及静止轨道卫星发射与测控等许多重要技术领域跻身世界先进行列。

(一)空间技术

1. **人造卫星**

中国航天人掌握了一系列应用卫星关键技术,包括各种姿控、变轨、热控、电源、结构、测控、回收及载荷技术,自主研制并发射22颗不同类型的人造地球卫星,发展形成6个卫星系列:返回式遥感卫星、"东方红"通信广播卫星、"风云"气象卫星、"实践"科学探测与技术试验卫星、"资源"地球资源卫星和"北斗"导航定位卫星等系列。此外,海洋卫星系列即将形成,构建"环境与灾害监测预报小卫星星座"计划正在加紧实施。

2. 运载火箭

运载火箭技术已成为一个国家航天技术的重要基础和进入太空能力的体现。中国自1956年开始现代火箭的研制,至今已研制出14种火箭,形成"长征"系列。截至2015年3月30日将首颗新一代北斗导航卫星成功送入轨道后,中国航天器运载工具——"长征"系列运载火箭完成204次发射。

中国的运载火箭已能够基本满足发射卫星、飞船的需要,并以技术含量高、入轨精度高、经济性能好、适应能力强等特点闻名于世。在对外发射服务方面,"长征"系列火箭的良好经济性能使其具有较强的竞争力,这为中国打破封锁、进入国际商业卫星发射市场奠定了坚实的基础。

3. 载人航天

中国航天在研制了载人飞船和高可靠运载火箭后,开展了航天医学和空间生命科学的工程研究,选拔了预备航天员,研制了一批空间遥感和空间科学试验装置。从1992年到2003年,经过11载刻苦攻关,中国终于突破了载人飞船舱段连接和解锁分离、调姿和制动等12项关键技术,并研制了载人航天器特有的环控与生保、仪表照明、应急救生和独立手控等分系统。1999年后,"神舟"飞船5次飞行,每次均出色完成任务并安全返回地面。在"神舟"6号飞船上天后,中国载人航天工程进入"三步走"的第二步,即在第一艘载人飞船发射成功后,突破载人飞船和空间飞行器的交会对接技术,发射一个空间实验室,解决有一定规模的、短期有人照料的空间应用问题。此后的第三步,将是建造20吨级的空间站,解决有较大规模的、长期有人照料的空间应用问题,这项工程完成后中国将在载人航天领域迈出重要的一步。

知识问答

问:中国载人航天的历程。

答:神舟一号——实现天地往返重大突破

1999年11月20日,中国载人航天计划中发射的第一艘无人实验飞船"神舟一号"飞船在酒泉卫星发射基地顺利升空,经过21小时的飞行后顺利返回地面。

神舟二号——中国第一艘无人飞船

2001年1月16日19时22分,中国第二艘无人飞船"神舟二号"在内蒙古成功着陆。至此,飞船按预定计划,在太空飞行了7天。

神舟三号——载人航天安全性提高

2002年3月25日,"神舟三号"飞船发射升空,4月1日返回地面。飞船搭载了人体代谢模拟装置、拟人生理信号设备以及形体假人,能够定量模拟航天员的重要生理活动参数。飞船工作正常,预定试验目标全部达到,试验获得圆满成功。

神舟四号——突破中国低温发射的历史纪录

2002年12月,"神舟四号"在经受了零下29摄氏度低温的考验后,于30日成功发射,突破了中国低温发射的历史纪录。2003年1月5日,飞船安全返回并完成所有预定试验内容。

神舟五号——中国首位航天员进太空

2003年10月15日,中国第一艘载人飞船"神舟五号"成功发射。中国首位航天员杨利伟成为浩瀚太空的第一位中国访客。"神舟五号"的太空行程,标志着中国已成为世界上继俄罗斯和美国之后第三个能够独立开展载人航天活动的国家。

神舟六号——实现"多人多天"飞行任务

2005年10月12日,中国第二艘载人飞船"神舟六号"成功发射,航天员费俊龙、聂海胜被顺利送上太空。17日凌晨,飞船返回舱顺利着陆。"神舟六号"是中国第一艘执行"多人多天"任务的载人飞船。飞船完成了中国真正意义上有人参与的空间科学实验。

神舟七号——航天员出舱在太空行走

2008年9月25日,中国第三艘载人飞船"神舟七号"成功发射,三名航天员翟志刚、刘伯明、景海鹏顺利升空。主要任务是实施中国航天员首次空间出舱活动,同时开展卫星伴飞、卫星数据中继等空间科学和技术试验。

神舟八号——与"天宫一号"实现对接

"神舟八号"飞船,是中国神舟系列飞船的第八个。"神舟八号"不载人,并有重大改进。

神舟九号:"神舟九号"飞船于2012年6月16日成功发射,中国航天员景海鹏、刘旺、刘洋将第一次入住"天宫"。刘洋也成为中国第一个飞向太空的女性。

神舟十号:2013年6月11日17时38分许,中国航天员聂海胜、张晓光、王亚平搭乘神舟十号飞船出征太空。"神舟十号"是中国载人天地往返运输系统的首次应用性飞行。飞船入轨后,按照预定程序,先后与"天宫一号"进行一次自动交会对接和一次航天员手控交会对接。组合体飞行期间,航天员进驻"天宫一号",并开展了航天医学实验、技术试验及太空授课活动。

### 4. 探月计划

被命名为"嫦娥工程"的中国月球探测计划已经进入实施阶段。

2007年10月24日"嫦娥一号"探月卫星发射成功并开始绕月飞行、发回原始图像数据。

嫦娥二号卫星于2010年10月1日由长征三号丙运载火箭成功发射升空并顺利进入地月转移轨道。嫦娥二号完成了一系列工程与科学目标,获得了分辨率优于10米月球表面三维影像、月球物质成分分布图等资料。2011年4月1日嫦娥二号拓展试验展开,完成进入日地拉格朗日 L2 点环绕轨道进行深空探测等试验。此后嫦娥二号飞越小行星4179成功进行再拓展试验。

嫦娥三号探测器于2013年12月2日在中国西昌卫星发射中心由长征三号乙运载火箭送入太空，14日成功软着陆于月球雨海西北部，15日完成着陆器巡视器分离，并陆续开展了"观天、看地、测月"的科学探测和其他预定任务，取得一定成果。

5. 航天器发射场

中国的第一个航天发射场——酒泉卫星发射中心始建于1958年，现已建成酒泉、西昌、太原三个航天器发射场，共进行航天发射100余次，先后圆满地将百余颗卫星和6艘载人飞船送入太空。

酒泉、西昌、太原三个内陆发射基地受到铁路运输条件的限制，火箭直径不能超过3.35米。2007年9月，经国务院、中央军委批准，在海南省文昌市建设新航天发射场，主要承担地球同步轨道卫星、大质量极轨卫星、大吨位空间站和深空探测卫星等航天器的发射任务，满足新一代无毒、无污染运载火箭和新型航天器发射任务需求。

6. 航天测控

中国已建成完整的航天测控网，包括陆地测控站和海上测控船，圆满完成了从近地轨道卫星到地球静止轨道卫星、从卫星到试验飞船的航天测控任务。中国航天测控网已具备国际联网共享测控资源的能力，测控技术达到了世界先进水平。

（二）空间应用

随着卫星遥感、通信、导航定位等空间信息技术的不断发展，卫星应用已经在国民经济的各个领域发挥着不可替代的作用，中国已经进入重点发展卫星应用产业的新阶段。

卫星遥感应用领域不断拓展，已经在农业、林业、国土、水利、城乡建设、环境、测绘、交通、气象、海洋、地球科学研究等方面得到广泛应用。遥感技术在中国国土资源调查、西气东输、南水北调、三峡工程、三河三湖治理、退耕还林、防沙治沙、交通规划与建设、海岸带监测、海岛测绘、海洋权益维护及区域经济调查管理等重大工程建设和重大任务中发挥了不可替代的作用。特别是卫星气象地面应用系统的业务化运行，极大地提高了对灾害性天气预报的准确性，使国家和人民群众的经济损失有了明显的减少。

在卫星固定通信业务方面，全国建有数十座大中型卫星通信地球站，联结世界180多个国家和地区的国际卫星通信话路达2.7万多条。中国已建成国内卫星公众通信网，国内卫星通信话路达7万多条，初步解决了边远地区的通信问题。同时建立了金融、气象、交通、石油、水利、民航、电力、卫生和新闻等几十个部门的80多个专用通信网，甚小口径终端上万个。卫星固定通信业务已步入产业化轨道，达到了一定的市场规模。国内卫星公用通信网已使用了30

个卫星转发器,专用通信网也得到了较好发展。

卫星导航定位方面,中国从20世纪80年代初期开始利用国外导航卫星开展卫星导航定位应用技术开发工作,并在大地测量、船舶导航、飞机导航、地震监测、地质防灾监测、森林防火灭火和城市交通管理等许多行业得到了广泛应用。中国在1992年加入了全球卫星搜救系统(COSPAS—SARSAT),还建立了中国任务控制中心,大大提高了船舶、飞机和车辆遇险报警服务能力。到2020年,作为导航卫星应用的主流市场,中国移动通信市场和汽车市场的规模将居世界首位,将极大地促进中国导航卫星应用产业的发展。

### 知识问答

问:何为全球卫星搜救系统(COSPAS—SARSAT)?

答:全球卫星搜救系统是由加拿大、法国、美国和前苏联联合开发的全球性卫星搜救系统,它是国际海事卫星组织推行的全球海上遇险与安全系统的重要组成部分。该系统使用低高度卫星为全球包括极区在内的海上、陆上和空中提供遇险报警及定位服务,以使遇险者得到及时有效的救助。

全球卫星搜救系统已成功地应用于世界范围内大量的遇险搜救行动中,在2 247起遇险事件中已成功地救助了7 354人。全球卫星搜救系统以其可靠、方便、免费使用等优点赢得了人们的青睐,该系统不仅广泛地应用于航海领域,也对航空业和陆地用户提供全球性的卫星搜救服务。

### (三)空间科学

中国在20世纪60年代初期开始利用探空火箭、探空气球开展高层大气探测。在70年代初期开始利用"实践"系列科学探测与技术试验卫星开展一系列空间探测和研究,获得了很多宝贵的环境探测资料。近年来,开展了空间天气预报的研究工作及相应的国际合作。从20世纪80年代末开始利用返回式遥感卫星进行了多种空间科学实验,在晶体和蛋白质生长、细胞培养、作物育种等方面取得了很多成果。近年来,利用"实践"系列科学探测与技术试验卫星对近地空间环境中的带电粒子及其效应进行了较为详细的探测,并首次完成了微重力流体物理两层流体空间实验,实现了空间实验的遥操作。

1986年启动的国家高技术研究发展计划(863计划)和1992年启动的载人航天工程(921工程)是推动中国空间科学事业的两个重大计划,正是这两个国家计划和任务的实施,实质性地推动了中国空间科学的各个领域的全面发展。同时建立起了以国家微重力实验室为代表的空间科学基础设施,培养和凝聚了一批从事空间科学研究的人才,为中国空间科学的进一步发展奠定了基础。

2001年,国防科工委(国家航天局)批准正式开始实施的"地球空间双星探测计划",是中国第一个以科学目标为牵引的空间科学研究计划,标志着中国的空间科学事业新的里程碑。"地球空间双星探测计划"的"探测"1号(赤道星)和"探测"2号(极轨星)卫星分别于2003年12月30日和2004年7月25日成功发射,这两颗卫星与欧洲空间局的星簇卫星计划(Cluster)的4颗卫星相配合,首次形成了地球空间的"六点探测"。中国的空间科学事业也正在从起步阶段的满足纯技术需求走向科学需求牵引,成为体现国家意志的重要组成部分。

但到目前为止,中国利用空间进行的研究工作都带有试验性质,与世界先进水平有很大差距,特别是缺少拥有自主产权的空间科学卫星计划,很难得到原创性的重大科研成果。

2016年3月8日,国务院批复同意自2016年起,将每年4月24日设立为"中国航天日"。首个中国航天日将以"中国梦,航天梦"为主题。

中国航天日,是为了纪念中国航天事业成就,发扬中国航天精神而计划设立的一个纪念日。首个航天日,中共中央总书记、国家主席、中央军委主席习近平做出重要指示,向60年来为航天事业发展做出贡献的同志们表示崇高敬意,强调广大航天科技工作者要牢牢抓住战略机遇,坚持创新驱动发展,勇攀科技高峰,谱写中国航天事业新篇章,为服务国家发展大局和增进人类福祉做出更大贡献。习近平指出,探索浩瀚宇宙,发展航天事业,建设航天强国,是我们不懈追求的航天梦。经过几代航天人的接续奋斗,中国航天事业创造了以"两弹一星"、载人航天、月球探测为代表的辉煌成就,走出了一条自力更生、自主创新的发展道路,积淀了深厚博大的航天精神。

设立"中国航天日",就是要铭记历史、传承精神,激发全民尤其是青少年崇尚科学、探索未知、敢于创新的热情,为实现中华民族伟大复兴的中国梦凝聚强大力量。设立"中国航天日",旨在宣传中国和平利用外层的一贯宗旨,大力弘扬航天精神,科学普及航天知识,激发全民族探索创新热情,唱响"发展航天事业、建设航天强国"的主旋律,凝聚实现中国梦、航天梦的强大力量。

## 第三节 中国迈向航天大国

### 一、中国航天事业未来发展的目标和主要任务

当今世界,人类面临着环境恶化、全球变暖、资源短缺、能源危机、人口膨胀、贫富差距加大等一系列社会与经济问题,威胁着人类的可持续发展。航天技术为解决这些问题提供了机会和手段,使各国加快了航天的发展。

进入21世纪,世界主要航天国家相继调整并制定了新的航天发展战略、发展目标和发展

计划,将发展航天活动列为国家整体发展战略的重要组成部分。未来,近地空间的开发和利用仍将是世界航天活动的重点,并将进入更大规模开发和服务社会的新阶段;载人航天向深空扩展,探索月球以及火星成为深空探测的新热点;航天活动对人类文明和社会进步的重大影响进一步增强,呈现蓬勃发展的新局面。

目前,中国航天正处在重点跨越、快速发展的新时期、新阶段。中国政府已发布了国家中长期科技发展规划纲要,将航天技术与生物、信息、材料、能源技术一起列为国家五个重点发展的高技术领域,并且明确了中国航天事业未来发展的目标和主要任务。概括起来主要内容如下:

**1. 研制新一代大型运载火箭和小型运载火箭,提高进入空间的能力**

为满足航天事业的后续发展需要,中国已经启动了新一代无毒无污染、高可靠、低成本大型运载火箭的研制计划。新型火箭近地轨道运载能力覆盖10～25吨,地球同步转移轨道运载能力覆盖6～14吨。目前,用于新型火箭的1 200千牛液氧/煤油发动机和500千牛氢氧发动机已经取得技术突破。

**2. 开发高可靠大容量通信卫星,实现通信卫星型谱化**

中国已经成功研制了东方红4号大型静止轨道卫星平台,在此基础上,中国将继续研制并发射长寿命、高可靠、更大容量的地球静止轨道通信卫星;建立由电视直播卫星、大容量通信卫星、宽带多媒体卫星等组成的新一代卫星广播通信空间网;提供卫星直播、互联网接入、应急通信等广泛的业务服务。

**3. 发展新型遥感卫星,提高对地观测的能力**

为了满足国家经济建设和社会发展的需要,中国正在研制新一代太阳同步轨道和地球静止轨道气象卫星以及新型海洋卫星、新型中巴地球资源卫星和环境与灾害监测小卫星等遥感卫星系列;实现气象卫星的更新换代,填补环境与灾害监测卫星的空白;形成全天候、全天时、多谱段、不同分辨率、稳定运行的对地观测体系,实现对陆地、大气、海洋的立体观测和动态监测。同时,中国正在统筹发展遥感卫星地面系统和业务应用系统,提高遥感卫星数据获取、处理和应用能力。

**4. 分阶段发展导航定位卫星系统,形成自主实用的卫星导航定位能力**

在第一代北斗区域导航定位的基础上,中国已启动覆盖全国及周边地区并能向全球扩展的北斗卫星导航系统计划。将首先研制并建成由12颗静止轨道和非静止轨道卫星组成的区域导航定位系统,满足中国及周边地区用户对卫星导航系统的需求。在此基础上,逐步扩展到由30多颗不同轨道卫星组成的全球卫星导航定位系统,扩展应用领域和市场。

**5. 继续实施载人航天后续工程,实现驻留空间的能力**

中国将重点突破航天员出舱活动、空间飞行器交会对接等重大关键技术,为建立具有一定应用规模的有人照料、长期在轨飞行的空间实验室奠定基础。

**6. 实施月球探测二、三期计划，提高空间科学研究能力**

2014~2020年,中国将发射月球软着陆器,突破自地外天体返回地球的技术,进行月球样品自动取样并返回地球,在地球上对取样进行分析研究,深化对地月系的起源和演化的认识,目标是月面巡视勘察与采样返回。

**7. 加强国际合作,支持和平利用外层空间**

太空属于人类,航天需要合作,这是航天活动的一大特点。和平利用外层空间,造福全人类,是中国发展航天事业的宗旨。坚持"平等互利、和平利用、共同发展"是我们开展航天合作的原则。

未来几年,中国将优先开展以下几方面的国际合作:

一是空间天文、空间物理、微重力科学、空间生命科学、月球探测和行星探测等领域的科学研究。

二是卫星通信广播在远程教育、远程医疗等方面的应用,卫星广播电视应用范围的扩大,卫星导航定位相关服务。

三是卫星商业发射服务;卫星的设计与制造,卫星地面设备及关键部件的制造;卫星整星及其零部件的出口。

四是对地观测卫星数据共享与服务,在资源调查、环境监测、防灾减灾、全球变化监测与预报等方面的应用和研究。

五是航天测控网资源共享。

六是航天活动各领域的人员交流与培训。

探索外层空间、和平利用太空是全人类共同的追求,也是我们大家为之奋斗的共同理想。中国航天作为世界航天大家庭中重要的一员,愿意与所有有志于航天事业的朋友一起,平等互利、共同发展,携手遨游于浩瀚的宇宙。

## 二、圆梦大飞机

### (一)大飞机工程的战略意义

国务院出台的《国家中长期科学和技术发展规划纲要(2006—2020年)》,把大飞机项目确定为"未来15年力争取得突破的16个重大科技专项"之一。大飞机项目由国务院领导"亲自掌握"进程是由其所具有的战略意义决定的。

**1. 大飞机制造是中国经济发展的新增长点**

航空市场已经是世界经济发展的一个重要领域。在世界经济总量中,航空市场的增量是最快的,而中国的航空市场又是全球发展最快的。国内民航市场的快速成长、人口数量及其生活方式的变化、广大的地域等,决定了中国对大飞机的巨大的市场需求。据统计,从1972年开始,中国民航累计购买和租赁经营的波音飞机共523架,花费高达292亿美元。

中国的大飞机市场是全世界都看好的。有预测显示,在未来10年内,中国的航空动力将成倍增长,近3 000架民营航空大飞机将投入中国的干线运营市场,而在支线运营方面,市场前景更是十分广阔。中国民用航空市场俨然成了跨国飞机制造商的"狩猎场"。更需要记住的是,这仅仅是一次性购买的费用,如果加上飞机全寿命期的维护管理费用,这个数字恐怕还要增加一倍以上。

中国要长期保持高速发展,必须创造新的经济增长点,包括大飞机工程在内的战略工程项目的实施,可以成为中国新的经济增长点。在航空领域的高投入肯定会带来巨大的经济效益。有人计算过,一般的汽车工业投入产出比是1比2.3,而大飞机制造业的投入产出比,将达到1比10以上。然而,中国目前使用的大飞机主要是由美国波音公司和欧洲空客公司制造的。如果中国大飞机工程能够成功,就可以在巨大的国际国内航空器市场中争得一席之地,从而对国民经济的持续发展做出重要贡献。

### 2. 大飞机制造堪称战略支柱产业

航空工业被比作"工业科技之花",它是一个国家工业技术能力的集大成者,属于需要高技术、高投入因而是高风险的产业。其产品开发周期长、科研投资大、技术风险高、市场竞争激烈。掌握了先进的航空制造技术,具备了先进航空器制造能力,意味着占领了工程技术领域的制高点,无疑可以大大提升国家在政治、经济、军事、文化等国际竞争中的实力。航空产业的这些特点,决定了其在国家战略中的地位。由此可见,大飞机工程对于其他经济部门发展的具有杠杆倍增作用。这还只是可以量化的直接产出部分,那些不能量化却对国家经济发展提供长久支撑的间接产出更是无从统计的"无价之宝"。

### 3. 大飞机制造可增强军事上的战略力

大飞机是一个国家军事战略的重要技术支柱。中国航空工业已经建立了50多年,已经形成了比较完整的科学技术研究和产业体系,我军90%的航空武器装备,都是中国自己提供的。但是,从整体上看,中国航空工业在世界范围内仍处于中等水平,尤其是中国还不能制造大飞机。如果不能解决这个问题,中国在未来世界的战略地位是不巩固的,其话语权将大打折扣。冷战时期的"两弹一星",和平时期的"飞机核电",恐怕是大国地位、强国地位的重要标志。

可见,离开大飞机,一个国家的航空现代化就无从谈起,其在军事上的战略打击力量也就不完整。

### 4. 大飞机制造可提升国家整体技术水平

大飞机工程项目经济利益巨大是有目共睹的事实,但这还不是最主要的。实际上,大飞机工程与当今世界几乎所有的技术前沿相关,解决了大飞机制造业中的关键问题,就可以将有关的技术和管理经验移植到其他产业,如此,可以带动中国各个产业技术能力的提升,从而提升国家的整体技术能力。这样,动力、材料、工艺、设计、控制等一系列新技术,都将在大飞机项目的带动下获取新的进展与突破。因此,作为一种战略性工业,大飞机制造是一个国家核心竞争力的标志,在国际竞争中有着非同小可的意义。如果在这个全球竞争时代中,在高技术发展的竞争面前我们落后了,"挨打"的历史局面就可能重现。我们的历史使命,就是要跨越发展,走出中国人自己的大飞机自主制造之路,以带动中国产业技术的全面提升。

### (二)中国大飞机的发展现状

中国商飞启动 C919 大型客机项目,预计于 2020 年前后投放市场。C919 定位为具有世界先进水平的 150 座级双发中短程窄体客机,系列化后将覆盖 130~200 座范围,适应枢纽机场到大中城市机场、大中城市机场之间航线运营的要求。在全球主流的窄体飞机市场刚刚起步的中国商飞 C919 将直接面对波音 737MAX 和空客 A320neo 的市场竞争。

**1. 中国大飞机项目发展情况**

2007 年,中国大飞机项目正式立项。2008 年 5 月,中国商用飞机有限责任公司在上海揭牌成立,标志着中国的大飞机研制工作开始实质性启动。中国商飞公司是国家大型飞机重大科技专项的实施主体,负责组织开展大型客机的技术经济可行性研究、总体技术方案论证和关键技术攻关,总体设计、系统规划、科学论证中国大型客机研制的总体蓝图。

国产大飞机仍然面临多项关键技术的突破,包括最为关键的发动机技术、先进复合材料技术等。C919 将装备比波音 737 更先进的新一代发动机。由于大型客机发动机研发难度高、周期长,2014 年首飞之际的 C919 还无法装配国产发动机,需要面向全球采购。C919 采用超临界下单翼、翼吊先进高涵道比涡扇发动机、常规尾翼和前三点可收放起落架的常规布局形式,力求实现减重、减阻、减排。从公开的技术指标看,单通道客机在技术上相对容易,超临界下单翼被民用客机广泛采用,翼吊发动机可有效减少机内噪声,C919 噪声将比目前水平低 10 分贝,常规气动布局能有效降低成本并减少技术风险。

大型飞机作为"现代工业之花",是一个国家科技水平、制造能力、经济基础和综合国力的集中体现,是衡量一国制造业先进水平的制高点,对增强中国的综合国力、科技实力和国际竞争力,使中国早日实现现代化具有极为重要的意义。航空工业产业链长、辐射面宽、连带效应强,在国民经济发展和科学技术进步中发挥着重要作用。发展大飞机,能够带动新材料、现代制造、先进动力、电子信息、自动控制、计算机等领域关键技术的群体突破,能够拉动众多高技术产业发展,还将带动流体力学、固体力学等诸多基础学科的重大进展,将会全面地、大幅度地提高中国科学技术水平。发展研制具有市场竞争力的大型客机,不仅可以为航空工业的发展提供突破口和新的增长点，还有利于提高中国航空工业的制造能力和管理水平，最终形成强大的航空工业。

### 2. 中国大飞机发展的瓶颈因素

中国的航空工业在民用飞机的工艺制造、零部件生产、大部件的组装以及全机最后结构的总装等许多领域都比较成熟，但是在航空发动机、新材料特别是复合材料技术、系统集成等关键技术方面仍需长足努力。同时，中国大飞机如何取得国际适航审核也是需要应对的关键难题。

目前中国民用发动机的技术基础较差，技术储备不足，产业技术水平低，与国外相比存在巨大的差距，缺乏经验的积累和相关科学数据的参考。由于中国发动机长期以来受军品研制影响很大，管理上和经费投入上过于偏重"型号牵引"，在"技术推动"方面做得很不够，技术基础工作不到位，通常是有了飞机型号才开始相应发动机的研制，对发动机和飞机机体的研制周期差异认识不足，没有真正做到发动机研制先行。

比发动机问题更为迫切的是中国在航空复合材料技术上的差距。制造大飞机要解决结构轻量化、耐久性、可靠性等一系列问题，需要使用新型材料和工艺技术。未来民机再也不是铝合金等传统材料，复合材料技术已成为大飞机制造的发展趋势，波音787用的复合材料达到50%，空客A350客机的复合材料预计达到52%。如何运用复合材料提高大飞机的结构效率并降低成本，是大飞机制造面临的主要技术难题之一。目前，中国在航空复合材料的基体研究上有一定基础，但只是处在试验层次，远没有进入应用阶段。未来中国大型客机复合材料的研发将是重点需要解决的难题。

中国制造大飞机许多关键单点技术已经取得了突破，但还有大量技术需要工程验证，现在中国最缺乏的就是总体工程研制经验。C919的发动机、飞控、航电、液压等很多机载系统都是国外供应商提供的，且成分不等，有的是整系统，有的是分系统。系统集成对主制造商是一个很大的挑战，无论是波音还是空客，在系统集成方面都遇到过很多问题。

适航证是中国大飞机研制的"软肋"。适航证由型号证、生产许可证和单机适航证三证组成，是客机安全性能的认证。国际上最为权威的欧洲（JAA）与美国适航当局（FAA）颁发的适航证为大多数国家认可，中国的大飞机只有取得其中一个适航认证，才可以得到进入国际市场的通行证。适航证理论上是最低安全标准，实际上是市场的准入证，是航空强国垄断世界飞机市场，阻止他国飞机产业发展的政治、经济、技术壁垒。中国大飞机产业还没有走完一个真正意义上的先进民用飞机研制的全过程，取得国际适航审核是需要积极应对的难题。

大飞机项目的特点是：研制周期长、投资大、困难多、风险高，需要十几年甚至更长的时间才能取得成功。大型商用飞机研制采用大量新材料、新技术和新工艺，研制难度和风险大大增加，而且中国大飞机尚未走过一个完整的研制历程，产业基础还相对薄弱，更增加了项目的艰巨性、复杂性和长期性。

### 3. 中国大飞机面临的挑战

大飞机项目在研制造出样机之后，还要通过不断试飞、总结经验和改进设计，逐步满足用户需要，才能进入批量生产的产业化阶段，大飞机将直接面临市场化的挑战。

依照波音和空客的经验，一架新的飞机从头开始做需要120亿~150亿美元的投资，一架全新的机型一般销售的盈亏点在400架左右。以波音787为例，在签了近480架订单之后生产的飞机才有利润。根据世界通行的标准，民机在研制前就要找到"买家"，业内把这些"买家"称为先锋用户。2013年10月中国商飞宣布C919订单达到400架。其中380架为国内订单，包括中国的航空公司和金融租赁公司；海外订单只有20架，来自通用电气旗下租赁公司。400架的订单规模确保C919机型的财务盈亏临界值，但是相对于当前寡头垄断的波音和空客两家各10倍的订单和年500架的产能和交付量，中国大飞机市场压力很大。

大飞机的产业化阶段还要面向国内外市场多样化的需求，建立完整的产业组织和一流的售后服务体系，其技术和管理的难度、经营的风险要比研制阶段更大。为适应国际化的民机营销体系，在零部件采购供应、系统集成商选择、售前驾驶员的培训、售后维修、营销战略和渠道、广告促销策划等方面进行国际合作，形成完善的、商业化的民机营销系统。在航空制造业双寡头垄断格局下，中国商飞要成为成功的挑战者，就必须在产品、市场和产业上逐步胜出。

发展大飞机产业的意义远远超过上大飞机项目本身，它标志着中国经济发展的一个历史转折点，标志着中国工业发展从依赖外国技术转向自主创新，从沉溺于低端经济活动开始奋起向高端爬升。由大飞机项目所推动的航空工业技术能力的跃升，将不仅足以使中国在世界经济中的地位发生结构性变化，而且将为保证中国的政治独立和国家主权提供强大的手段。

**本讲思考**

1. 简述各大国航天事业发展的情况。
2. 简述中国成为航天大国，突破的"六个难关"。

**思考题**

1. 中国航天事业的起步与发展是怎样的？
2. 中国航天事业未来发展的目标和主要任务是什么？

# 第八章
## Chapter 8

## 唱响各民族大团结、大发展、大繁荣的主旋律

**要点提示**

- ◆ 维护民族团结和社会稳定
- ◆ 巩固西藏民主改革成果
- ◆ 打击"东突"恐怖组织

**开篇阅读**

中国是一个历史悠久、民族众多的国家。民族工作是涉及经济、政治、文化、社会等各个领域的一项综合性工作,在党和国家事业发展全局中占有十分重要的位置。民族工作的一项重要任务是推进民族团结进步事业的发展。民族团结进步事业是中国共产党基于中国多民族的基本国情而推进的为维护民族团结、促进民族地区发展、妥善解决民族问题的一项重要事业,它是中国特色社会主义的一部分。民族团结进步事业萌芽于新中国成立初期,经历了20余年的沉寂孕育,在改革开放的春风下,开始茁壮成长,开枝散叶,逐步长成一棵维护民族团结的参天大树。

1959年,中央人民政府在西藏实行民主改革,废除了极端腐朽、黑暗的封建农奴制度,完成了西藏历史上划时代的伟大变革,深刻改变了西藏人民的命运。从和平解放到实施民主改革,再到西藏自治区顺利成立,西藏的社会制度经历了一个曲折发展的变迁过程。在这一过程中,党和国家始终坚持运用法律手段来发现问题、解决问题,使中央指示与地方意志得到了很好的照顾和平衡,也使具有中国特色、西藏特点的法制变迁留下了许多有益的经验和启示。

"东突"恐怖主义是以"东突厥斯坦独立"为纲领,以宗教极端和暴力恐怖为手段,企图将新疆从祖国分裂出去的极端民族主义主张和行为。东突恐怖势力以宗教极端主义为精神支

柱,具有目的的政治性,行为的暴力性和危害的国际性特征。新疆地区反对"东突"恐怖主义的斗争,在未来复杂多变的国际形势下,将是长期的和复杂的。

# 第一节 维护民族团结和社会稳定

## 一、民族团结和社会稳定概述

### (一)民族团结

民族团结是指在一个国家内部,各民族在社会生活和日常交往联系中保持和睦、友好、互助和联合的关系。民族团结作为一种政治现象,是具体而不是抽象的,它同其他方面的团结一样,通常是一种功与利的结合。其中有在总体利益一致之下的团结,也有在局部利益一致之下的团结,还有在特殊的时间、地点、条件之下的团结。因此,团结也是有层次的、有区别的。这种层次和区别是由错综复杂的历史背景和纷繁纠结的现实情况决定的。

民族团结问题属于历史问题范畴,因此在不同的历史时期有不同的具体内容和表现形式。民族的平等、团结是相对的,也是随着时代的前进而前进的,我们不能以今天的民族团结的性质、标准和内容为尺度去否定和贬低历史上的民族团结。古代的民族团结虽然不能够与之相比,但它作为民族关系的一个方面,也是客观存在的。在古代,由于阶级对立的存在,根本利益一致是不可能的,只能是在局部利益一致下的团结,这种民族团结缺乏广泛的社会基础,具有极大的时代局限性。

### (二)社会稳定

社会稳定是指社会生活的安定、协调、和谐和有序,是通过人们的自觉干预、控制和调节而达到的社会生活的动态平衡。在政治学上,社会稳定是与动乱相对立的,主要是指政治体系对于社会矛盾的变化具有较强的调适功能,能够及时化解社会张力,有效控制社会不稳定因素,使社会不出现政治动乱,呈现出经济协调发展、社会稳步前进的有序稳定状态。

社会稳定是人类社会历史发展进程中的一个动态的相对平衡的状态,是相对于社会不安定、社会秩序混乱动荡的一种稳定状态,即在国家政权和根本制度不变的前提下的动态平衡。社会稳定有广义与狭义之分,广义的社会稳定包括政治局势稳定、经济形势稳定、社会生活稳定和社会心理稳定。狭义的社会稳定,是指政治稳定、经济稳定以外的社会生活、社会心理和社会关系的稳定。

## 二、改革开放以来民族团结进步事业的成绩与经验

民族团结是马克思列宁主义、毛泽东思想的一个根本原则,是中国共产党和国家民族工作的一个根本任务,同时,团结是中华民族的传统价值观念,是民族地区的旗帜、法宝和生命,是中国革命和社会主义现代化建设事业胜利的根本保证。民族团结也是衡量社会主义民族关系的一个尺度。总结经验是建立在梳理成绩之上的。

### (一)改革开放以来民族团结进步事业取得的成绩

#### 1. 建立了平等、团结、互助的新型民族关系

确立社会主义新型民族关系不仅是从中华民族在几千年的发展历史中得出的重要结论,也是我们胜利迈进21世纪、实现中华民族全面振兴的重要保证。党和国家在现实工作和生活中,尊重少数民族及其风俗习惯,自觉维护少数民族的权益,采取各种形式广泛而有效地传播民族理论和民族知识,使人民了解各少数民族在长期的生产生活中形成的各具特色、丰富多彩的风俗习惯。教育各民族群众应本着平等和团结的原则和睦相处,尊重各民族的传统习俗。每逢少数民族的传统节日,少数民族群众都举行各种文娱活动隆重庆祝,不仅增强了少数民族人民的自信心和自豪感,也促进了各民族之间的交流和团结。

#### 2. 加快了少数民族和民族地区经济建设

改革开放以来,少数民族对经济利益的重视日渐增强,迫切要求改变落后、贫穷的现状。经济是政治的基础,也是民族团结关系的地基,民族团结进步事业的发展是靠民族经济的发展来推动的。一个民族的发展,首先体现为该民族物质生产的进步和物质生活的不断改善,而要实现这一目标,从根本上讲,是要提高社会生产力。边境少数民族地区实行对外开放以后,经济得到快速发展,人民群众生活水平明显改善,民族团结关系不断巩固,这也是进一步加强民族团结的需要。改革开放以来,各民族地区经济实力明显增强。

#### 3. 促进了民族地区的精神文明建设

中国共产党和国家在抓好民族地区政治经济社会各项发展的同时,高度重视民族地区的文明建设,将精神文明建设视作同物质文明建设同等重要的地位。这主要是因为,各少数民族地区的发展,不仅要重视社会生产力的发展,还要重视科学教育文化事业的发展,只有拥有与高度发达的社会生产力相适应的科学文化水平,才能平衡稳定地发展。在推动物质文明发展的同时,推动精神文明的发展。精神文明建设需要进行民族团结宣传,将传达中央精神与宣传民族团结结合起来,将普法教育与宣传民族团结结合起来,将马克思主义民族观的教育与宣传民族团结结合起来,就能有效地促进民族地区的精神文明建设。

#### 4. 实行了民族区域自治制度

民族区域自治制度是中国共产党根据马克思主义关于国家政权建设和民族问题的理论，结合中国的实际情况制定的针对少数民族具体特征的解决国内民族问题的基本制度。民族地区解放以来，中国的民族区域自治制度不断地发展、深入，循序渐进地推进民族区域自治制度在中国民族地区的实行，自治州、自治县、自治区等陆续建立，民族区域自治制度的实施与不断地发展和完善使中国各民族地区的团结局面不断得到巩固，维护了国家统一、社会安定，赋予了少数民族在其聚居区域内的充分的自治权，同时坚持每一个自治地方都是祖国大家庭不可分割的一部分，都要坚持党和国家的统一领导。经济文化发达的民族和地区也会无私地帮助和支援暂时相对后进的民族和地区。

### (二)改革开放以来民族团结进步事业的基本经验

#### 1. 树立马克思主义民族观

民族观是世界观的一部分，不同的阶级，不同的集团，有着不同的民族观。马克思主义民族观是马克思主义理论在民族关系问题上的具体体现，是马克思主义理论在处理民族问题上的根本立场和根本方法，也是我们党和国家制定民族法规政策的重要理论依据。因此，马克思主义民族观、民族法规政策的宣传教育，必须在全社会普遍进行，并且是一项长期的任务。只要民族问题存在，进行马克思主义民族观和民族法规政策宣传教育的必要性就存在。

#### 2. 落实中国共产党的民族政策

中国共产党的民族政策，是中国共产党在执政过程中的产物，对民族团结的实现和增强有着重大作用。中国历史上的民族政策由于阶级历史的局限性，都不可能从根本上解决民族问题。它使中国共产党能正视中国社会主义初级阶段的民族问题，所以，尽管目前中国少数民族经济文化的整体水平还处于相对后进状态，但是各民族间相互平等、相互团结、互助的社会主义民族关系都能得到不断地巩固和发展，经得起政治"地震"的震荡，也经得起政治"风浪"的颠簸。

#### 3. 坚持中国共产党的领导加强民族地区党的组织建设

中国共产党是中国工人阶级的先锋队，是中国各族人民利益的忠实代表，是中国社会主义事业的领导核心。要想稳定祖国的边疆秩序，维护各民族团结和谐的局面，必定需要坚持党对民族工作的领导，加强民族地区党的组织建设，这是顺利发展各民族政治、经济、文化、社会、生态建设的根本保证。尤其是在新时期，中国正在全面建成小康社会，党和国家要求全国各级党组织和各少数民族地区党的领导干部，切实加强党对民族工作的领导，认真学习马克思主义的民族理论和党的民族政策，总结以往民族工作的历史经验，深入研究民族工作面临的新情况、新问题，全面提高领导水平和艺术，提高驾驭复杂矛盾、问题、局面的能力。

#### 4. 大力培养少数民族干部

做好民族工作和保证民族团结的重中之重是大力培养少数民族干部。毛泽东在 1949 年 11 月 14 日给彭德怀和西北局的电报中强调了大批培养少数民族干部的重要性,指出:"要彻底解决民族问题,完全孤立民族反动派,没有大批从少数民族出身的共产主义干部,是不可能的。"江泽民同志在第三次全国民族团结进步表彰大会上的讲话中也指出,民族地区少数民族干部同汉族干部一道为人民服务,为民族地区的经济发展和现代化建设添砖加瓦。党和国家在长期的民族工作实践中,少数民族干部发挥着汉族干部不可比拟的特殊作用,他们的不可替代性是由于他们来自少数民族群众中,同其民族群众有着千丝万缕不可分的天然联系。他们最熟悉本民族的特点,最通晓本民族的语言、文字、风俗习惯、生活方式、宗教信仰,对本民族群众的要求和愿望感同身受,是党和政府联系各少数民族群众的天然桥梁。而且少数民族干部对自己生长的民族地区有一种特殊的乡情,对本民族群众有一种浓浓的亲情,对本地的自然历史条件、经济社会民生问题和人民群众的迫切要求最了解。同时,少数民族干部还能把本民族干部工作当成为自己民族做代表,有为自己当家作主的使命感,而少数民族群众也愿意接受他们的领导并给予大力支持。实践证明,凡少数民族干部培养工作做得好的地区,民族团结就搞得好,民族问题就解决得好,民族经济社会就发展得好。

#### 5. 正确贯彻党的宗教政策

中国不仅是一个多民族的国家,也是一个多宗教的国家,许多民族地区自古以来民族与宗教的关系密不可分。中国的少数民族地区大都信奉宗教,而且人数众多,有的甚至是整体信教,民族宗教信仰的群众基础非常深厚。在中国社会主义时期宗教问题将长期存在,并且渗透于中国民族社会生活的各个领域。正确处理各种民族矛盾纠纷,维护民族地区的社会稳定,尽量把矛盾解决在萌芽状态,化解在基层。在对待和处理民族宗教问题上,始终坚持尊重客观规律,尊重历史,照顾现实,立足实际,积极引导,避免问题复杂化。坚决打击各种邪教组织,保证正常宗教活动的开展。

## 第二节 巩固西藏民主改革成果,促进西藏发展

### 一、西藏民主改革前的社会状况

在 1959 年民主改革以前,西藏长期处于政教合一的封建农奴制社会。在这种社会体制下,由官家、贵族和寺院上层组成的三大领主,为维护自身的根本利益,对广大农奴和奴隶进行极其残酷的政治压迫和经济剥削。

## （一）政治状况

政教合一是旧西藏政治制度的最大特点。旧西藏政教合一的政治制度，早在萨迦地方政权以前就有一些地方在推行。随着吐蕃奴隶制政权的灭亡，其后200年间西藏地区长期处于封建割据的局面。在这个过程中，藏传佛教的兴起和传播为各势力集团的统治提供了服务，使西藏各地的贵族世袭家族开始与宗教相结合，并逐步形成了许多地方政教势力。直至13世纪初叶，西藏地区普遍确立了封建农奴制。1264年，元朝皇帝封萨迦派法王八思巴为帝师，同时兼管西藏地方政权。此时，西藏形成了一个较为统一的政教合一组织。这也被认为是西藏政教合一的开端。到五世达赖，特别是清朝中央正式授权七世达赖领导新建立的噶厦以后，进一步确认了达赖喇嘛在西藏的最高政教领袖地位，从此全西藏的教权和政权合于达赖一人之身，形成典型的政教合一制度。

### 1. 政权组织结构

旧西藏历史上分为前藏和后藏。

前藏以拉萨为中心，以达赖喇嘛为宗教和世俗的最高首领。由达赖和摄政（达赖喇嘛亲政前由摄政掌握政教大权）领导下的西藏地方政府对区域内的政教事务进行管理。下设办理行政和宗教事务的两个机构。行使地方行政权的最高机构叫"噶厦"，由"噶伦"4人组成，总管政务。

### 2. 阶级分层结构

旧西藏的社会等级十分森严，可分为压迫与被压迫两个基本对立的阶级，压迫的是农奴主阶级，被压迫的是农奴阶级。

农奴主阶级是由官家、贵族、寺院三大领主及其代理人组成的，他们享有无限的政治权利。官家即封建地方政府及所属官员；贵族是指获有封号的政府官员世家及历世达赖和班禅的家属；寺院领主是指寺院上层僧侣；农奴主代理人是指代表农奴主阶级直接统治的剥削农奴的人，主要包括三大领主的"强佐""溪本""溪堆""涅巴"和大"差巴"，以及在庄园牧区拥有封建特权的世袭头人。

农奴阶级主要包括广大的农奴和奴隶，其中又分为"差巴""堆穷""朗生"等几个阶层。"差巴"，意思是支差的人，是领种地方政府的差地，而为地方政府和所属农奴主支差的农奴。"堆穷"，意为小户，是只耕种农奴主及其代理人给予的少量份地，而为农奴主及其代理人支差的农奴。"差巴"和"堆穷"都属农奴，但"差巴"的地位要略高。"朗生"，意为家里饲养的，是大约占人口5%的奴隶。他们没有生产资料，也没有丝毫的人身权利，人身和劳动完全为农奴主所占有。主要被农奴主用于家内劳役。朗生的子女，仍然要做朗生。

## (二) 经济状况

### 1. 生产资料的占有

民主改革以前，在西藏的120多万人口中，三大领主不足5%，农民占6%，牧民占20%，喇嘛占15%，此外，还有少数的手工业者和商人。西藏的主要生产资料是土地，包括山脉、河流、牧场、森林和其他非耕地，都属于三大领主。全西藏约有300万藏克（一藏克土地约合一亩）实耕土地，其中地方政府占31%，贵族占30%，寺庙占39%。西藏贵族有200户左右，大贵族有20多户，他们每户就占有几十处庄园、几千个农奴，以及上万藏克甚至几万藏克的土地。全西藏共有大小寺庙2 700多座，占有土地约达118.5万藏克。

由于西藏社会是"政教合一"的制度，从形式上看虽有以上三种农奴主，但在实质上，许多剥削者本身既是西藏地方政府官员，又是贵族，也是宗教领袖。这样，就使生产资料更加集中在极少数的统治者手中。

### 2. 人身依附

作为维护自身生存和收益的手段，对农奴的人身占有，是旧西藏农奴主对农奴进行经济剥削和人身压迫的又一大特点。早在17世纪后半期，五世达赖颁发的封建文书上就有明确的规定：人（农奴）和水、草、森林，是跟随土地一并封给农奴主的。

农奴主对农奴的财物拥有最终的权利。农奴死后，家人要向农奴主缴纳"销名费"，将死者的贵重物品和衣服等送给农奴主，以求农奴簿子上勾去死者的姓名。当外居的（外出以技艺谋生者）农奴去世时，有些农奴主要清查该户的财物，无嗣户的财物全部没收，有子女户，则酌情留下一部分。若是父母分属两个农奴主，两家农奴主就要依仗各自的势力进行瓜分。

### 3. "差"与高利贷

"差"是西藏封建领主剥削农奴阶级的主要方式，也是其经济收入的主要来源。"差"包括差役、赋税、地租等，含义十分广泛，但一般分为两大类，即内差和外差。

内差，是指向封建领主支付的劳役、实物或货币。封建领主会把自己的土地分为"自营地"和"份地"两部分。他们把70%左右好的土地留下来自营，把其余不好的地作为"份地"分给农奴耕种。分得"份地"的农奴要无偿承担领主自营土地的全部生产劳动，即内差。他们都必须派一定量的劳动力，带着自己的生产工具以及生活用品去领主地里干活，若有缺工，就要遭到惩罚。

外差，即向地方政府支付的劳役、实物或货币。由于三大领主的土地中，有相当多的土地是作为向政府支差的。这种地藏语称为"差岗"地。农奴如果种有领主分给的"差岗"地，就要按规定履行外差。

> 知识问答

问：外差如何分类？

答：外差可分为两种：一种叫"都岗差"（意为平时差，按日常惯例向官府支付的劳役、实物和货币）。其中的人畜劳役，藏语叫乌拉，意为派差，这种乌拉差役名目繁多，共有几十种。第二种外差叫"马岗差"（兵役差），就是以兵役顶替地租。凡种马岗差地一岗的，官府要规定出一定数量的兵额并提供所出兵额的给养。通常这种"差"并不是单独存在的，即往往一户农奴既要负担内差又要负担外差，受两种差役的剥削。

除了内外差剥削形式外，高利贷也是三大领主剥削广大农奴的重要手段。领主们把通过繁重的差役剥削得来的财物，除了满足其生活奢侈外，还将其中一部分转为放债本金，通过高利贷的形式来榨取农奴血汗。由于旧西藏生产力水平极其低下，农奴没有任何抵御自然灾害的能力，加上差役剥削重，所以很少有不借贷的，这也是旧西藏高利贷盛行的客观基础。

### （三）文化生活状况

旧西藏的文化生活状况与其政教合一的封建农奴制是分不开的。长期以来，西藏的各种文化资源被极少数的农奴主所垄断，文化艺术只供少数上层僧侣和达官贵人消遣。占西藏人口95%的广大农奴和奴隶生活极度贫困，连基本的生存权都无法保障，根本谈不上享受文化教育的权利。民主改革以前，西藏的传统文化一直处于自我封闭和萎缩的状态，至于现代科学技术和文化教育，则更是一片空白。

在西藏的文化生活中，最具特殊性的便是基于西藏政教合一制度下的宗教信仰状况。在西藏，人们的衣食住行、婚丧嫁娶、生老病死无不受到宗教的影响。西藏传统的节日大都是由寺院主持的宗教节日。生产上也有很多宗教禁忌，不少活动要经过寺庙喇嘛占卜。而在政教合一的制度下，宗教实际上已沦为农奴主压迫和剥削人民的重要手段。在当时的社会历史条件下，西藏人民并不能充分享有宗教信仰自由的权利。

首先，藏传佛教被视为唯一应该被信奉并推行的宗教，其他任何不同类型的宗教均不得被崇拜和信仰。随着藏传佛教的地位在西藏社会的全面确立，在政教合一的政治制度下，它被统治者视为应唯一信奉并推行的宗教，并且是通过法律的手段被确定的。

其次，旧西藏的宗教信仰具有一定的强迫性。如有的领主在其新建的中小寺庙中需要僧人，便在所属百姓中强行摊派甚至抓丁为僧，而这些社会地位低下的百姓根本无法反抗。在进入寺庙后，他们主要也是从事繁重的体力劳动，以各种方式来满足农奴主骄奢淫逸的要求，很少能够参加真正的宗教活动。

最后，旧西藏的宗教信仰受社会阶级等级的制约。在西藏的封建农奴制社会下，社会阶级的等级同样影响着人民的信教自由。如规定奴隶、债务人、屠夫、铁匠,甚至五官不正者都不能入寺当喇嘛。而在寺庙内部也是等级森严,很多贫苦出身的僧人在出家后仍然逃不脱悲惨的命运。

这样的宗教状况,是藏传佛教的畸形发展,也是造成西藏地区人权状况极差的重要原因。

总之,西藏政教合一的封建农奴制度自13世纪初叶形成,并伴随民主改革的胜利而结束,期间持续了近7个世纪。

## 二、西藏民主改革的内容

中国共产党为了胜利地领导西藏人民进行这场具有深远意义的民主改革,制定了适合西藏社会政治、经济特点的方针和政策。

周恩来同志1959年4月18日在第二次全国人民代表大会第一次会议上所做的《政府工作报告》中明确指出:"关于今后西藏的社会改革,将由中央同西藏上、中层爱国人士和各界人民群众进行充分的协商,以决定实行改革的时机、步骤和办法。无论如何,改革将在充分照顾西藏特点的条件下逐步进行,在改革过程中将充分尊重藏族人民的宗教信仰和风俗习惯,尊重和发扬藏族的优秀文化"。在同一次会议上通过的《关于西藏问题的决议》中还做了具体的政策规定,《决议》指出:"在改革过程中,应当密切团结全西藏各阶层的爱国僧俗人民,区别对待未参加叛乱的、被裹胁参加叛乱而迅速投诚的和坚决参加叛乱的农奴主,注意保护全西藏人民的宗教信仰自由和宗教文物古迹。"所有这些,都是在西藏实行民主改革中应该贯彻执行的方针政策。

从西藏的实际情况出发,中国共产党和中央政府决定,在西藏实行民主改革,分为两步走:第一步是充分发动群众,大力开展反对叛乱,反对乌拉、差役制度,反对奴役和进行减租减息的运动;第二步才是进行土地改革,分配土地。第一步是为第二步的分配土地打下基础,第二步则是第一步民主改革的继续深入和发展。

中国西藏地区民主改革的主要任务,是要废除封建农奴制度,其废除内容包括封建土地所有制、封建剥削和封建特权等方面,这种封建剥削和封建特权在西藏农、牧区和寺院都普遍存在。

(一)农区的民主改革

解放前西藏农奴主阶级占全区人口的5%,其中农奴主约占全区人口的2%,但他们却占有西藏的全部土地,并由约占全区人口3%的农奴主代理人经营管理,直接统治广大农奴。

西藏的农奴主阶级凭借对土地等生产资料的完全占有并依靠原西藏地方的反动政权,对广大农奴(包括家内奴仆"朗生")和其他劳动群众进行残酷的压迫和剥削,使他们不但在经济上遭受残酷的剥削,而且在政治上也遭受着血腥统治,过着极其悲惨的生括。

根据党在土地改革的总路线的基本精神,结合西藏的实际情况,在西藏的民主改革中,必须紧紧地依靠贫苦农奴(包括朗生),牢固地团结中等农奴(包括富裕农奴)和一切可能团结的力量,分别地、有步骤地坚决打击叛乱和抗拒民主改革的反动分子,彻底消灭农奴制的封建剥削制度,发展农业生产。

为了把广大农奴和其他劳动群众充分发动起来,胜利完成西藏民主改革,这一工作是分两个阶段进行的。

在民主改革的第一阶段,其主要任务是开展"三反两减"。"三反"即反对叛乱,反对乌拉差役和反对人身奴役。在此期间,对参加叛乱的农奴主占有的土地,在1959年内实行"谁种谁收"的政策;其中二成归农奴主所得,同时还要解放农奴主的家奴——朗生,废除朗生对农奴主的依附关系,改为雇工关系。"两减"即减租减息。一是减租,即对未参加叛乱的农奴主及其代理人,实行二八减租,亦即农奴主与农奴实行"二八分成",即在"三反两减"期间,农田产品八成归农奴,两成归农奴主。二是减息,即一方面废除三大领主在1958年以前贷放给劳动人民的一切债务;对农奴主在1959年放给劳动人民的债务,一律实行减息,即减为按月一分计息。

在民主改革的第二阶段,其主要任务是进一步完成土地改革,彻底消灭封建农奴制度。在土地改革过程中,一方面对待农奴主阶级,要分别地对待。对坚决参加叛乱和顽固不化的农奴主,要集中力量予以打击,对参加叛乱的农奴主及其代理人的土地等生产资料,实行全部没收的办法,并将生产资料分配给农奴和朗生所有;对未参加叛乱的农奴主及其代理人的土地等生产资料,则实行赎买;对那些被裹胁参加叛乱而迅速投诚的农奴主及其代理人,亦须视情节予以区别对待。为了照顾原耕作者耕作习惯,对"差巴"和"堆穷"原有租地或份地,一般都不动,而采取不缺不补、少缺少补、多缺多补的办法解决;对农具、牲畜等生产资料的分配,本着有利于生产,尽可能首先满足贫苦农奴和朗生的要求。同时也适当照顾中等农奴的需求。

西藏农区的民主改革,从1959年3月平息叛乱开始,经过两年多的时间取得了辉煌的胜利,广大农奴从政治上、经济上都翻了身。

(二)牧区的民主改革

广大的西藏牧区也同农区一样,客观地存在着阶级和阶级对立。中国西藏地区的这种封建剥削压迫制度,早已成为这些地区生产力发展的桎梏。解放后,牧主及其当权派——贵族、头人、千户等,继续霸占着草地、牧场,占有大量牲畜,并凭借其封建的政治特权和经济特权,采用强迫摊派、无偿劳役、雇工、雇家奴以及放高利贷等多种手段,对牧民进行残酷剥削和压迫。因此,在牧区进行民主改革,不仅是社会经济发展规律的客观要求,而且是广大劳动牧民的迫切愿望。

但是由于西藏牧区的社会政治、经济和农区不同，以及牧业生产不同于农业生产的特点，因而西藏牧区的民主改革中也有其自己的特点。这就表现在，在改革中必须紧紧地依靠牧工和贫苦牧民，团结一切可以团结的力量，狠狠打击叛乱的牧主以及叛乱的农奴主及其代理人，彻底消灭牧区的封建剥削制度和封建特权，保护和发展畜牧业生产。对于没有参加叛乱的牧主的牲畜，仍归原牧主所有；对于参加叛乱的领主的牲畜，仍由原放牧的牧民放牧，收入归放牧的牧民所有。同时实行牧工、牧主两利政策，减少牧主的剥削，增加牧民的收入。

因此，在西藏牧区的民主改革中，除叛乱牧主和叛乱农奴主及其代理人外，对未参加叛乱的牧主仍然采取的是"不斗不分不划阶级"的"三不政策"。

同时，在牧区的民主改革中，还必须开展"三反两利"运动。这就是说，在牧区，一方面要开展反对叛乱，反对乌拉差役，反对奴役的运动，另一方面还必须实行"牧工牧主两利"政策。其办法，主要通过牧工和牧主双方协议，订立合同来进行。合同要兼顾牧工和牧主双方利益，既要规定牧主不得无理解雇牧工，不得随意夺群，要使牧工的生活得到改善，政治权利得到保障；又要规定牧工履行协议条件，管理好畜群，保护牧主经济，鼓励牧主发展生产的积极性。

在中国西藏的牧区之所以也像其他民族地区的牧区一样，在民主改革中对未参加叛乱者，采取了"三不两利"政策，这是由牧区畜牧业经济的特点决定的。

第一，这些政策符合畜牧业经济一般特点的要求。牧业的生产资料主要是牲畜和草场。而牲畜既是生产资料，又是生活资料。牲畜的这种既是生活资料又是生产资料的两重性质，乃是畜牧业经济的一般特点，如果在改革中不采取符合畜牧业经济一般特点要求的政策，就容易使畜牧业生产遭受人为的破坏。

第二，这些政策也同样适用于西藏牧区畜牧生产资料的分散性、流动性、脆弱性和不稳定性的特点。西藏牧区的畜牧业经济的生产技术，也同其他民族地区的牧区一样，是十分落后的，这是一种长期"逐水草而居"的流动的、分散的游牧业经济，它远没有实现畜牧业现代化，主要是靠天养畜，它的经济基础脆弱，抗御自然灾害的能力也差，生产很不稳定。因此，在民主改革中所采取的政策，必须充分照顾这些特点。只有这样，才能迅速恢复和发展西藏牧区的牧业生产。

第三，这些政策十分有利于恢复和发展西藏牧区的畜牧业生产。解放前，西藏牧业长期在官家、贵族、寺院三大领主的残酷统治与剥削下，西藏牧区畜牧业生产极为落后，发展速度也十分缓慢。牧区民主改革的根本目的，就是要废除牧区的封建剥削压迫制度，恢复和发展畜牧业生产，而在民主改革中采取上述"三不两利"政策，既废除了封建农奴制的生产关系，又保护了牧主发展生产的积极性，也稳住了富裕牧民的生产情绪，同时，它既调动了广大牧民、牧工的生产积极性，也改善了牧民、牧工的物质生活，从而有利于畜牧业生产的迅速恢复和发展。

实践证明，在西藏牧区采取"三不两利"政策是完全正确的，经过民主改革，牧区的畜牧业生产得到了迅速的恢复和发展。

## （三）寺院的民主改革

废除宗教寺院和宗教上层的封建剥削和封建特权，也是西藏实行民主改革的重要内容之一。

西藏的寺院是西藏三大领主之一，寺院占有土地约为西藏土地总数的百分之三十左右，它还占有许多牧场和大量牲畜，寺院凭借他们占有的这些生产资料，对广大农牧奴进行残酷的剥削。

第一，封建地租和牧租剥削。西藏寺院占有土地约一百一十八万五千藏克。农奴租种寺院土地，每年交纳谷物最低要占全部收获物的百分之七十以上；同时农奴领种寺院既交实物，又要无偿地为寺庙耕种自营地，其所支劳动日约占农户全部劳动力的百分之七十至八十；寺院将牲畜交由牧奴放牧，牧奴每年要将畜产品百分之七十左右交给寺院。

第二，高利贷剥削。寺院是最大的高利贷者，不管大小寺院都放高利贷，小宗的高利贷年利率最高，有的竟高达百分之一百至一百五十；大宗的高利贷利率较低，一般年利率为百分之三十至五十，估计每年寺院放债总数要占西藏高利贷总数的百分之八十左右。仅拉萨的色拉、甘丹、哲蚌三大寺，每年放出高利贷总额即多达青稞一百四十三万多克（每克约二十五市斤），藏银九十九万多秤（每秤五十两，折合银元三元二角三分），若按当时物价折成银元，则粮银本金共达银元一千四百七十三万多元。

第三，宗教剥削。寺院利用宗教迷信通过念经、布施、捐赠等手段，直接或间接掠夺广大人民群众。其中念经又分念平安经、长寿经、防雹经、求雨经、防风经等，都要收念经费，寺院通过布施所得收入更是惊人，仅哲蚌寺一年的布施收入即达藏银六万二千秤，粮食一千一百克，酥油八千五百克。

此外，寺院还通过商业剥削和乌拉制度掠夺广大劳动群众。

西藏的寺院不仅在经济上残酷剥削广大农奴和其他劳动群众，而且在政治上也残酷地统治着他们。这表现在，一方面，一般寺院在其领地设有法庭、监狱等一套暴力组织，对农奴有生杀予夺之权；另一方面，最大的寺院还直接控制着原西藏地方政府，僧官也都由三大寺的僧人担任。寺院凭借他们的这些政治统治，享有各种封建特权，并用各种酷刑来残害广大劳动群众。

同时，在寺院内部也是等级森严、阶级划分明显的。寺院的喇嘛分为两类：一类是上层喇嘛，这是少数，他们是寺院的当权派，他们又分两部分：一是活佛，是寺院的领主，凡是活佛都有其原来寺庙和财产；二是在寺院的拉吉札仓和较大的康村中担任职务的喇嘛，这些上层喇嘛都从事封建剥削并享有封建特权。另一类是下层喇嘛，这是喇嘛中的大多数，他们又分两部分，其中有少数的专讲武功的喇嘛，他们出身贫苦，既是寺院中的苦力，又是寺院的武装骨干，这些下层喇嘛也都是被统治者。

因此,宗教上层和宗教寺院不仅压迫和剥削其属民、农牧奴和其他广大劳动群众,而且在寺院内部也统治和压迫着下层喇嘛。对宗教上层和寺院的这种封建剥削和封建特权,如果不通过民主改革加以废除,就不能使西藏地区的生产力得到解放,也不能使西藏繁荣和发展。

但是在西藏的民主改革过程中,一方面对宗教上层和宗教寺院的封建剥削和封建特权要坚决加以废除,另一方面又必须继续保护宗教信仰自由,保护爱国守法的寺院和有历史意义的文物古迹。

1959年,西藏自治区筹备委员会在《关于进行民主改革的决议》中进一步对西藏寺院的民主改革做出了具体规定,决议指出:在寺庙中必须开展反对叛乱、反对封建特权、反对剥削制度的三反运动。对于爱国守法的寺庙的土地和其他生产资料,实行赎买政策。对于喇嘛的生活,由政府统筹安排,寺庙的收入不够正当开支时,采取补贴的办法予以解决。

西藏自1959年3月平叛斗争开始,展开了以废除寺庙封建剥削和封建特权制度为中心的反对叛乱、反对封建特权,反动剥削制度的"三反运动",并取得了胜利,通过寺院的民主改革,不仅废除了宗教上层和宗教寺院的封建剥削和封建特权,极大地减轻了农奴和其他劳动群众的宗教负担,而且普遍地提高了农奴和其他劳动群众的政治思想觉悟,进一步从政治上、思想上、经济上解放了西藏地区广大劳动群众,从而促进了西藏地区生产力的发展;同时,也进一步团结和教育了西藏未参加叛乱的爱国守法的宗教上层人士。

此外,在西藏寺院中开展反对叛乱、反对封建特权、反对封建剥削制度的"三反"运动的同时,在西藏的一些重要城镇,还实行了反对叛乱、反对封建剥削和特权以及反对奴役并实行保护工商业的政策。这样,既有利于安定社会秩序,又有利于工商业的恢复与发展。

## 三、西藏完成社会改革的政治、经济和理论意义

在中国共产党的领导下,西藏地区的民主改革在1961年基本完成,在政治上、经济上和理论上都有重大的意义。

### (一)政治意义

西藏民主改革的完成,在政治上意义十分重大。这表现在:

**1. 政权发生了根本的变化**

列宁指出:一切革命的根本问题是国家政权问题。由西藏自治区筹备委员会行使其政权,以后又于1965年正式成立了西藏自治区人民政府,与此相适应在自治区以下也逐步建立基层的人民政府,使得西藏各族人民有了在统一的祖国大家庭内,在党和国家领导下,由自己当家作主并管理本地区本民族内部地方性事务的权利。通过平息武装叛乱和完成民主改革,彻底摧毁了原有的反动的僧侣、贵族联合专政的原西藏封建地方政府,建立了在中国共产党和中央

人民政府统一领导下的人民民主专政的新的西藏地方人民政权。

**2. 阶级关系发生了根本的变化**

民主改革前,"官家"、贵族和寺院是西藏的最高统治者,农奴主阶级是西藏的统治阶级,他们压迫和剥削广大农奴和其他劳动群众;而农奴和奴隶(指朗生)以及其他劳动群众,是被统治阶级。解放前,由于国内历代反动统治阶级实行民族压迫政策和外国资本主义、帝国主义的挑拨,藏汉民族之间以及西藏民族内部都长期地存在过不团结的问题,正如毛泽东同志所指出的:"几百年来,中国各民族之间是不团结的,特别是汉民族与西藏民族之间是不团结的,西藏民族内部也不团结,这是反动的清朝政府和蒋介石政府统治的结果……现在都团结起来了,这是中国人民打倒帝国主义及国内反动统治之后才达到的",因此,逐步实现民族平等,消除各民族之间的隔阂,加强汉藏民族之间以及西藏民族内部的团结是十分必要的。列宁曾指出:无产阶级团结的利益、工人阶级斗争的同志般团结一致的利益也要求各民族的最完全的平等,以消除民族间最微小的不信任,中华人民共和国成立后,宣布废除了民族压迫制度。在中国共产党的领导下,经过党政军各种机构在西藏进行了大量工作,在消除民族隔阂和加强民族团结方面都起了重大作用,认识到了加强民族团结的重要性和迫切性。同时,也由于在西藏各地的民主改革中又充分注意了各民族间和民族内部历史上残留下来的民族隔阂,因而大大加强了藏汉民族间和西藏民族内部的团结。

**(二)经济意义**

西藏民主改革的完成,在经济上更是意义重大。这表现在:

**1. 增加了农牧民的收入**

在民主改革的第一步中,对参加叛乱的三大领主及其代理人的牲畜,交由原放牧的牧民放牧,收入归放牧的牧民所有,因而增加了这部分牧民的收入;对参加叛乱的三大领主及其代理人的土地实行"谁种谁收",对于未参加叛乱的三大领主及其代理人的出租土地实行"二八"减租;同时还废除了三大领主1958年以前贷放给劳动人民的债务。据调查,在江孜地区,贫苦牧民每人分得牲畜六头,奴隶(即朗生)每人分得牲畜十一头,在牧区分得牲畜更多。此外,在西藏的许多地区还有三四百个项目的乌拉差役被废除。所有这些,都不同程度地减轻了农奴和奴隶的负担,增加了他们的收入。由于农牧民收入的增加,他们的生活也日益得到改善,在政治上和经济上也都翻了身。

**2. 生产关系的深刻变化**

这主要表现在所有制的根本改变上。在民主改革过程中,在农区,通过土地改革,将农奴主占有制改变成了农民个体所有制;在牧区,通过民主改革,将牧主占有制改为牧民占有制。与此相适应,在西藏农区、牧区的人们相互关系和产品分配形式,也发生了深刻的变化。

### 3. 西藏的民主改革为生产力的发展开辟了广阔的道路

这是由于劳动阶级本身就是一种强大的生产力。生产关系的根本改变调动了广大农牧民的生产积极性,从而促进了西藏的农牧业和手工业生产的发展。在民主改革开始及其完成后的一段时期内,主要表现在农田水利的修建,农田灌溉面积的增加、耕作方法的改进以及农业、畜牧业生产的增长上。

与此同时,手工业生产也有了较快的发展。

## (三)理论意义

中国西藏民主改革的完成,在理论上也有重大意义。这主要表现在:

### 1. 丰富和发展了马克思列宁主义关于土地问题的理论

无产阶级夺取政权后,如何解决土地问题,是一个重大的理论问题和实际问题。恩格斯指出:"农业工人,也只有当首先把作为他们主要劳动对象的土地从大农民和更大的封建主私人占有中夺取过来,而变作由农业工人的合作团体集体耕种的社会财产时,他们才能摆脱可怕的贫困"。中国共产党和毛泽东同志以马克思列宁主义关于土地问题的这些基本思想为依据,结合中国西藏的实际情况,提出将参加叛乱的三大领主的土地没收过来,将未参加叛乱的农奴主的土地由国家出钱赎买过来,然后分给贫苦农奴、奴隶(朗生)和其他劳动群众,然后在农业的社会主义改造过程中逐步解决土地国有化问题的新理论,从而也就丰富和发展了马克思列宁主义关于土地问题的理论。

### 2. 丰富和发展了马克思列宁主义关于社会改革的理论

无产阶级夺取政权后,要过渡到社会主义,就必须进行民主改革,民主改革是中国各民族过渡到社会主义的必由之路。但是各个民族在民主改革的方式步骤和速度上,将会有自己的特点,因而在民主改革中必须从各个民族地区的实际情况出发。中国共产党和毛泽东同志在领导西藏的民主改革中正是这样做的。中国共产党和毛泽东同志依据了马克思列宁主义的思想,也考虑了列宁在世时俄国社会改革的经验教训,结合西藏的具体情况,不仅把赎买政策成功地用于民族资产阶级,把民族资本主义经济的生产资料私有制改变成了社会主义的生产资料公有制,而且成功地把赎买政策用于西藏没有参加叛乱的农奴主阶级,将农奴主阶级的生产资料占有制改变为农民的个体所有制。同时还提出了在西藏的和平改革中也必须同时准备革命的和平发展与非和平发展的两种可能性的理论以及和平改革的实质、步骤和形式的理论等,所有这些都是对马克思列宁主义关于无产阶级取得政权以后进行社会改革理论的创造性的运用和发展。

由此可见,中国西藏民主改革的完成,不仅在政治上和经济上有着极其重大的意义,而且在理论上还丰富和发展了马克思列宁主义关于土地问题的理论和社会改革的理论,从而给马克思列宁主义的宝库增添了新的内容。

## 第三节　打击"东突"恐怖组织,维护新疆稳定

美国9·11事件之后,随着美国对国际恐怖主义公开宣战,困扰中国多年的"东突"恐怖主义活动问题终于被提到了世界反恐的议事日程上。继2002年1月22日中华人民共和国国务院新闻办公室发表《"东突"恐怖势力罪责难逃》一文之后,公安部于2003年12月16日正式宣布将"东突厥斯坦伊斯兰运动"等4个组织认定为恐怖组织,将艾山·买合苏木等11人认定为恐怖分子。"东突"问题被公开后,人们对"东突"问题及"东突"恐怖主义的实质有了一个比较清晰的认识。"东突"恐怖势力从事分裂活动几十年,20世纪90年代分裂活动又有了扩大的趋势。毫无疑问,其分裂活动给新疆乃至全国的政治、经济、安全、文化等事业的发展带来了严重的负面影响,对中国改革、开放、发展、稳定的大局构成了严重威胁。

**知识问答**

问:何为恐怖主义?

答:恐怖主义是实施者对非武装人员有组织地使用暴力或以暴力相威胁,通过将一定的对象置于恐怖之中,来达到某种政治目的的行为。国际社会中某些组织或个人采取绑架、暗杀、爆炸、空中劫持、扣押人质等恐怖手段,企求实现其政治目标或某项具体要求的主张和行动。恐怖主义事件主要是由极左翼和极右翼的恐怖主义团体,以及极端的民族主义、种族主义的组织和派别所组织策划的。

### 一、"东突"问题的由来及发展演变

(一)"东突"问题的由来

**1. 突厥**

突厥是中国古代历史上居住在新疆境内的一个民族。据《周书·突厥传》记载,突厥是匈奴族的别种,秦汉时期居住在今西伯利亚叶尼塞河上游。匈奴灭亡后,南迁至高昌附近的北山(今博格达山)。公元5世纪中叶,中国另一个民族柔然攻占高昌,于是突厥沦为柔然的种族奴隶,被迁到金山(今阿尔泰山)南麓,世代给柔然当锻奴(工于锻铁的奴隶)。金山形状像古代战盔"兜鍪",兜鍪当时又俗称"突厥",所以该民族便因山得名,称为突厥。

**2. 突厥斯坦**

"斯坦"源于波斯语,意为"某某人的居地","突厥斯坦"意思是"突厥人的地域",最初是

中亚伊朗——塔吉克人对与自己语言完全不同的北方邻人居地的泛称。10世纪时,欧洲地理学家开始使用这个名词,并将其范围扩大——俄国的中亚部分成了"西突厥斯坦",而中国的新疆(主要是南疆)被称为"东突厥斯坦"。新疆从汉代起,被称为"西域",即"西部疆域"之意,清朝乾隆皇帝时改名为"新疆",取"故土新归"之意。

沙俄在19世纪征服中亚后,曾在其新领地建立"突厥斯坦总督府",十月革命胜利之初,也在辖区内建立"突厥斯坦共和国"。但苏联当局很快认识到这一名称并不合适,因为居住在中亚的民族,并不全部属于操突厥语民族。1924年进行民族划分以后,突厥斯坦这个地名开始为另一地名"中亚"所替代。

### 3."东突"

"东突"势力在新疆滋生,源于境外泛伊斯兰主义和泛突厥主义两种思潮的渗透。

泛伊斯兰主义产生于19世纪六七十年代,其创始人是阿富汗人哲马鲁丁。他主张全世界所有信仰伊斯兰教的人们在共同的历史文化传统和共同的利益要求下联合起来,建立一个由"哈里发"领导的统一的伊斯兰大帝国,以反抗西方殖民主义的统治,争取和维护民族独立。

"两泛主义"由于有共同的目的,所以从一开始就紧紧地交织在一起,成为伊斯兰世界和穆斯林民族中最具影响的政治和社会思潮。威胁中国新疆的"东突厥斯坦独立论"就是"双泛主义"直接产物。"东突"是"东突厥斯坦"的简称,而"东突厥斯坦"是19世纪的俄国人为区别中亚地理上"西突厥斯坦"概念而提出的一个虚无的地理概念。20世纪初期,新疆分裂主义分子冒用这个虚无的地理概念搞分裂,于是便形成了"'东突'分裂势力"。"东突"恐怖势力是"东突"分裂势力的变种,是集民族极端、宗教极端、暴力恐怖于一身的邪恶势力。

### 4."东突"问题的由来

新疆是中国少数民族聚居的边疆地区,面积占国土的1/6,战略地位十分重要,历来是帝国主义和霸权主义觊觎之地。居住在这里的少数民族中,维吾尔、哈萨克、吉尔吉斯、乌兹别克、撒拉、塔塔尔6个民族都操突厥语,而且大都信奉伊斯兰教。据统计,这6个民族的总人口约占世界突厥语系总人口的1/5。正因为有这样的土壤,中亚和西亚地区的"双泛主义"对它的影响就十分明显。

1933年1月,穆罕默德·伊敏建立"和田伊斯兰教国"。11月,他又伙同泛突厥主义分子沙比提大毛拉等人在英国的支持下,在喀什建立了"东突厥斯坦独立伊斯兰共和国"。但这个傀儡政权得不到人民的支持。1934年2月,甘肃回族军阀马仲英部将攻占了喀什,"东突厥斯坦独立伊斯兰共和国"宣告灭亡。该"共和国"虽然仅仅存在三个月,却是"东突厥斯坦独立运动"之始,新疆民族分裂主义分子一直承袭至今。

抗日战争末期,伊犁、塔城和阿尔泰三个地区爆发了武装反抗国民党反动统治的斗争。这场斗争,主要是维吾尔族和哈萨克族等少数民族农牧民在一批受中国共产党和苏联影响的先进分子领导下进行的,各地起义军很快全歼了据守在当地的国民党军残部。为了对付阿合买提江等进步人士,国民党政府起用了大突厥主义分子麦斯武德,让其出任新疆省政府主席。麦斯武德掌握大权后,泛突厥主义分子更加有恃无恐,他们公开著书立说,歪曲历史,分裂祖国。这样一来,泛突厥主义成为新疆的分裂思潮。

(二)"东突"问题的发展演变

新中国成立后,"东突"势力仍在发展。以20世纪90年代初冷战结束为标志,大体将"东突"势力在中国的发展分为两个阶段。

20世纪50至90年代为第一阶段。这个阶段主要表现为国内外反动势力互相勾结,制造事端,图谋分裂新生的中华人民共和国。在这一阶段中,"东突"势力时而嚣张,时而沉寂,先后在新疆策划了一系列反革命暴乱和武装叛乱,并逐渐体现出极端宗教化的特征。

1949年9月下旬,新疆和平解放。新中国成立后,中国共产党推行正确的民族政策,缓和了新疆地区的民族矛盾,各族人民和睦相处,"双泛主义"在相当长时期基本上销声匿迹。但国内外反动势力并不甘心他们的失败,千方百计捣乱破坏,企图死灰复燃。

20世纪六七十年代,中苏关系恶化,国际反动势力利用三年自然灾害,加紧对新疆的颠覆和渗透。20世纪80年代初期以来,随着中国改革开放的扩大以及对外交流的增加,"泛突厥主义"分子认为有机可乘,纷纷潜回新疆,主要是借机组织游行,制造骚乱,体现出极端的宗教化倾向。

20世纪90年代至今为第二阶段。在此期间,国际形势发生了巨大变化,"东突"势力在中国的发展也进入了一个新阶段。在这个阶段,国内外"双泛主义"分子相互勾结,打着"人权""民主"和"民族自决"的旗号,蛊惑人心,利用民族宗教问题做文章。他们组建反革命集团,大肆歪曲历史,为分裂制造舆论,并猖狂进行爆炸、抢劫、杀人等暴力恐怖活动,"东突"明显地恐怖主义化。

1991年苏联解体后,国际政治格局发生了巨大变化。在这种巨大变化面前,"泛突"运动活跃分子认为苏联的瓦解使新疆从中国分裂出来有了更大可能性。

"东突"势力日益嚣张起来,叫嚣要"争取民族自决权","建立单一民族的国家"。他们从20世纪70年代末开始就秘密制定了所谓的"十年宣传发动,十年游击战争,十年正规战争"的"新疆独立三步战略"。外交部新闻发言人朱邦造和新疆维吾尔自治区政府曾在2001年11、12月间相继向新闻界披露了10多起案例,如:1990年巴仁乡"4·5"事件、1992年乌市"2·5"公交汽车爆炸案、1993年喀什"6·17"农机公司大楼爆炸案、1996年库车"4·29"爆炸杀人案、1997年伊宁"2·5"骚乱事件、1997年乌市"2·25"公共汽车爆炸案、2009年乌鲁木齐"7·5"打砸抢烧严重暴力犯罪事件、2011年7月31日,新疆喀什市发生爆炸事件等等。这些罪恶事件都是"东突"分子以伊斯兰教为旗帜,以所谓"圣战"为动员令,在"杀汉""杀奸"的口号下发动起来的,是打着宗教旗帜的恐怖主义。

可见,"东突"已成为彻头彻尾的恐怖主义,已成为当今国际恐怖主义的一部分,必须予以坚决打击。

## 二、"东突"对国家利益的威胁与破坏

国家利益包括国家的政治利益、安全利益、经济利益和文化利益四大类。"东突"恐怖势力作为同时存在于国际和国内政治生活中的邪恶势力,其民族分裂和暴力恐怖活动对国际社会和中国的政治利益、安全利益、经济利益和文化利益都构成了严重的威胁和破坏。

(一)对国家政治利益的威胁与破坏

中国是发展中国家,同时又是亚太地缘政治格局中具有影响力的国家。而受境内外"东突"恐怖势力威胁最严重的是中国的国家主权、社会稳定和新疆各族人民的人权。

**1. 威胁国家主权**

国家主权是一个国家独立自主处理对内对外一切事务而不受他国干涉的权力,它包括国家对内的管辖权、对外的独立权与平等权以及防止外来侵略的自卫权。"东突"恐怖势力鼓吹"民族自决",搞"人权"攻势,威胁国家对内的管辖权和对外的独立权。

"民族自决权"发源于近代西欧资产阶级革命,第一次世界大战前后,在俄国马克思主义者中争辩最多、最激烈的是"民族自决权"问题。第二次世界大战以后成为世界各国普遍接受的国际法原则。从历史上看,民族自决原则从提出到发展成为国际法的一项基本原则,一直是与非殖民运动紧密联系在一起的,其实质主要是支持殖民地国家和人民包括那些非自治领土和托管领土国家的人民获得政治、经济和文化上的独立权。"东突"恐怖势力要搞民族自决权,而且直言民族自决就是要"新疆独立",成立"东突厥斯坦共和国",这首先是对国际法倡导的民族自决原则的滥用;其次是对中国政府对内管辖权的直接威胁和破坏。

"东突"恐怖势力在国际舞台搞"人权"攻势,夸大其词甚至无中生有地诋毁中国实行的民族区域自治和计划生育等政策,污蔑中国政府压制、侵犯维吾尔族人的人权。这是他们为达到民族分裂的目的而采用的一种卑鄙的政治手段。因为以美国为首的西方国家惯于搞"人权"外交,借关心别国人权之名,行干涉别国内政、侵犯别国主权之实,他们打着"人权高于主权"的旗号,奉行"新干涉主义"政策。

"东突"恐怖势力关于新疆"人权"问题的鼓噪为美国等西方反华势力干涉中国内政提供了借口。1999年,美国政府发表《中国人权报告》,首次公开指责中国在新疆执行的民族政策。"国际大赦组织"紧跟美国,也抛出《中华人民共和国粗暴践踏新疆维吾尔自治区人权》的报告,利用"东突"分子提供的材料谴责中国的人权状况。

美国等西方反华势力对中国新疆人权事业的干涉、指责,粗暴侵犯了中国作为一个主权国家对外的独立权;他们对"东突"恐怖势力的纵容、支持,严重影响了中国政府在新疆维吾尔自治区行使对内的管辖权。这种侵犯中国主权的行径固然暴露了美国等西方反华势力牵制、遏制甚至肢解中国的野心,但归根结底,始作俑者还是"东突"恐怖势力,因此,"东突"恐怖势力是威胁中国国家主权的元凶。

**2. 威胁民族社会的稳定**

社会稳定主要是指社会发展处于一种有序、协调、均衡或者平衡的状态。民族社会稳定的特征和标志主要包括政治稳定、经济稳定和文化稳定等几个方面。没有稳定的环境,什么都搞不成,已经取得的成果也会失掉。近年来,得益于正确的政策引导,中国的社会稳定总体上处于良性运行状态,但由于新旧两种体制的摩擦和冲突,新旧两种社会结构的交替以及新旧两种观念的碰撞,产生社会不稳定的因素在明显增加,特别是新疆地区,由于"东突"恐怖势力的分裂活动,破坏了新疆各民族间良好的民族关系,使新疆社会稳定的形势增加了许多不确定的因素。

"东突"恐怖势力在中国改革开放,特别是社会转型的大背景下从事民族分裂和暴力恐怖活动,给新疆社会稳定造成的危害就更加突出。首先,他们挑动穆斯林群众不承认共产党领导下的新疆地方政府及其制定的各项法律法规,不服从政府的管理,并且组织反动政党,建立非法据点,煽动组织叛乱、暴乱,严重危害了新疆社会的政治稳定、经济稳定和社会秩序的稳定。竭力向穆斯林群众灌输"东突"分裂思想,并且利用穆斯林群众对宗教的虔诚,煽动宗教狂热情绪,挑动民族仇恨,严重扰乱了维吾尔族群众的思想,破坏了民族地区各民族群众稳定的心态。

"东突"恐怖势力长期在新疆进行分裂宣传和暴力恐怖活动,严重破坏了新疆的社会稳定、民族团结,阻碍了新疆政治、经济、文化教育等各项事业的健康发展,迟滞了新疆改革开放和全面建设小康社会的步伐,进而给新疆乃至全国的社会稳定和发展带来了无法估量的损失。

**3. 威胁新疆各族人民的人权**

人权包含生存权、发展权、公民政治权和社会权四个方面的内容,其中生存权和发展权是首要的人权。生存权是人们享受其他权利的前提和基础,只有在人及其生命安全不受非法剥夺和非法侵害的情况下,人们才可能享受其他权利;发展权是保证人们享有的权利不断扩展的基本条件,只有社会的政治、经济、文化以及个人的个性、潜质不断发展,人们享有的权利才会不断扩展。

"东突"恐怖势力多年来在国际舞台上大搞"人权"攻势,污蔑中国政府侵犯维吾尔族人民的人权,妄图通过舆论制造声势,达到其不可告人的目的。然而无可争辩的大量事实表明,他们才是一伙穷凶极恶的粗暴、残忍地侵害,甚至剥夺新疆各族人民人权的罪魁祸首。首先,涉足暴力恐怖,搞爆炸、暗杀、投毒纵火直接剥夺各族人民的生命权。其次,鼓吹暴力,制造恐怖气氛,威胁人们的生命安全不受非法侵害的权利。在"东突"恐怖势力活动最猖獗的时期,新疆各族人民丧失了起码的生存安全感,长期生活在对死亡的恐惧中,身心受到了极度的摧残,生活质量大为下降。第三,危害社会稳定,破坏新疆政治、经济、文化教育事业的发展,危害了人们的发展权。

(二)对国家安全利益的威胁与破坏

安全利益是国家利益的基础,一切其他国家利益都建立在国家的安全利益之上。"东突"恐怖势力对国家安全利益的威胁主要表现在两方面,其一是威胁国家统一和领土完整,其二是威胁中国周边环境的稳定与安宁。

**1. 威胁国家统一和领土完整**

"东突"恐怖势力本质上是一股民族分裂势力,分裂中国、谋求"新疆独立"既是其一切活动的邪恶轴心,也是其恐怖活动的最终目的,从这个角度来说,"东突"恐怖势力的一切活动都是对中国国家统一和领土完整的威胁和破坏。对于这种威胁和破坏,从两个方面来分析:

第一,"东突"恐怖势力近年来主要进行了两个方面的活动:一是促成境外分裂组织的大联合,共同打造分裂声势,推动新疆问题国际化,以便争取以美国为首的西方反华势力的支持。20世纪90年代,境外"东突"分裂组织多次在土耳其、中亚等地召开联合会,整合分裂组织,统一分裂立场,协调分裂行动。二是加强在新疆境内的分裂宣传力度,以"争取民心"。"东突"恐怖势力利用改革开放以来国内宽松的政治环境,以传教作掩护,以非法书刊、音像制品、传单书信、大众传播媒介等为载体,通过组织演出公司、演出队等形式,向广大的新疆维吾尔族群众兜售"双泛"思想和民族分裂思想,煽动穆斯林与政府作对,培养分裂情绪。值得警惕的是,他们已将争取的目标指向了大中专,甚至中小学校的学生。

第二,"东突"恐怖势力在境内外设立了多处训练基地,征召、训练分裂分子,通过各种途径购置并向境内偷运武器、弹药,组织、发动暴乱叛乱;利用宗教狂热分子发动"圣战",搞爆炸、暗杀、投毒纵火,滥杀无辜,制造恐怖气氛;实施"拆桥"行动,恐吓爱党爱国的少数民族干部、群众和宗教人士。如果说"东突"恐怖势力所具有的分裂国家的武装实力及其所实施的暴力恐怖活动在强大的人民政权和无坚不摧的人民军队面前尚属微不足道的话,那么,"东突"恐怖势力武装分裂活动本身已经严重地威胁到了中国的国家统一和领土完整。

**2. 威胁新疆周边的稳定与安全**

维护周边国家的稳定与安全是中国安全利益的重要方面。从地缘环境的角度讲,周边环境是一国最重要的外部环境,由于地理因素和同源跨国界民族问题,周边国家和地区的任何变化都会直接影响到中国新疆地区的稳定。中国是世界上地缘环境最复杂的国家,毗邻的国家众多,且政治、经济情况各异,特别是在西线,与中国新疆接壤的都是多民族、多宗教的国家。这些国家错综复杂的民族宗教问题和近年来泛滥成灾的"双泛"主义、"三股势力",不仅严重影响了中国社会政治、经济的稳定,也给中国新疆的稳定和安全造成了极大的负面影响,因此,维护和保持中国新疆周边地区非传统安全就成了中国安全利益的重要方面。

问:何为"三股势力"?

答:2001年6月15日,上合组织签署《打击恐怖主义、分裂主义和极端主义上海公约》,首次对恐怖主义、分裂主义和极端主义做了明确定义。"三股势力"是指暴力恐怖势力(如拉登就是恐怖主义组织头目)、民族分裂势力(如俄罗斯车臣非法武装组织)、宗教极端势力(如乌兹别克斯坦的伊斯兰运动组织)。

"东突"恐怖势力的许多组织盘踞在中亚的哈萨克斯坦、吉尔吉斯斯坦等国,在以美国为首的国际反华势力的支持下,组织政党化、活动暴力化趋势不断发展。为了壮大分裂声势,他们不仅搞"东突"组织之间的联合,而且与中亚的泛突厥主义和泛伊斯兰主义组织和政党联合,相互同情,相互支持。他们以中亚为基地培训分裂骨干、训练恐怖分子;因为中亚国家稳定与否,直接关系到中国的新疆稳定,而我们实施西部大开发战略、全面建设小康社会、实现中华民族的伟大复兴,需要一个良好的内外部环境。尽管有的中亚国家对活跃在其境内的"东突"恐怖势力视若无睹,任其发展,甚至为了利用这股势力牵制中国而曾经给予他们或明或暗的支持,但这些国家迟早会发现,"东突"恐怖势力不仅是威胁中国安全的祸根,同样也是威胁中亚地区稳定与安全的危险源。

### (三)对国家经济利益的威胁与破坏

国家经济利益是最基本的国家利益,它涵盖的范围虽然很广,但最终目标都指向国富民强的实现和人民生活水平的提高。"东突"分裂势力在中国境内外作乱几十年,特别是20世纪90年代以来,他们逐步蜕变成恐怖势力,频繁制造暴力恐怖事件,给国家造成了巨大的人员伤亡和财产损失。毫无疑问,这股恶势力的横行对国家的经济利益构成了威胁。

**1. 直接的威胁与破坏**

(1)通过各种非法渠道大量敛财,直接威胁国家经济利益。从事分裂宣传,培训武装人员,购买武器弹药,实施恐怖活动都需要金钱做后盾,为了筹集必需的活动经费,除了收取赞助之外,"东突"恐怖势力主要通过非法渠道敛财,绑架、抢劫、走私、生产和贩卖毒品是其主要敛财方式。根据调查,在"东突"势力的恐怖活动经费中,超过20%的部分是通过贩毒所得,这包括直接向内地输毒和过境贩毒。另据报道,"美国9·11事件"之前,"东突"80%的资金来源为基地等境外恐怖组织的赞助,"美国9·11事件"之后,贩毒及其他犯罪活动所募集的资金由原来只占20%,猛增到现在的一半以上,其中贩毒所得是大头。

(2)暴力恐怖活动造成大量人员伤亡,使社会人力资源遭受严重损失。例如,2009年7月5日,据新疆维吾尔自治区人民政府介绍,乌鲁木齐"7·5"打砸抢烧严重暴力犯罪事件中,暴力恐怖分子砸烧公交车、小卧车、越野车、货车、警车等共计627辆,其中184辆车被严重烧毁。截至12日,乌鲁木齐"7·5"事件共导致633户房屋受损,总面积达21 353平方米,其中受损店面291家,被烧毁的房屋29户、13 769平方米。在医院救治的939人中,重伤216人,病危74人。自治区人民政府表示,在这起事件中死亡184人。2011年至2014年,恐怖分子制造多起事件,造成多人死亡与受伤,尤其是2014年3月1日21时许在中华人民共和国云南省昆明市昆明火车站发生的一起砍杀事件,事件造成29人死亡,143人受伤,其中重伤73人,轻伤70人。

(3)暴力恐怖活动造成物资财产损失。根据前文所述,由于"东突"恐怖活动,造成新疆各民族群众、基层干部、宗教人士等多人伤亡。"东突"恐怖分子扬言"要将乌鲁木齐变成一片火海,要造成几百万、几千万、几亿元的损失"。

### 2. 间接的威胁与破坏

(1)危害社会稳定,阻碍甚至破坏经济发展。历史的经验已经反复证明,社会稳定、人民安居乐业是经济发展的前提,反过来说,没有稳定的社会秩序、安定团结的政治局面,不仅经济的增长无法得到保障,甚至可能导致经济的下滑。"东突"恐怖势力多年来肆无忌惮地进行民族分裂和暴力恐怖活动使国家重大的投资和建设项目受到严重影响。虽然近年来新疆维吾尔自治区的经济有了很大的发展,但这是在克服了"东突"恐怖势力带来的危害的情况下取得的,如果没有"东突"恐怖势力的破坏,新疆地方经济的发展会更加出色。所以,"东突"恐怖势力对国家经济利益的间接威胁是十分严重的。

(2)使国家徒增大量的人、财、物力的消耗。为了防范、遏制并最终消灭"东突"恐怖势力的威胁,消除这一邪恶势力给国家政治、安全、经济、外交、文化生活和新疆各族人民身心健康带来的恶劣影响,多年来,国家付出了大量的人力、物力和财力,而这完全是额外的负担。

### (四)对国家文化利益的威胁与破坏

文化是一个民族和国家生存与发展所必需的精神营养和心理支撑,是人们确立民族认同和国家认同的主要参照系。维护这种价值观、宗教观和国家观是中国最重要的文化利益,因为只有中国各族人民认同这种价值观、宗教观和国家观,中国才会有强大的凝聚力,才能有效地维护国家统一、民族团结,促进各项事业的发展。"东突"民族分裂主义、宗教极端主义和暴力恐怖主义的肆虐横行,给中国的文化利益带来了严重的威胁和冲击,其表现是:

### 1. 反对分裂、维护中华民族团结统一的观念受到分裂思想的腐蚀

反对分裂、维护中华民族团结统一的国家观形成的前提是树立对中国的国家认同观念。国家认同是公民个人对自己与某一国家的公民社会之间的所属关系的意识,其实质是公民个

人在认同于一个国家宪政制度的基础上效忠于这个国家,而国家则履行其保护公民的生命、安全和基本权利的使命。20世纪90年代以来,随着"泛突厥主义"和"泛伊斯兰主义"在中亚的复活以及"东突"分裂势力向恐怖势力的蜕变,使得"东突"分裂的宣传活动变得更加猖狂起来。在个别地方的维吾尔族群众中,反对民族分裂,坚持国家统一的信念正在淡化、消失,坚持民族分裂、坚持新疆独立的思想逐渐出现,"民族情绪趋向政治化,并开始向民族整体分离意识转向"。

2. 中国传统文化的价值观、宗教观面临极端宗教文化的侵蚀

中国自古就是礼仪之邦,中华民族历来崇尚道德、仁义,以德服人、以仁爱之心爱人被视为最高的价值目标;以"崇德重仁""和为贵""和而不同"的观念成为最普遍的生活准则。在这种价值观的引导下,1949年之后,各民族从矛盾、冲突、战争走向和解、和平、和睦,融合在中华民族的整体之中;各种宗教相互容忍、协调,实现共存,共同致力于对人的道德教育。可以说,"宽和共容、诸教并存"不仅是中华民族共同的宗教观,也是中国宗教自身发展史的真实写照。

"东突"恐怖势力打着宗教的旗号鼓吹"圣战",叫嚣"为安拉而圣战一次,胜过做60年乃玛孜(祈祷)","任何不参加圣战和心无圣战的人都要像败类一样地死去"。中国传统文化秉承的兼容并包、宽容忍让的态度是世界各大宗教在中国和睦并存的前提。事实上,"东突"的"圣战"、暴力恐怖不仅危害民族团结、和睦,危害新疆社会的稳定,毒害穆斯林群众的心灵,而且破坏维吾尔等民族历史上形成的共创中华的优良文化传统,威胁中国传统文化"崇德重仁"的价值观和中国各民族人民"宽和共容"的宗教观在新疆民族社会的主导地位。

## 三、遏制"东突"的对策与建议

(一)立足国内,关键做好新疆的发展与稳定工作

稳定压倒一切,是邓小平发展战略的一项极为重要的原则。1996年中央七号文件关于新疆稳定的一系列重要指示和论断至今仍没有过时。只是作为影响新疆社会稳定主要危险的民族分裂主义采用了暴力恐怖的手段而成为"东突"恐怖主义,它在当前尤为引人注目。要做好新疆的工作,稳定是第一位的。没有社会的稳定,就没有经济的发展,更没有人民生活水平的提高,有中国特色的社会主义的改革也是不成功的。但没有发展,就没有长期持久的稳定,要保持新疆的长治久安,必须把发展这个我们党执政兴国的第一要务抓紧做好。

由于历史原因,中国少数民族地区经济文化发展相对落后,而在当前深化改革开放,建立和完善社会主义市场经济体制,实施经济结构战略性调整的形势下,这一问题显得更加突出。因此,以经济建设为中心,加快西部少数民族地区的经济发展和社会进步,提高少数民族的生活水平,逐步实现各民族的共同发展和繁荣,努力增强中华民族大家庭的凝聚力和向心力,是

维护祖国统一和社会稳定的根本保障,也是最终制止民族分裂的必要条件。

总体来看,新疆具有重要的战略意义。维护祖国统一,加强民族团结,保持社会稳定,是改革开放和建设有中国特色的社会主义的基本前提。这不仅关系到新疆经济、社会的发展,也关系到全国改革开放和现代化建设的大局。要做好新疆的工作,就是要落实民族团结政策和宗教信仰自由政策,搞好新疆的经济建设,提高新疆人民的物质生活和精神生活水平。

### (二)重视意识形态领域内"反恐"斗争的长期性

改革开放后,一些人忽略了思想意识形态领域的斗争,放松了对民族分裂主义和宗教问题的警惕。苏联克格勃主席克雷奇科夫曾指出:苏联从解体的悲剧中吸取的教训首先是各民族之间的友谊遭到破坏。国际主义被最坏不过的民族主义所替代。这种民族主义有多种表现形式,其中最恶劣、最危险的莫过于分裂主义。中国是多民族国家,新疆又是多民族地区,少数民族地区的稳定发展与否,是国家稳定的重要环节。

在新的国际形势下,面对当前国际社会打击恐怖主义的强烈呼声,"东突"恐怖势力为了保存实力,势必调整战略,采取多变的应对方式,加强在意识形态领域争夺阵地,文武并用,以适应变局,伺机再起。这种态势比公开的恐怖活动危害更大。我们应充分认识到,"东突"恐怖势力作为国际恐怖主义的组成部分,其跨越国界与其他地区和国家恐怖主义组织"聚横连纵"的协作性,其活动形式和采用手段处于不断变化中的动态性,以及破坏有关国家稳定安全,危及人民生命财产的伤害性,加上执迷不悟的顽固性,都意味着这股势力不会轻易退出历史舞台。我们与"东突"恐怖势力之间的分裂与反分裂、恐怖与反恐怖的斗争还将是长期的,而且更加尖锐复杂。因此,一定要做好意识形态领域内反分裂斗争长期性的准备。

### (三)把握好"反恐"与处理民族、宗教问题之间的度,不能将二者混为一谈

中国长期以来饱受"东突"恐怖势力的危害,为了保护各民族人民的生命财产安全和共同利益,保持中国新疆及周边的稳定,维护国家统一、社会稳定和现代化建设的顺利进行,中国对"东突"恐怖势力所从事的暴力恐怖活动依法坚决予以打击并得到了全体中国人民,包括新疆各民族人民,也包括广大信仰伊斯兰教人民的支持。但不能把对"东突"的打击同中国对少数民族的政策混为一谈。

中国对少数民族的政策非常明确,无论从宪法、法律上讲,还是从实际行动讲,都确保了少数民族的各项权益。中国实行民族区域自治,在新疆也是如此。国家采取了一系列优惠政策来促进新疆各民族经济、社会和文化的发展,并取得了巨大成就。恐怖主义属于极少数极端邪恶势力,绝不代表任何民族,他们的行为绝不是宗教行为,所以不能将恐怖主义与特定的民族或宗教混为一谈。

### (四)标本兼治,铲除霸权主义,加强法制建设,建立新的安全观

鉴于"东突"问题的复杂性,解决它必须标本兼治,努力铲除其根源。当前国际安全形势正在发生深刻变化,安全的内涵不断扩大。由领土、资源、民族矛盾等因素引发的军事对抗与冲突尚未消除,以恐怖主义为代表的各种非传统安全问题又日渐突出,安全问题不再是单纯的军事问题,已经涉及政治、经济、金融、科技、文化等诸多领域。各国的共同安全利益上升,相互依存加深。

虽说和平与发展是当今世界的主题,但世界并不安宁,南北差距也未缩小,两极分化正在逐渐拉大,这一切源于霸权主义和强权政治的存在。"反恐"是一场国际运动,必须在《联合国宪章》和《国际法》主导的框架内进行。国际社会应公正对待有关当事国,在平等互利和对话基础上,通过协商和谈判的方式解决反恐难题,推动国际社会共同担负起清除恐怖主义的责任。新国际安全观的树立需要美国放弃单边主义做法,发展多边主义的安全观,扮演公正的角色。中国提倡树立以互信、互利、平等、协作为核心的国际安全观,其宗旨是通过对话增进相互信任,通过合作促进共同安全。中国呼吁国际社会就此达成共识,积极开展对话与合作,共同解决当前的重大安全问题。

中国对"东突"恐怖分子的打击和制裁要在国家宪法和法律的范围内进行,加强法制建设,做到有法可依,有法必依,执法必严,违法必究,不给恐怖分子以任何可乘之机。在"反恐"斗争中,要特别注意贯彻落实好党的民族政策和宗教政策,要把贯彻落实党的民族和宗教政策当作我们党代表人民群众根本利益、保持社会稳定和国家长治久安的大事抓细做好。

### (五)加强与国际"反恐"组织的合作,坚决反对在打击恐怖主义上的双重标准

美国9·11事件发生之前,中国就已经积极参与世界"反恐"合作,且合作内容相当广泛,如情报信息的交流、案件线索的互相协作调查、取证、缉捕和遣返恐怖分子,还包括培训、互派联络官,甚至举行联合的反恐演习等,并取得了一定的成效。2002年6月7日,中国与俄罗斯等国签署《上海合作组织成员国关于地区反恐怖机构的协定》,这为各方启动安全领域实质性的合作提供了法律依据,为更加坚决有力地打击恐怖主义、分裂主义和极端主义三股势力提供了有效手段。为了更好地打击"东突"恐怖势力和其他恐怖犯罪活动,中国还加强与南亚、东南亚、东盟、欧盟、中东等国家的反恐合作。所有这些,都反映了中国支持国际"反恐"斗争的积极态度和坚强决心。

在打击恐怖主义问题上中国坚决反对实行双重标准。2002年2月2日,中国外交部发言人就中国的反恐政策指出:中国反对一切形式的恐怖主义。中国也是恐怖主义的受害者。从各国人民的共同利益和国际社会的共同安全出发,无论恐怖主义以何种方式出现在何时、何地,针对何人,国际社会都应该采取一致立场,坚决打击,不能搞双重标准。2014年5月11

日,一个号称"突厥斯坦伊斯兰党"(TIP)的东突组织发布一段10分钟长的视频,宣称对4月30日的乌鲁木齐火车南站爆炸案负责。此次暴恐组织"认领"乌鲁木齐火车站爆炸案,意味着我们的防暴工作需要进一步加强,打击要更加坚定,反恐技能也要升级。中国外交部发言人表示,该视频有待核实。有一些极端暴力恐怖组织千方百计内外勾连,企图在新疆或者中国其他地区制造暴恐事件,以达到破坏中国民族团结和社会稳定的目的。希望大家认清有关暴力恐怖组织的本质和意图,支持中国政府在打击暴力恐怖活动、维护社会稳定和秩序以及人民生命财产安全方面所做的努力。

(六)依靠人民群众的力量,提高防范意识,揭露"东突"恐怖主义的罪行

在西方发达国家,反恐主要依靠军警,然而在中国,采用"人民战争"的方式反恐应该是主导思想,也就是获得最广大人民群众的支持以打击恐怖势力。

"东突"恐怖势力把训练基地设在南疆偏僻的地方,不明真相的群众容易上当受骗。我们的工作必须深深扎根于各族人民群众之中。要和人民群众建立血肉相连的紧密关系,只有得到各族人民的有力支持,才能在工作中做到打击有重点,预防有目标。要在更广泛的范围内取得各族人民群众的支持,在全面防范的基础上,有重点、有把握地狠狠打击恐怖分子。不管他们怎样改头换面,都难以逃脱人民"反恐"战争的汪洋大海。

反恐斗争离不开人民群众,只有做好群众的工作,提高人民群众的"反恐"意识和"反恐"观念,才能使人民群众积极主动地协助专门的部门,参与"反恐"斗争,也只有这样,"反恐"工作才能有所作为。应该最大限度地团结和依靠各族人民,最大限度地打击极少数恐怖犯罪分子。对于事实清楚、证据确凿的恐怖分子,坚决依法打击;对于被蒙蔽和裹胁进去的,只要他们能认识清楚,改正错误,依然欢迎他们回到人民队伍中来;对于"东突"分子犯下的滔天罪行,应该无情揭露。以录音、录像、图片展、实物展的形式向人们展示,向社会公开。

### 本讲思考

1. 民族团结和社会稳定的含义。
2. 我国西藏地区民主改革的主要任务。
3. "东突"对中国国家利益的威胁与破坏。

### 思考题

1. 改革开放以来民族团结进步事业的成绩与经验是什么?
2. 西藏完成社会改革的政治、经济和理论意义是什么?
3. 遏制"东突"的对策与建议是什么?

# 第九章
## Chapter 9

## 努力实现祖国统一

> **要点提示**
> ◆ 新世纪两岸关系发展形势和特点
> ◆ 中国政府关于处理两岸关系的方针
> ◆ 中国处理台湾问题的立场和原则
> ◆ 香港"占中"问题的思考

> **开篇阅读**
>
> 和平与发展是当今世界的潮流,两岸关系和平发展契合两岸人民的利益和意愿。新世纪以来,两岸关系有了新发展,求和平、求稳定、求发展是广大台湾同胞的主流民意。团结广大台湾同胞,共同推进两岸关系和平发展的进程,推进国家和平统一进程,是现阶段大陆对台政策的主要目标。在"一国两制"的框架下,今天的香港繁荣发展,也只有"一国两制"才能给香港带来清晰的未来和广阔的发展前景。

## 第一节 新世纪两岸关系发展形势和特点

### 一、两岸关系发展的曲折阶段(2000 年至 2005 年 3 月)

(一)"台独"势力极端猖獗,海峡两岸关系进入曲折发展的阶段

进入新世纪以后,台湾政坛发生重大变动,主张"台独"的民进党上台。陈水扁"台独"的

本质在执政不久后就暴露出来,给两岸关系投下阴影。

**1. 利用"执政"地位,否定"九二共识",挑战"一中原则",鼓吹"一边一国"论**

2000年6月,陈水扁公开否认"九二共识",说"两岸从来没有就一个中国原则有过共识","所谓九二共识,是各说各话,是各自表述,所谓海峡两岸均坚持一个中国的原则是大陆单方面的解释,是大陆创造的东西"。7月,又将"九二共识"歪曲为"九二精神",即所谓"对话、交流、搁置争议"。是否坚持"九二共识"是检验是否坚持一个中国原则的试金石。以"九二精神"取代"九二共识"的实质就是要否定"九二共识",拒绝一个中国原则,进而阻挠海峡两岸之间的政治对话与谈判,无限期拖延台湾问题,伺机宣布台湾独立。在2001年10月的选举造势活动中,陈水扁大放厥词:"承认一中就是亡国","九二共识就是一国两制",谁认同一个中国、"九二共识"和接受"一国两制","谁就是出卖台湾"。

**2. 鼓吹"一边一国论"**

2002年8月,陈水扁借向台独组织"世界台湾同乡联合会"年会致辞之际,抛出了上任以来最为露骨的"台独"讲话,宣称:"台湾是我们的国家,我们的国家不能被欺负、被矮化、被边缘化及地方化,台湾不是别人的一部分;不是别人的地方政府、别人的一省,台湾也不能成为第二个香港、澳门,因为台湾是一个主权独立的国家,简言之,台湾跟对岸中国一边一国,要分清楚。"陈水扁的"一边一国论"是李登辉"两国论"的翻版,其目的就是否定"九二共识"和一个中国原则,极力推行"台独"路线。

**3. 利用"执政"搞所谓"公投",刻意推进"法理台独"**

所谓"法理台独"就是"台独"势力企图从法律上确定"台湾是主权独立国家",并否定"台湾和大陆同属一个中国"的行为。其主要手段包括"修宪""修法"或制订"新宪法"等,完成"台湾共和国"的法律层面的建构。陈水扁上台后打着"民主""台湾主体性""台湾主体意识"的幌子,加紧推行"公投立法""公投入宪""公投制宪"来寻求"法理台独"。

**4. 利用"执政"推行"文化台独",大肆鼓吹"去中国化"**

"文化台独"主要指台湾一部分妄想推行"台独"的人,以片面强调所谓文化"本土化"为号召,虚化中国文化在台湾文化中的地位,从而达到其实行政治"台独"、实质"台独"的目的。

**5. 利用"执政"在国际舞台制造"一边一国""一中一台"舆论,进行分裂活动**

民进党当局"执政"以来,在国际上不断进行分裂国家的活动,企图通过提升与美国、日本和欧盟等主要国家的实质关系,挤入国际组织,达到"实质独立"的目的。

**(二)中国共产党坚决反对分裂、反对"台独",推进两岸关系发展**

为了维护海峡两岸同胞的根本利益,维护国家主权和领土完整,中国共产党和中国政府始终毫不动摇地坚持一个中国原则,与"台独"分裂势力进行了坚决的斗争。

**1. 发表台湾问题白皮书以遏制"台独"**

2000年2月,国台办、新闻办联合发表了《一个中国的原则与台湾问题》白皮书,首次以文告的形式阐述了台湾问题的由来及现状,深刻阐明了中国政府的基本立场和方针政策,强调了"一个中国"原则,对遏制"台独"起到了相当大的作用,显示了中国共产党与中国政府主导两岸关系的能力。

**2. 发表重要声明警告"台独"分裂势力进行的分裂活动**

在2000年台湾大选结果公布当日,中台办、国台办就台湾地区产生新的领导人发表声明。陈水扁发表"5·20"就职演说的当天,中台办、国台办授权就当前两岸关系问题发表声明,明确表达了祖国大陆对陈水扁"新政府"主张的强烈不满与严正警告,为今后两岸关系发展提出了新的政策。2004年,针对陈水扁再次赢得台湾"大选"和岛内"台独"势力的猖獗,中台办、国台办发表"5·17"声明,并提出"五个决不",既威慑岛内的"台独"势力,又传递出积极信息,只要回归"一个中国"和"九二共识",大陆愿意达成共识共同抵制"台独"。

**3. 公开批评陈水扁、吕秀莲等人的"台独"分裂言论和行径**

针对陈水扁否定"九二共识"、鼓吹"一边一国"、企图利用"公投"进行分裂等不断挑战"一个中国"原则的言论和活动,中国政府和人民果断进行了坚决斗争,沉重打击了"台独"分裂势力的嚣张气焰。

**4. 对台政策做出重要调整**

2002年11月召开的中国共产党十六大,针对港澳回归后两岸关系发展的新形势,就解决台湾问题提出了一些新的对策。一是重申坚持"和平统一、一国两制"的基本方针和现阶段发展两岸关系、推进祖国和平统一进程的八项政治主张。二是对解决台湾问题释放了最大的诚意与善意,具体表现如下:在一个中国原则的基础上,暂时搁置某些政治争议,尽早恢复两岸对话和谈判;世界上只有一个中国,大陆和台湾同属一个中国,中国的主权和领土完整不容分割;在一个中国原则的基础上,什么问题都可以谈;解决台湾问题、实现中国的完全统一,寄希望于台湾人民;尽快实现"三通",开创两岸经济合作的新局面。三是提出了解决台湾问题的时间表,强调国家要统一、民族要复兴,台湾问题不能无限期拖延下去,不容许台湾当局长时期拖着不统。

**知识问答**

问:什么是"九二共识"?

"九二共识"是用于概括海峡两岸关系协会与海峡交流基金会在1992年香港会谈中就"一个中国"问题及其内涵进行讨论所形成之认识见解的名词。其核心内容与精神是"海峡两岸均坚持一个中国原则"。

## 二、两岸关系出现松动与局部突破阶段(2005年3月至2008年4月)

这一阶段的两岸关系,虽然处于严重对立状态,但是出现了某些松动的迹象,中国共产党准确把握岛内外形势,因势利导,最终使两岸关系出现局部突破,为两岸关系大发展奠定了坚实的基础。这一阶段两岸关系的特点是:

### (一)陈水扁在鼓吹"法理台独"的同时,疯狂挑战两岸关系,大搞"去中国化"

2004年3月,陈水扁利用枪击案的卑劣手段再度获得执政权,没有连任顾忌的陈水扁重新"执政"后变本加厉,极力推行"台独"路线。2005年6月台湾国民大会"复决"通过的所谓"宪法修正案",不但使"台独"分子"公投入宪"的主张得以实现,连早期的"废国大"目标也得以落实,导致"法理台独"与"去中国化"又向前迈进了一大步。2006年元旦,陈水扁发表了"民主台湾,生生不息"的祝词,字里行间充斥着"台湾主体意识""国家认同"等煽动性话语,表明其"台独"野心猖狂。随后,陈水扁抛出了三大诉求,包括考虑废除"国统会"及"国统纲领"、以台湾名称重新申请加入联合国、定稿台湾新"宪法"和举行"新宪公投",从而彰显台湾主体意识。2006年2月27日,陈水扁不顾岛内外各界的强力反对,宣布"终止国统会运作与国统纲领适用",欲为大搞"法理台独"扫清障碍。

### (二)台湾岛内出现了遏制"台独"势力的新动向,成为两岸关系新突破的助推力

虽然陈水扁与民进党千方百计地破坏两岸关系,但两岸各项交流仍以前所未有的速度继续向前迈进,岛内绝大多数民众的"主流民意"仍然是"求安定、求和平、求发展"。加上失掉地方执政权的国民党不断进行反思,在开除"台独"分子李登辉的同时,重新回到"九二共识"和一个中国的立场,坚决主张反对分裂、反对"台独"。这些因素有利于遏制"台独"势力的分裂活动,从而为两岸关系和平发展提供非常有利的条件。

### (三)中国共产党对台政策做出重大调整,为两岸关系大发展奠定了坚实的基础

基于台湾岛内的主流民意和出现的反"台独"倾向,中国共产党准确把握形势,及时对对台政策进行了重大调整。2005年3月,胡锦涛在党的十六大对台政策的基础上,创造性地提出了新形势下发展两岸关系的"四点意见",即坚持一个中国原则绝不动摇,争取和平统一的努力绝不放弃,贯彻寄希望于台湾人民的方针绝不改变,反对"台独"活动绝不妥协。

2005年3月全国人大高票通过《反分裂国家法》,对"台独"势力产生了巨大的威慑作用。《反分裂国家法》的制定,把关于解决台湾问题的大政方针法律化,表达了中国人民坚持和平统一的一贯立场和最大诚意,同时表明了坚决反对"台独"、捍卫国家主权和领土完整的共同

意志和决心。标志着中共对台政策进入了依法反"独"、以法制"独"的新阶段,为两岸关系和平发展提供了法律依据。

2005年4月,胡锦涛在与国民党主席连战会谈时,首次提出"两岸关系和平发展"的概念。2006年4月,又将和平发展概括为"两岸关系主题"。2007年,党的十七大报告正式呼吁结束两岸敌对状态,"达成和平协议,构建两岸关系和平发展框架,开创两岸关系和平发展新局面"。"牢牢把握两岸关系和平发展的主题",这是中国共产党在新的形势下发展两岸关系的新宣示。

(四)两岸党际交流新局面的开创带动了两岸关系新发展

中国共产党在启动《反分裂国家法》程序遏制"台独"的同时,也积极发出邀请,呼吁台湾坚持一个中国原则的各党派举行两岸和平谈判。在祖国大陆不断释放善意的感召和主动开辟沟通管道的行动下,两岸党际交流取得了重大突破。

2005年3月28日,时任中国国民党副主席江丙坤率团赴大陆进行了为期5天的访问,被称为两岸的"破冰之旅""缅怀之旅"。两党进行了多方面的对话,标志着海峡两岸"党对党"交流新方式的启动。其后,时任中国国民党主席连战于4月26日率团访问大陆,被称为"和平之旅"。同年5月5日亲民党主席宋楚瑜率团访问大陆,展开"搭桥之旅"。7月6日,新党主席郁慕明率团访问大陆,展开"民族之旅"。中共中央总书记胡锦涛与中国国民党主席连战在北京举行的历史性会谈,是国共两党时隔60年来最高层次的首次对话交流。"胡连会"的实现,是两党正视现实,抛弃历史恩怨,希冀通过正式交往,共同开创未来的务实选择。它既是国共关系史上新的里程碑,也是两岸关系史上的重大事件。

台湾"泛蓝"阵营三党先后访问大陆并取得积极成果,对两岸关系发展产生重大影响。两岸搭建了中国共产党与三党的定期沟通平台,为推进两岸关系构建了新的交流模式,从而扩大了两岸交流,并开启了两岸联手遏制"台独"的新时代,为开创两岸关系和平发展新局面奠定了基础。

问:什么是《反分裂国家法》?

《反分裂国家法》由中华人民共和国第十届全国人民代表大会第三次会议于2005年3月14日通过,自公布之日起施行。该法律的主要内容是鼓励两岸继续交流合作,但同时也首次明确提出了在三种情况下中国大陆可用"非和平手段"处理台湾问题的底线。

## 三、两岸关系进入和平发展阶段(2008年5月至2016年5月)

（一）国民党重新"执政"，推进了两岸两会交流重开，并打破两岸僵局，最终得以实现"三通"

2000年失掉台湾"执政权"的中国国民党，不甘心失败，痛定思痛，发起了再造运动，决定彻底摆脱李登辉"台独"路线的阴影，重新回到"一个中国""九二共识"的立场上来，进而夺回"执政权"。2008年5月，国民党重新"执政"，为国共两党进一步交流和两岸关系发展创造了更加有利的条件。在国共两党的共同努力下，两岸两会在2008年6月重新开启了商谈并形成制度化安排。同年12月，在海峡两岸的共同努力下，两岸"三通"终于得以基本实现。随着两岸交流的逐步深入与海峡两岸经济合作框架协议（ECFA）的成功签署，两岸关系开始进入了和平发展的轨道。

国民党大陆政策的积极转变和在台重新"执政"，为两岸关系的发展起到了关键的作用。国民党之所以转变其大陆政策：一是国共两党均坚持"一中"原则，反对"台独"。二是顺应民意，希望两岸之间有一个和平的环境来发展两岸关系。三是希冀通过国共两党交流来打破两岸僵局，为其在台湾政治民主化进程中参与政党竞争加分，从而争取更多的选票，重新夺取"执政权"。

2015年11月7日，在全球瞩目下，习近平与台湾方面领导人马英九在新加坡会面，就进一步推进两岸关系和平发展交换意见。这是自1949年以来两岸领导人的首次会面，具有里程碑意义。但是，2016年5月20日民进党主席蔡英文正式接任台湾地区领导人职务以来，台湾当局拒不承认"九二共识"，两岸关系遇冷，相关产业陷入衰退，民众福祉受损。即便如此，两岸民间的经贸交流和合作还是有所发展。一方面有一些民间交流平台，比如海峡论坛、两岸和平发展论坛等；另一方面，各个地区之间的经贸交流还会进一步推进和深化。

当前两岸关系和平发展的既有基础局面，有赖于两岸关系30多年发展包括始自2008年的和平发展新阶段所累积的政治筑基、经济合作、文化交流、社会融合、军事缓和、国际谅解等方面的丰硕成果，民进党当局不能逆历史潮流而为，只有坚持"九二共识"政治基础，才能推进两岸关系和平发展。

（二）中国共产党对台政策的与时俱进，成为两岸关系大发展的根本原因

基于国民党重新"执政"，中国共产党果断抓住机遇，进一步调整对台政策，从而使两岸关系实现了突破性进展和历史性转折。

当国民党获得2008年大选胜利后，胡锦涛于同年4月会见连战访问团一行时，提出了两

岸两党"建立互信、搁置争议、求同存异、共创双赢"的16字方针,特别强调了"和平发展"这一主题。同年12月,在两岸"三通"得以基本实现的基础上,胡锦涛于2008年12月在纪念《告台湾同胞书》发表30周年座谈会上的讲话中,首次全面系统阐述了两岸关系和平发展的思想。2011年7月,胡锦涛在纪念中国共产党成立90周年大会上发表的重要讲话中,提出"我们要牢牢把握两岸关系和平发展的主题,全面深化两岸交流合作,扩大两岸各界往来,共同反对和遏制'台独'分裂活动,为两岸同胞谋幸福,为中华民族创未来"。

2012年11月召开了中国共产党的十八大,进一步阐明了未来两岸关系深入发展以及祖国和平统一等重大问题的基本主张。报告重申坚持"一个中国"的原则,首次将坚持"九二共识"写入党的报告,明确提出"实现和平统一首先要确保两岸关系和平发展"、共同破解两岸政治难题等论述。党的十八大报告成为两岸关系和平发展的纲领文献。十八大以来,以习近平为总书记的党中央继续推进对台政策。2013年,习近平总书记与两位国民党荣誉主席连战与吴伯雄和台湾前副领导人萧万长会晤,刻意推进两岸政治层面的破冰。同时提出推动两岸关系和平发展的"四个坚持",倡议国共两党应顺应和平发展的大势所趋确定自己的"路线图",共同谱写两岸关系发展新篇章,共同为实现"中国梦"而努力奋斗,致力于实现中华民族的伟大复兴。党的十八大报告与习近平的讲话反映了大陆有信心、有耐心和有步骤地去应对未来两岸关系面临的难题,体现出中国大陆在对待台湾问题上方针政策的稳定性、连续风险以及前瞻性、开拓性。2015年11月7日,两岸领导人习近平、马英九在新加坡会面,就推进两岸关系和平发展交换意见。这是两岸关系史上具有里程碑意义的大事。

### (三)两岸关系呈现出大交流、大合作、大发展的格局

国民党"执政"期间,两岸关系实现重大突破,形成了大交流、大合作、大发展的格局。一是两岸党际交流实现常态化,为两岸关系的发展开辟了新的途径,构建了新的交流模式。二是两岸形成制度化协商格局,并达成了两项共识。三是两岸经贸合作逐步制度化,正式签署了海峡两岸经济合作框架协议,两岸经济全面互动,对两岸关系产生了积极而深远的影响。四是两岸科教文卫交流、人员往来日益频繁,呈现出蒸蒸日上的态势。

### (四)"九二共识"获得了更多的台湾民众认同,已经成为台湾社会的主流民意

一是在2012年台湾大选中"九二共识"经受了考验,坚持"九二共识"、反对"台独"立场的马英九获胜。二是台湾民调显示多数民众支持两岸和平发展,推动两岸关系和平发展的主张符合岛内主流民意的期待。三是国共两党高层多次举行会晤,均强调在"九二共识"基础上共同推进两岸和平发展。

（五）民进党的大陆政策有所松动,有识之士登陆参访为两岸关系发展又添新机

2012年台湾大选中民进党再度落败,探究失败的原因,其根本点在于否认"九二共识"。由此引发了民进党内在大陆政策上的争议,主张"宪法共识""宪法一中""宪法各表"的声音不绝于耳。一些原来曾经主张"台独"的民进党人士如张孟崇等放弃了"台独"立场,由绿转蓝,而且索性加入了中华统一促进党,宣传统一主张。

2008年国民党重获政权后,两岸在承认"九二共识"这一重大问题上达成了共识,形成了政治互信,两岸关系进入和平发展期。两岸两会恢复了协商谈判,签署了23项协议,两岸之间形成了大交流、大合作、大发展的局面。

## 四、蔡英文执政以来两岸关系的困境

蔡英文当局拒绝承认"九二共识",两岸制度化沟通协商机制被迫中止,两岸关系由"和平发展"转入"冷和对抗"阶段。2016年1月16日,台湾大选再度政党轮替。5月20日,"马下蔡上","台独"政权重新上台、"完全执政",对两岸关系构成严峻挑战。2008年以来两岸"大交流、大合作、大发展"的势头受到严重冲击,不仅国台办与台湾大陆事务主管部门联系沟通机制中断,"两会"协商谈判机制停摆,两岸经济合作制度化进程停滞,就连各行业"小两会"、智库"二轨"也形同虚设,两岸关系逐渐陷入"冷对抗"僵局。

蔡英文宣称"维持现状",拒不承认"九二共识"。年初,蔡英文的两岸政策制造出一定的积极姿态,如：2016年1月接受《自由时报》专访,称将"确保两岸关系维持和平稳定现状",并提出"既有政治基础"的四个"关键元素"；"520就职演说"进一步抛出"依据'中华民国宪法''两岸人民关系条例'及其他相关法律处理两岸事务"的新表述。但下半年逐渐暴露"离中、抗中"面目,如：7月接受美国《华盛顿邮报》专访,公开表态不会在限期内接受"九二共识"；9月向全体民进党党员发表创党30周年公开信,宣称要"力抗中国的压力、摆脱对中国的过度依赖"；"双十讲话"抛出"承诺不变、善意不变、不在压力下屈服、不走回对抗老路"的"四不政策"；"年终谈话"批评祖国大陆坚持"九二共识"会影响两岸稳定,指责"北京当局正一步步地退回对台湾分化、打压,甚至威胁、恫吓的老路",呼吁台湾内部在"我们是一个主权独立的国家"的集体共识下团结对抗祖国大陆。总体看,蔡英文虽表面声称"维持两岸现状"、回归"中华民国",但始终拒不承认"九二共识"、拒绝冻结"台独"党纲,顽固坚守"两国论"立场,操弄"民主牌"和"民意牌"对抗祖国大陆、推卸破坏两岸关系的责任。

虽然两岸关系2016年5月以来出现了倒退,但随着两岸实力差距越来越大,祖国大陆仍将牢牢掌握两岸关系主导权,"台独"势力掀不起大浪。中国共产党和中国政府秉持"以人为本"的核心理念,把握两岸关系和平发展主题,积极为两岸同胞谋福祉,号召两岸同心推进中

华民族的伟大复兴。中国共产党和中国国家领导人多次表示两岸关系的历史遗留问题应放在共同发展中逐步解决,两岸统一是中华民族走向伟大复兴的历史必然。可以说推动两岸关系和平发展已经成为中国发展战略的重要组成部分,也是走向和平统一的必经之路。

## 第二节　中国政府关于两岸关系的方针与政策

### 一、新世纪以来中国政府关于两岸关系的方针

(一)胡锦涛关于新时期两岸关系的主要观点

**1. 关于两岸关系的"四个决不"**

2005年3月4日,胡锦涛在看望参加政协会议的委员时提出了关于两岸关系的"四个决不"。坚持一个中国原则决不动摇;争取和平统一的努力决不放弃;贯彻寄希望于台湾人民的方针决不改变;反对"台独"分裂活动决不妥协。

**2. 关于处理两岸关系的"四点主张"**

2005年4月29日,中共中央总书记胡锦涛和中国国民党主席连战在北京举行正式会谈。胡锦涛说:"两岸关系发展正处在一个关键时期。构建和平稳定发展的两岸关系,对两岸同胞有利,对中华民族的长远发展有利。我们两党应该为此作出积极努力。"胡锦涛就发展两岸关系提出"四点主张":①建立政治上的互信,相互尊重,求同存异;②加强经济上的交流合作,互利互惠,共同发展;③开展平等协商,加强沟通,扩大共识;④鼓励两岸民众加强交往,增进了解,融合亲情。

**3. 关于处理两岸关系的重要讲话**

2008年12月31日,在纪念《告台湾同胞书》发表30周年座谈会上,胡锦涛同志发表重要讲话,提出把坚持大陆和台湾同属一个中国作为推动两岸关系和平发展的政治基础,把深化交流合作、推进协商谈判作为推动两岸关系和平发展的重要途径,把促进两岸同胞团结奋斗作为推动两岸关系和平发展的强大动力,携手共进,勠力同心,努力开创两岸关系和平发展新局面。主要内容有:①恪守一个中国,增进政治互信;②推进经济合作,促进共同发展;③弘扬中华文化,加强精神纽带;④加强人员往来,扩大各界交流;⑤维护国家主权,协商涉外事务;⑥结束敌对状态,达成和平协议。

## (二)习近平关于两岸关系的重要讲话

### 1. 习近平关于两岸关系的"四点意见"

2013年6月13日,中共中央总书记习近平会见了中国国民党荣誉主席吴伯雄。习近平表示,过去5年,我们两党、两岸双方和两岸同胞共同努力,开辟了两岸关系和平发展的正确道路,推动两岸关系取得了重大进展。新形势下,中共中央将继续实行既定的大政方针,致力于巩固深化两岸关系和平发展,造福两岸同胞,造福中华民族。希望两党和两岸双方继续增强互信、保持良性互动,稳步推进两岸关系全面发展,巩固深化两岸关系和平发展各项基础,团结两岸同胞,共同为实现中华民族伟大复兴而努力。习近平就发展两岸关系提出"四点意见":①坚持从中华民族整体利益的高度把握两岸关系大局;②坚持在认清历史发展趋势中把握两岸关系前途;③坚持增进互信、良性互动、求同存异、务实进取;④坚持稳步推进两岸关系全面发展。

习近平强调,两岸关系处于新的重要节点上。两岸关系路应该如何走,是摆在两岸所有政党和社会各界面前的一个重大问题,攸关中华民族和国家未来,攸关亿万民众福祉,需要我们大家认真思考。国共两党应该加强交流、总结经验、开拓创新,擘画两党关系发展新前景,共同开创两岸关系未来、建设两岸命运共同体。

### 2. 关于两岸关系的"四不原则"

2014年5月7日中共中央总书记习近平在人民大会堂会见亲民党主席宋楚瑜,习近平强调,两岸关系和平发展是两岸同胞顺应历史潮流做出的共同选择。只要我们都从"两岸一家亲"的理念出发,将心比心,以诚相待,就没有什么心结不能化解,没有什么困难不能克服。习近平提出了"四不原则":①推动两岸关系和平发展的方针政策不会改变;②促进两岸交流合作、互利共赢的务实举措不会放弃;③团结台湾同胞共同奋斗的真诚热情不会减弱;④制止"台独"分裂图谋的坚强意志不会动摇。

### 3. 关于两岸关系的"五点主张"

2015年5月4日中共中央总书记习近平在北京会见了朱立伦主席率领的中国国民党大陆访问团。习近平强调,两岸关系和平发展成果来之不易,经验弥足珍贵。概括地说,就是要坚持走两岸关系和平发展道路,坚持"九二共识"、反对"台独"的政治基础,坚持开展两岸协商谈判、推进各领域交流合作,坚持为两岸民众谋福祉。习近平就此提出"五点主张":①坚持"九二共识"、反对"台独"是两岸关系和平发展的政治基础,其核心是认同大陆和台湾同属一个中国;②深化两岸利益融合,共创两岸互利双赢,增进两岸同胞福祉,是推动两岸关系和平发展的宗旨;③两岸交流,归根到底是人与人的交流,最重要的是心灵沟通;④国共两党和两岸双方要着眼大局,本着相互尊重的精神,不仅要求同存异,更应努力聚同化异,不断增进政治互信;⑤中华民族伟大复兴要大家一起来干。

习近平指出,两岸同胞同根同源、同文同种,历来是命运与共的。在经济全球化深入发展、两岸联系日益密切的今天,两岸是割舍不断的命运共同体。面对新形势,国共两党和两岸双方要坚定信心、增进互信,维护两岸关系和平发展进程,携手建设两岸命运共同体。

## 二、2016年5月以来中国政府的对台方针

2016年11月1日,中共中央总书记习近平在北京人民大会堂会见洪秀柱主席率领的中国国民党大陆访问团。习近平强调,两岸是割舍不断的命运共同体。坚持体现一个中国原则的"九二共识"政治基础,维护台海和平稳定,维护两岸关系和平发展,是两岸同胞的民意主流。确保国家完整不被分裂,维护中华民族根本利益,是全体中华儿女共同意志。实现民族复兴,再创中华盛世荣景,是不可阻挡的历史潮流。习近平就两岸关系发展提出了六点意见。

第一,坚持体现一个中国原则的"九二共识"。"九二共识"的核心是一个中国原则,认同两岸同属一中。台湾政局变化改变不了"九二共识"的历史事实和核心意涵。承认不承认体现一个中国原则的"九二共识",关系认定两岸是一个国家还是两个国家的根本问题。在这个大是大非问题上,我们的立场不可能有丝毫模糊和松动。国共两党、两岸双方还存在着一些复杂的政治分歧问题。这类问题终归要逐步解决。只要有决心有诚意,一定能找到解决方案。在一个中国原则的基础上,协商正式结束两岸敌对状态,达成和平协议,也是我们的一贯主张。国共两党可以就此进行探讨。

第二,坚决反对"台独"分裂势力及其活动。确保国家主权和领土完整是国家核心利益,是一条不可逾越的红线。中华儿女对近代以来国破山河碎、同胞遭践踏的悲惨历史有着刻骨铭心的记忆。捍卫国家主权和领土完整,绝不容忍国家分裂的历史悲剧重演,是全体中华儿女的坚定意志,是我们对历史和人民的庄严承诺。"台独"损害国家主权和领土完整,煽动两岸同胞敌意和对立,是台海和平稳定的最大威胁,只会给台湾同胞带来深重祸害。任何政党、任何人、任何时候、以任何形式进行分裂国家活动,都将遭到全体中国人民坚决反对。我们有坚定的意志、充分的信心、足够的能力遏制"台独"。国共两党应加强沟通合作,共同承担起反对"台独"、维护台海和平稳定的重责大任。

第三,推进两岸经济社会融合发展。两岸开展经济合作具有得天独厚的优势。秉持互利双赢,促进两岸经济社会融合发展,符合两岸同胞共同利益。国共两党要积极发挥交流管道作用,顺应经济发展规律,创新方式,推动扩大两岸经贸往来,加强两岸产业合作,支持两岸企业合作创新、共创品牌、共拓市场,扩大两岸中小企业和农渔业合作,扩大基层民众参与面和获益面。青少年是民族的希望和未来。要为两岸青少年教育、成长营造良好环境,鼓励他们早接触、多交往,增进亲情,了解我们大家庭,认同我们的美好家园。我们将本着"两岸一家亲"的

理念,同台湾同胞分享大陆发展机遇。我们将研究出台相关政策措施,为台湾同胞在大陆学习、就业、创业、生活提供更多便利。

第四,共同弘扬中华文化。中华传统优秀文化植根在两岸同胞内心深处,是两岸同胞的"根"和"魂"。两岸同胞是中华文化的传人。国共两党要推进两岸文化交流,弘扬中华文化优秀传统,阐发中华文化的时代内涵,厚植两岸同胞的精神纽带,促进心灵契合,增强中华文化自信、中华民族自信。两岸教育各具特色,要加强交流合作,尤其要加强学校、教育工作者之间的交流。

第五,增进两岸同胞福祉。我们为推动两岸关系所做的一切,就是为了实现两岸同胞对美好生活的向往。两岸关系形势越是复杂严峻,国共两党越是要为民谋利,准确把握两岸社情民意脉动,开好解决两岸同胞尤其是基层民众需求的方子,创新方式,深入基层,带动更多民众参与到两岸交流中来。我们将一如既往为广大台湾同胞办实事、做好事。只要是有利于增进两岸同胞亲情和福祉的事,只要是有利于推动两岸关系和平发展的事,只要是有利于维护中华民族整体利益的事,国共两党都应该尽最大努力去做,并把好事办好。

第六,共同致力于实现中华民族伟大复兴。今年是孙中山先生诞辰150周年。中山先生是伟大的爱国者,他第一个响亮喊出了"振兴中华"的口号。现在,孙中山先生振兴中华的理想展现出前所未有的光明前景。两岸关系发展、台湾同胞前途系于中华民族伟大复兴。两岸同胞都是民族复兴的参与者、推动者、获益者。我相信,两岸同胞愿望不可违,民族复兴大势不可挡。只要国共两党胸怀民族复兴理想,广泛团结两岸同胞,就一定能维护两岸关系和平发展和台海和平稳定,开创中华民族伟大复兴更加光明的前景。

2017年3月5日,习近平参加十二届全国人大四次会议上海代表团审议时,再一次就当前两岸关系发展发表看法。他站在国家、民族的高度,深刻阐明两岸关系的性质,明确指出对台大政方针的原则和底线,语重心长、掷地有声,表达了对历史对人民的庄严承诺和责任担当。

"九二共识"弥足珍贵,需要两岸共同维护。讲话中,习近平再次强调"九二共识"重要意义。他指出,"九二共识"明确界定了两岸关系的性质,是确保两岸关系和平发展行稳致远的关键。

历史事实证明,"九二共识"的达成,当年经过两岸双方授权,无论是会谈过程,还是共识内涵,都十分清楚,有完整的历史记录,不容置疑。"九二共识"的核心意涵是,大陆和台湾同属一个中国,两岸不是国与国关系,从而明确界定了两岸关系的根本性质。"九二共识"不仅是两岸协商谈判的共同政治基础,2008年以来,更成为两岸关系和平发展的共同政治基础。正是因为有了这个基础,两岸关系和平发展才取得一系列重要成果,台海地区才保持祥和稳定,两岸民众才共享和平红利。

两岸关系发展实践证明,"九二共识"是"定海神针"。坚持这一政治基础,两岸关系就可以破浪前行,不会迷航,否则,两岸关系难免偏离航向,风雨飘摇,甚至触礁搁浅。"殷鉴不远,在夏后之世。"当年陈水扁主政台湾时,有一段时间也曾经打"两岸缓和牌",推出什么"两岸稳定互动架构"。但是他坚持"一边一国"的"台独"分裂立场,严重破坏两岸关系发展的政治基础,导致两岸关系动荡不安。

广大台湾同胞也正是从2008年之前与之后两岸关系不同道路的境遇对比中,更加清醒地认识到"台独"分裂的祸害,更加深刻地感悟到和平发展才是正道。因此,两岸关系究竟是何种性质,在这一根本性问题上,对台湾执政的民进党当局必须讲清楚说明白,不能模糊以对,也不要心存幻想。

遏制"台独"分裂,意志坚如磐石。讲话中,习近平表明了大陆方面坚决遏制"台独"分裂的坚定立场。他指出,我们将坚决遏制任何形式的"台独"分裂行径,维护国家主权和领土完整,绝不让国家分裂的历史悲剧重演。

实现国家统一,是中华民族整体和根本利益之所在,是中华民族走向伟大复兴之历史必然。在推进国家统一的进程中,我们必须看到,"台独"势力仍在顽固坚持和推行分裂主张,是台海和平稳定的最大威胁,是推进两岸关系和平发展的最大障碍。我们真诚希望台海和平稳定继续保持,真诚希望两岸关系和平发展巩固深化。但是在维护国家主权和领土完整的重大问题上,我们意志坚如磐石,态度始终如一。

两岸同胞携手努力,致力民族复兴伟业。讲话中,习近平从中华民族整体利益发展的高度来把握两岸关系发展方向。他说,两岸关系和平发展成果需要两岸同胞共同维护,开创共同美好未来需要两岸同胞共同努力,实现中华民族伟大复兴需要两岸同胞携起手来同心干。

大陆和台湾是休戚与共的命运共同体。"兄弟齐心,其利断金。"实现中华民族伟大复兴,需要两岸同胞共同努力。我们真诚希望台湾同大陆一道发展,两岸同胞共同来建设美好家园,让携手推动两岸关系和平发展、同心实现中华民族伟大复兴,成为两岸关系和平发展的主旋律,成为两岸中华儿女的共同使命。

# 第三节　中国处理台湾问题的原则和立场

## 一、"和平统一、一国两制"的基本方针

解决台湾问题,实现国家统一,是全体中国人民一项庄严而神圣的使命。中华人民共和国成立以后,中国政府为之进行了长期不懈的努力。中国政府解决台湾问题的基本方针是"和平统一、一国两制"。

（一）"和平统一、一国两制"方针的形成

早在20世纪50年代,中国政府就曾设想以和平方式解决台湾问题。1955年5月,周恩来总理在全国人民代表大会常务委员会会议上即提出:中国人民解决台湾问题有两种可能的方式,即战争的方式和和平的方式,中国人民愿意在可能的条件下,争取用和平的方式解决问题。1956年4月,毛泽东主席又提出"和为贵""爱国一家""爱国不分先后"等政策主张。但由于某些外国势力的干预等原因,这些主张未能付诸实践。

自20世纪70年代末开始,国际国内形势发生了一些重要变化:中美建立外交关系,实现了关系正常化;中国共产党召开十一届三中全会,决定把党和国家的工作中心转移到现代化经济建设上来。与此同时,海峡两岸的中国人、港澳同胞以及海外侨胞、华人,都殷切期望两岸携手合作,共同振兴中华。在这样的历史条件下,中国政府出于对整个国家民族利益与前途的考虑,本着尊重历史、尊重现实、实事求是、照顾各方利益的原则,提出了"和平统一、一国两制"的方针。

（二）"和平统一、一国两制"的基本点

"和平统一、一国两制"是建设有中国特色的社会主义理论和实践的重要组成部分,是中国政府一项长期不变的基本国策。这一方针,有以下基本点:

1. **一个中国**

世界上只有一个中国,台湾是中国不可分割的一部分,中央政府在北京。这是举世公认的事实,也是和平解决台湾问题的前提。中国政府坚决反对任何旨在分裂中国主权和领土完整的言行,反对"两个中国""一中一台"或"一国两府",反对一切可能导致"台湾独立"的企图和行径。海峡两岸的中国人民都主张只有一个中国,都拥护国家的统一,台湾作为中国不可分割的一部分的地位是确定的、不能改变的,不存在什么"自决"的问题。

2. **两制并存**

在一个中国的前提下,大陆的社会主义制度和台湾的资本主义制度,实行长期共存,共同发展,谁也不吃掉谁。这种考虑,主要是基于照顾台湾的现状和台湾同胞的实际利益。这将是统一后的中国国家体制的一大特色和重要创造。

两岸实现统一后,台湾的现行社会经济制度不变,生活方式不变,同外国的经济文化关系不变。诸如私人财产、房屋、土地、企业所有权、合法继承权、华侨和外国人投资等,一律受法律保护。

### 3. 高度自治

统一后,台湾将成为特别行政区。它不同于中国其他一般省区,享有高度的自治权。它拥有在台湾的行政管理权、立法权、独立的司法权和终审权;党、政、军、经、财等事宜都自行管理;可以同外国签订商务、文化等协定,享有一定的外事权;有自己的军队,大陆不派军队也不派行政人员驻台。特别行政区政府和台湾各界的代表人士还可以出任国家政权机构的领导职务,参与全国事务的管理。

### 4. 尽最大努力争取和平统一,但不承诺放弃使用武力

通过接触谈判,以和平方式实现国家统一,是全体中国人的共同心愿。两岸都是中国人,如果因为中国的主权和领土完整被分裂,兵戎相见,骨肉相残,对两岸的同胞都是极其不幸的。和平统一,有利于全民族的大团结,有利于台湾社会经济的稳定和发展,有利于全中国的振兴和富强。为结束敌对状态,实现和平统一,两岸应尽早接触谈判。在一个中国的前提下,什么问题都可以谈,包括谈判的方式,参加的党派、团体和各界代表人士,以及台湾方面关心的其他一切问题。只要两岸坐下来谈,总能找到双方都可以接受的办法。鉴于两岸的现实状况,中国政府主张在实现统一之前,双方按照相互尊重、互补互利的原则,积极推动两岸经济合作和各项交往,进行直接通邮、通商、通航和双向交流,为国家和平统一创造条件。

## 二、国际事务中台湾问题的基本原则

世界上只有一个中国,台湾是中国不可分割的一部分。中华人民共和国政府作为代表全中国人民的唯一合法政府,得到了联合国及世界各国的普遍承认。为维护国家主权和实现国家的统一,中国政府在国际事务中处理涉及台湾的问题时,始终坚持一个中国的原则,一贯维护台湾同胞的利益。中国政府相信,这一立场必能赢得各国政府和人民的尊重。在此,中国政府认为有必要就以下几个问题重申自己的立场和政策。

### (一)与中国建交国同台湾的关系问题

目前,世界上凡与中国建交的国家,均遵照国际法和一个中国的原则,与中国政府就台湾问题达成正式协议或谅解,承诺不与台湾建立任何官方性质的关系。按照国际法,一个主权国家只能有一个中央政府代表这个国家。台湾作为中国的一部分,它在国际上无权代表中国,不能与外国建立外交关系和发展具有官方性质的关系。但考虑到台湾经济发展的需要和台湾同胞的实际利益,对台湾同外国的民间经济、文化往来,中国政府不持异议。

近几年,台湾当局在国际上竭力推行所谓"务实外交",谋求同一些与中国建交的国家发展官方关系,推行"双重承认",达到制造"两个中国""一中一台"的目的。对此,中国政府坚决反对。

应该指出,世界上绝大多数国家都能珍视同中国的友好关系,恪守在台湾问题上和中国达成的协议和谅解,中国政府对此表示赞赏。但也不能不指出,有的国家竟不顾国际信誉,违反与中华人民共和国建交时所做的承诺,同台湾发展官方关系,从而给中国统一事业设置障碍。中国政府衷心希望,有关国家的政府能够采取措施,纠正这一做法。

（二）国际组织与台湾的关系问题

每个国家的主权是完整的,既不能分割,也不能分享。中华人民共和国政府作为中国的唯一合法政府,有权利也有义务在国际组织中行使国家主权,代表整个中国。台湾当局企图在某些只有主权国家才能参加的国际组织中搞所谓"一国两席",就是要制造"两个中国"。中国政府坚决反对这种行径。这一原则立场完全符合包括台湾同胞和海外侨胞在内的全中国人民的根本利益。只有在坚持一个中国原则立场的前提下,中国政府才可以考虑,根据有关国际组织的性质、章程规定和实际情况,以中国政府同意和接受的某种方式,来处理台湾参加某些国际组织活动的问题。

联合国系统的所有机构,是由主权国家代表参加的政府间国际组织。在恢复中华人民共和国在联合国的合法权利后,联合国系统的所有机构都已通过正式决议,恢复中华人民共和国享有的合法席位,驱逐了台湾当局的"代表"。自此,在联合国组织中的中国代表权问题已获得了彻底的解决,根本不存在台湾再加入的问题。需要指出的是,近一段时期以来,台湾当局的某些人又为"重返联合国"而大肆鼓噪。十分明显,这是一种妄图割裂国家主权的行径,它无论在法理上或实际上都是行不通的。中国政府相信各国政府和联合国系统的组织会识破这一图谋,不做有损于中国主权的事情。

其他政府间国际组织,原则上台湾也无权参加。至于亚洲开发银行(ADB)、亚太经济合作组织(APEC)等地区性经济组织,台湾的加入系根据中国政府与有关方面达成的协议或谅解,明确规定中华人民共和国作为主权国家参加,台湾只作为中国的一个地区以"中国台北"(英文在亚行为 TAIPEI, CHINA;在亚太经济合作组织为 CHINESE TAIPEI)的名称参加活动。这种做法属于特殊安排,不能构成其他政府间国际组织及国际活动效仿的"模式"。

在民间性质的国际组织中,中华人民共和国的相应组织同有关方面达成协议或谅解,在中国的全国性组织以中国的名义参加的情况下,台湾的相应组织可以以"中国台北"(中华台北)(TAIPEI, CHINA)或"中国台湾"(TAIWAN, CHINA)的名称参加。

（三）与中国建交国同台湾通航问题

一个国家的领空是该国领土不可分割的组成部分。1919年公布的《巴黎航空公约》和1944年签署的《芝加哥公约》均确认,每个国家对其领空具有完全的、排他性的主权的原则。

因此，凡是同中国建交国家的任何航空公司，即使是私营航空公司与台湾通航，都是涉及中国主权的政治问题，而不是一般的民间关系。与中国建交国家的官方航空公司当然不可与台湾通航，而其民间航空公司如欲同台湾通航，则须由其政府与中国政府磋商。在征得中国政府同意后，其民间航空公司始可同台湾的私营航空公司互飞。实际上，根据上述原则，中国政府已经同意英、德、加拿大等国的民间航空公司与台湾的私营航空公司通航。

有的国家在与中华人民共和国建交前就同台湾通航的，则可通过与中国政府谈判，改变其同台湾通航的官方性质后继续其民间商业运输安排。

（四）与中国建交国向台湾出售武器问题

中国政府一贯坚决反对任何国家向台湾出售任何种类的武器装备或提供生产武器的技术。凡与中国建交的国家，都应遵循互相尊重主权和领土完整、互不干涉内政的原则，而不以任何形式或借口向台湾提供武器，否则就是违反国际关系准则，干涉中国内政。

世界各国，尤其是对世界和平事业负有重大责任的大国，理应严格遵守联合国安理会五常任理事国关于限制常规武器扩散的指导原则，为维护和促进地区的和平与安全做出贡献。然而，有的国家竟违背自己在国际协议中的承诺，置中国政府的一再严正交涉于不顾，向台湾出售武器，在海峡两岸之间制造紧张局势。这不仅是对中国安全的严重威胁，为中国的和平统一事业设置障碍，也不利于亚洲和世界的和平与稳定。中国人民当然要强烈反对。

在国际事务中，中国政府一贯奉行独立自主的和平外交政策，坚持"互相尊重主权和领土完整、互不侵犯、互不干涉内政、平等互利、和平共处"五项原则，积极发展同世界各国的友好关系，从不损害别国利益，不干涉别国内政。同样，中国政府也要求各国政府，不做损害中国利益、干涉中国内政的事情，正确处理与台湾的关系问题。

中国的统一是中华民族的根本利益所在。中国实现统一后，两岸可携手合作，互补互助，发展经济，共同振兴中华。原来一直困扰台湾的各种问题，都将在一个中国的架构下得到合理解决。台湾同胞将与祖国其他地区人民一道共享一个伟大国家的尊严和荣誉。

长期以来，台湾问题一直是亚洲与太平洋地区一个不稳定的因素。中国的统一，不仅有利于中国本身的稳定和发展，也有利于中国同各国进一步加强友好合作关系，有利于亚太地区乃至全世界的和平与发展。中国政府相信，在维护自己国家主权与领土完整的正义事业中，一定能够得到世界各国政府和人民的理解和支持。

## 第四节 "一国两制"在香港的成功实践与新香港的建设

在当代中国改革开放和社会主义现代化建设的新时期，在"一国两制"方针和基本国策的指导下,顺利地实现了对香港地区恢复行使主权,香港同胞成功地进行了"新香港"的建设。香港回归和"新香港"的建设,是中华民族的伟大复兴标志性的重大历史事件,是改革开放30多年的宏伟历史画卷中绚烂的一页,为我们提供了丰富而深刻的历史经验和现实启示。2017年3月26日香港特别行政区第五任行政长官选举结果揭晓,林郑月娥成功当选,任期5年。林郑月娥的当选开启了香港回归20周年的历史新纪元。

### 知识问答

问:林郑月娥其人。

答:林郑月娥1957年出生于香港,1980年取得香港大学社会科学学士学位,同年加入政府成为政务主任,并于2006年9月晋升为首长级甲一级政务官。2007年由公务员转为问责官员,出任香港特别行政区政府新成立的发展局局长。2012年6月,国务院任命其为香港政务司司长。36年来,林郑月娥在20个不同工作岗位一直服务香港市民,在包括反"占中"等重要工作中迎难而上"好打得",受到中央和广大市民的信任与支持。2017年1月16日,林郑月娥正式宣布参选行政长官。

## 一、"一国两制"科学构想的提出

改革开放以来,以邓小平为核心的中共第二代领导集体将解决当代中国国家统一的历史遗留问题——香港问题,实现祖国统一的艰巨任务,作为自己的奋斗目标,作为党和国家中心工作的"重中之重"。同时,又根据和平与发展的时代主题,根据国内外形势的新变化,根据香港地区的历史和现状,在新中国前30年(1949～1978)对于香港"暂时维持现状不变"以"长期打算,充分利用"的战略决策和特殊政策的基础上,对解决香港问题的指导思想和具体的方针政策进行了根本性的、战略性的调整,逐步形成了"和平统一,一国两制"的构想。

改革开放初期,邓小平对于国家统一问题首先思考的是台湾问题,1982年1月11日,邓小平正式把解决台湾问题的方法概括为"一个国家,两种制度",即"一国两制"。但"一国两制"的构想并未被海峡对岸的台湾国民党当局所体认。在这种情况下,中国考虑先通过"一国两制"的科学构想来解决中英香港问题。

1979年3月的英国香港总督麦里浩访华为中英两国解决香港问题开启了"破冰之旅"。邓小平与麦里浩的会谈标志着中国已经开始考虑如何将解决台湾问题的"一国两制"构想用于解决香港问题了。

1982年12月,五届全国人大五次会议通过新的《中华人民共和国宪法》,其第31条规定:"国家在必要时得设立特别行政区。在特别行政区实行的制度按照具体情况由全国人民代表大会以法律规定。"1984年5月15日,六届全国人大二次会议《政府工作报告》全面阐释了中国共产党和中国政府解决香港问题的决策和政策即"一国两制"的"香港方案"。1984年10月15日,《瞭望》周刊发表邓小平题为《一个国家,两种制度》的文章,进一步将"和平统一,一国两制"的科学构想和基本国策系统化和理论化。

在"一国两制"的"台湾方案"和"香港方案"逐步成型、成熟的过程中,中国解决港澳台问题的构想——"和平统一,一国两制",也随之被提升到了党和国家的基本方针政策和基本国策的层面,被规范化、制度化、法制化。

## 二、香港回归与"香港模式"的率先垂范

作为香港回归历史序幕的中英外交谈判,是以邓小平的"一国两制"科学构想为指导思想和总的原则进行的。谈判的前提条件是"主权问题不能谈判",中国政府一定要在1997年收回香港并恢复行使主权,在此问题达成基本共识的基础上,才能言"九七"香港回归以后如何实行"一国两制"的问题、如何"保持稳定繁荣"的问题。

1982年9月24日,邓小平会见撒切尔夫人。双方就香港前途问题进行了深入的讨论,阐述了各自的立场,本着维持香港的稳定和繁荣的共同目的,同意在这次访问后通过外交途径进行商谈。由撒切尔夫人访华而揭幕的中英外交谈判,持续了整整两年。"正式会谈"阶段的中英外交谈判,自1983年7月至1984年9月,共进行了22轮。1984年12月19日,中英两国关于解决香港问题的"协议"的正式签署仪式在北京举行。

1985年5月27日,中英《联合声明》换文生效。从这一天开始,香港正式进入了自"旧香港"至"新香港"的"十二年过渡时期"。中方为了全面落实《联合声明》的基本精神和具体内容,为了实现"九七"香港回归以前"平稳过渡"和"顺利交接"以及"九七"香港回归以后"保持稳定繁荣"的战略目标,主要做了两件大事:《香港特别行政区基本法》(以下简称《基本法》)的制定和"新香港"的筹备。

1997年6月30日至7月1日,根据中英关于香港问题的联合声明,两国政府如期举行了香港政权交接仪式,宣告中国对香港恢复行使主权,中华人民共和国香港特别行政区正式成立。1997年7月1日经历了百年沧桑的香港回归祖国,标志着香港的发展从此进入一个崭新的时代。

## 三、"新香港"的建设及其历史经验

香港回归和"一国两制"的"香港模式"建设,是当代中国"一国两制"的和平统一工程率先垂范的试验田。自"九七"香港回归并开始"港人治港"以来,"新香港"在"变"与"不变"的

两难抉择中,既有负面的亚洲东部区域性的"天灾人祸"——金融风暴和非典型肺炎等的冲击,又有正面的中国内地加入世界贸易组织、中国内地与香港签署"更紧密经贸关系安排"的协议和中国内地部分省市开放对香港的"个人游""自由行"等的机遇,乘世界范围的政治多极化、经济多元化、文化多样化的大势,在建设香港特色的物质文明、精神文明、政治文明与和谐社会方面,走出了一条继续保持"自由港""独立关税地区"和"国际经济中心""东西方文化交流中心"的传统和区位优势,继续保持"自由、民主、人权、法治"的传统和核心价值,亦即保持稳定繁荣的"一国两制"的"香港模式"建设的新路。

香港回归以后,香港的政治发展并不是一路坦途,而是荆棘丛生、坎坷不平。"五十年不变""求一国之大同,存两制之大异"的政治磨合过程,其艰巨和复杂程度,远远超出了国际社会、海内外的中国人包括香港同胞的想象。中央人民政府、中国内地和特区政府、香港同胞维护香港政治稳定的努力遭遇到了多方面的冲击和挑战。但是,"爱国爱港"的特区政府和香港同胞在中央人民政府和中国内地无条件的支持下,直面挑战,群策群力,不断化险为夷、"转危为机",不断克服发展道路上的种种困难,在政治磨合过程中积累成功经验,不仅维护了香港政治稳定的大局,而且使"一国两制"的"香港模式"在探索中逐步成型、成熟。香港回归至今20年,在"新香港"的建设中,有许多成功因素,如:中央人民政府坚决维护"一国两制""五十年不变"的诚意,坚决维护特区"高度自治""港人治港"的诚意。中央人民政府高度信任和尊重特区政府"依法施政",对于特区的内部事务"不干预"。香港回归以后"现行社会、经济制度不变,生活方式不变";"传统的个人自由、人权保障、司法独立不变"。香港仍然是没有"中国内地化"和"社会主义化"的"世界上最自由"的资本主义的香港。

香港回归20年,正是由于中央人民政府、特区政府和香港同胞的共同努力,"一国两制"的"新香港"建设,尽管在民主化的政治改革、政治发展方面,出现了许许多多的矛盾,困难重重,但是,已经"当家作主"的特区政府和香港同胞,在中央人民政府和中国内地的鼎力支持下,知难而进,艰苦奋斗,经过一次次民主选举的洗礼,如历届立法会和历届行政长官的选举,包括九届、十届、十一届全国人大代表的选举,等等,逐步积累经验,民主意识、民主素质和公民意识、公民素质有了大幅度的提升,在维护香港政治稳定和社会稳定的大前提下,循序渐进地将"一国两制"的"新香港"的民主化进程推进到一个新阶段、新境界。

在"新香港"建设中,尽管在经济改革和经济发展方面也遭遇到了一次又一次的严峻考验,但是在中央人民政府和中国内地的支持和配合下,经过特区政府和香港同胞的共同努力,香港经济的结构性调整和全面转型取得了比较显著的成绩,为"第二个十年"的全面复苏和繁荣、再铸辉煌,奠定了比较扎实的基础。香港在经济改革和经济发展方面最成功的经验之一,就是董建华、曾荫权所总结的"善用香港的独特优势","善用中国内地因素",定位清晰。香港回归以后,虽然传统的"中国内地对西方资本主义世界开放首先就是对香港开放,中国内地和国际接轨首先就是和香港接轨"的"垄断性""政策性"优势在逐步减弱,但是香港作为"国际经济中心""自由港"和"独立关税区",其承载的中国内地对西方资本主义世界全面开放的"窗口""桥梁"和"国际通道"的区位优势没有变。香港回归前后,中国内地因素都是香港经济发展的最主要的推动力。所以,从"一国两制"的"新香港"建设一开始,特区政府就非常明确地提出:香港的经济改革和经济发展要借全球化和中国内地和平崛起的大势,"背靠内地,面向世界",在与对内的中国内地的区域经济合作中、与对外的国际经济合作中,建立和巩固自己的经济优势和特色地位,要"善用中国内地因素"。对此,中央人民政府和中国内地予以全力支持和配合。从香港与深圳市、广东省、珠江三角洲、大珠江三角洲、泛珠江三角洲等的经济合作,从香港与内地过境通关协调、空中管制协调、大型基建协调、环境综合治理协调、港珠澳大桥建设协调等不同领域的经济合作,从对香港产品开放低关税和零关税入关、对香港开放人民币个人业务和人民币债券业务、对香港开放中国内地居民"自由行"和"个人游"、对香港开放中国内地优秀人才引进等不同种类的合作,一直到制度性的全面开放市场的经济合作——香港与中国内地之间的"类自由贸易区"设计《内地与香港关于建立更紧密经贸关系的安排》及其"补充协议"(CEPA),都是中央人民政府和中国内地与特区之间"经济一体化"的良性互动双赢的产物,中国内地与特区之间人流、物流、金流、信息流的障碍正在逐步消除。香港、澳门对中国内地经济的起飞和发展做出了重要贡献。同时,中国内地作为香港、澳门经济的腹地,为香港、澳门制造业和服务业的发展提供了广阔的空间。2007年后,为了支持和配合《中华人民共和国国民经济和社会发展第十一个五年规划纲要》将香港、澳门的经济和社会发展纳入整个中国的经济和社会发展的大格局,加强和推动内地同港澳在经贸、科教、文化、卫生、体育等领域的交流和合作,继续实施内地与香港、澳门更紧密的经贸关系安排,加强内地和港澳在基础设施建设、产业发展、资源利用、环境保护等方面的合作。支持香港发展金融、物流、旅游、资讯等服务业,保持香港国际金融、贸易、航运等中心的地位,特区政府适时推出了具体化的、操作层面的《"十一五与香港发展"的行动纲领》,进一步把特区与中国内地之间的经济合作关系提升到一个新阶段、新境界。胡锦涛在香港回归10周年庆典上发表讲话,对于"新香港"建设的历史经验和现实启示进行了全面总结和高度概括:第一,坚持全面准确地理解和贯彻执行"一国两制"方针;第二,坚持严格按照《基本法》办事;第三,坚持集中精力发展经济、改善民生;第四,坚持维护社会和谐稳定。

  2007年,十七大报告再一次将"保持香港、澳门长期繁荣稳定"的问题,提升到"党在新形势下治国理政面临的重大课题"的战略高度来认识和阐释,他强调指出:香港、澳门回归祖国以来,"一国两制"实践日益丰富。"一国两制是完全正确的,具有强大生命力。保持香港、澳门长期繁荣稳定是党在新形势下治国理政面临的重大课题"。

  2012年,十八大报告指出:"香港、澳门回归以来,走上了同祖国内地优势互补、共同发展的宽广道路,'一国两制'实践取得举世公认的成功。"中共中央明确昭告世界,中国在澳门实行"一国两制"是"举世公认的成功"。这是对"一国两制"多年实践的高度肯定。

由于"一国两制"在香港的实践是没有先例可循、没有经验可以借鉴的创新性的实验和探索,"新香港"是在不断发现新问题、新矛盾和不断解决新问题、新矛盾中的过程中发展的,"一国两制"的"香港模式"是在反复实验和探索中逐步成型、成熟的,这恰恰是"新香港"的发展动力和活力所在,是"一国两制"的"香港模式"建设动力和生命力所在,在中央人民政府和中国内地以及特区政府和香港同胞的共同努力下,"新香港"一定会拥有一个美好的发展前景!

### 本讲思考

1. 新世纪两岸关系发展形势和特点有哪些?
2. 中国政府关于处理两岸关系的方针是什么?
3. "和平统一,一国两制"的基本方针是什么?
4. 中国政府对香港工作的基本方针是什么?

### 思考题

1. 为什么说台湾是中国不可分割的一部分? 简述台湾问题的由来。
2. 中国政府解决台湾问题的基本立场与原则是什么?
3. 简述2015年两岸关系的新亮点和特色,并对两岸关系的未来前景做出展望。
4. 香港回归二十年的成就有哪些?

# 第十章
## Chapter 10

## 国际政治格局的新特点

### 要点提示

- 不确定安全因素日益增多
- 世界多极化趋势不断加强
- 美国对外政策调整的内容和影响
- 发展中国家影响力逐渐提升

### 开篇阅读

国际政治格局呈现出新的特点。不确定安全因素日益增多。传统安全领域，中东乱局中叙利亚局势紧张，朝核问题成为东北亚地区安全问题的最大障碍；非传统安全领域，经济金融安全仍面临巨大挑战，以中东呼吸综合征为代表的重大疫情蔓延，恐怖主义、网络安全、环境安全是人类面临的重大课题。多极化趋势不断加强，美国实力的相对衰落，欧盟、日本、俄罗斯、中国等力量的相对崛起强化了世界多极化的发展趋势。2017年是一个大选年，美国新总统特朗普刚刚上台，欧洲各国也相继大选，国际关系变得更加扑朔迷离，美国对外政策也会有更大的调整。以二十国集团、金砖国家中的发展中国家的崛起，成为国际政治舞台上的新兴力量，发挥着越来越重要的作用。

## 第一节 不确定安全因素日益增多

### 一、传统安全问题

传统安全威胁主要是指国家面临的军事威胁及威胁国际安全的军事因素。按照威胁程度的大小,可以划分为军备竞赛、军事威慑和战争三类。战争又有世界大战、全面战争与局部战争,国际战争与国内战争,常规战争与核战争,等等。传统安全威胁由来已久。自从有了国家,也就有了国家间的军事威胁。但人们把军事威胁称为传统安全威胁,是在国家安全概念和新安全观提出以后。1943年美国专栏作家李普曼首次提出了"国家安全"。"国家安全"一词,美国学界把国家安全界定为有关军事力量的威胁、使用和控制,几乎变成了军事安全的同义语。20世纪七八十年代以来,人们便把以军事安全为核心的安全观称为传统安全观,把军事威胁称为传统安全威胁,把军事以外的安全威胁称为非传统安全威胁。

#### (一)朝鲜核问题

朝鲜核问题,是指朝鲜开发核应用能力而引起的地区安全和外交等一系列问题,相关方为美国、中国、韩国、俄罗斯和日本。朝核问题始于20世纪90年代初。当时,美国根据卫星资料怀疑朝鲜开发核武器,扬言要对朝鲜的核设施实行检查。朝鲜则宣布无意也无力开发核武器,同时指责美国在韩国部署核武器威胁它的安全。朝鲜半岛核危机由此爆发。进入21世纪,在国际社会的一致反对声中,朝鲜于2006年10月9日至2016年1月6日,进行过四次被证实的核试验,分别是2006年10月9日、2009年5月25日、2013年2月12日以及2016年1月6日,其中2016年1月为第一次氢弹试验。朝鲜核试验是对核不扩散制度的公然挑战,引起了国际社会的强烈谴责。2016年3月2日,联合国安理会召开会议,以15票赞成一致通过了涉朝鲜问题的第2270号决议。决定实施一系列制裁措施遏制朝鲜的核、导开发计划,并呼吁恢复六方会谈,六方在9·19共同声明中阐述的通过和平方式实现半岛无核化、美国和朝鲜承诺彼此尊重主权并和平共处、促进经济合作等承诺。

正当朝核问题取得进展时,2016年9月9日朝鲜进行了第五次核试验,使朝鲜半岛紧张局势进一步升级,美国总统特朗普上台后多次表示对朝鲜采取更强硬的措施,敦促日韩加快布置"萨德",而韩国新总统文在寅则主张对朝鲜实施制裁和进行对话,而中国仍然致力于朝鲜半岛无核化,维护地区的和平与稳定,并将继续努力。中国主张通过对话来解决朝核问题。

## (二)叙利亚内战

叙利亚内战是指从2011年年初持续至今的叙利亚政府与叙利亚反对派之间的冲突。叙利亚的反政府示威活动于2011年1月26日开始并于3月15日升级,随后反政府示威活动演变成了武装冲突,冲突持续至今。2011年9月15日,叙利亚反对派在土耳其伊斯坦布尔组建的叙利亚全国委员会,主要武装为叙利亚自由军和叙利亚解放军,致力于推翻现政府。2012年2月26日,叙利亚全民公投通过新宪法草案,新宪法实行"多党制",遭到西方国家反对。2013年1月6日,叙利亚总统巴沙尔·阿萨德向全国发表长电视直播演讲,呼吁叙国内冲突各方实施停火,倡议举行全国对话大会,制定一部国民宪章,并就宪章举行全民公投。2013年5月31日,叙利亚总统阿萨德接受黎巴嫩"灯塔"电视台采访时表示,任何在叙利亚问题会晤之后通过的决议都应该得到叙利亚人民的评估,且这些决议应通过全民公投做出。2015年9月30日,俄罗斯联邦委员会批准在叙利亚动用武装力量,并在叙境内发动首次空袭。2016年3月,叙利亚政府军收复被极端武装伊斯兰国占领的帕尔米拉古城。目前,叙利亚政府和反对派对和谈重启都表达出了相对积极的姿态。五年内战后,叙利亚是否能够迎来和平还不得而知,叙利亚破败建筑里的人们都在翘首以待。流亡各国的难民们,也都在等待这场战争的终结。

经过5年的内战,叙利亚已经千疮百孔,各方均损失惨重,战事一度焦灼。2016年12月29日,在俄罗斯、土耳其的斡旋下,叙利亚政府和反对派达成停火协议,双方准备开始和平谈判。迄今和平谈判已经进行了七轮,最近一次是2017年7月10日在日内瓦举行第7轮联合国支持的和平谈判会议,而美国、俄罗斯与约旦在叙利亚南部斡旋的停火也在7月9日开始,这是在日内瓦框架之外达成的最新协议。本次谈判取得了一些新进展,但由于双方分歧巨大,前路依然艰难。双方约定9月份还要进行新一轮谈判,叙利亚内战自2011年3月爆发以来,已造成32万人丧生。希望叙利亚问题能在各方调停下早日获得解决,使叙利亚人民从苦难中解脱出来。

## 二、非传统安全问题

非传统安全又称"新的安全威胁",是相对传统安全威胁因素而言的,指除军事、政治和外交冲突以外的其他对主权国家及人类整体生存与发展构成威胁的因素。非传统安全问题主要包括:经济安全、金融安全、生态环境安全、信息安全、资源安全、恐怖主义、武器扩散、疾病蔓延、跨国犯罪、走私贩毒、非法移民、海盗、洗钱等。

## (一)经济金融安全领域的挑战

从狭义上讲,经济安全领域是指对国家经济发展、国计民生和整体经济利益有重大影响,又不受安全因素严重威胁的领域或部门。从广义上讲,经济安全领域应该扩展到提高经济竞争力、增强综合国力等通常属于经济发展战略范畴的内容。自20世纪80年代以来,经济全球化趋势加强,国家间的联系日益紧密,任何外部的条件和因素都会对此产生深刻的影响。这些影响在惠及众多参与国的同时,也给很多国家,尤其是发展中国家带来了各种困扰和威胁,引起了世界各国政府和学者对经济安全问题的广泛关注。比如2008年的美国次贷危机事件中,因次级抵押贷款机构破产、投资基金被迫关闭、股市剧烈动荡从而引起了严重的金融风暴。虽然美国次贷危机最开始只是给本国的金融体系造成了危难,但是随后开始波及欧盟、日本等一些世界主要的金融市场,给整个世界金融体系都造成了严重困难。

## (二)重大传染性疾病蔓延

2014年非洲、2015年亚洲相继爆发了埃博拉疫情和中东呼吸综合征患者,埃博拉病毒、中东呼吸综合征这类疫情的共同特点是:一是难治疗,死亡率高;二是难防控,病毒会随着人口流动传播,不受国界限制。MERS疫情再次拉响了全球公共卫生警报,更引起各国对全球性挑战的重视。面对此类挑战,没有国家能独善其身或轻松应对,各国应该在联合国、世界卫生组织和区域组织的协调下,携手共同应对。

### 知识问答

问:什么是埃博拉?

答:埃博拉(Ebola),是用来称呼一群属于纤维病毒科埃博拉病毒属下数种病毒的通用术语,可导致埃博拉病毒出血热,罹患此病可致命,包含数种不同程度的症状,包括恶心、呕吐、腹泻、肤色改变、全身酸痛、体内出血、体外出血、发烧等。1995年5月14日,扎伊尔发现罕见传染病埃博拉。此病毒以非洲刚果民主共和国的埃博拉河命名(该国旧称扎伊尔),此地接近首次爆发的部落,刚果仍是最近四次爆发的所在地。

问:什么是中东呼吸综合征?

答:中东呼吸综合征(MERS)是由一种新型冠状病毒(MERS-CoV)引起的病毒性呼吸道疾病,该病毒于2012年在沙特阿拉伯首次被发现。冠状病毒是一组能够导致人类和动物发病的病毒,常能够引起人类发生从普通感冒到严重急性呼吸综合征(SARS)的多种疾病。中东呼吸综合征典型病例常呈现发热、咳嗽和气短等症状,在检查中经常发现肺炎表现。重症病例可导致呼吸衰竭,需要在重症监护室内机械通气和支持治疗。部分病例可出现器官衰竭,尤其是肾衰竭和感染性休克。病死率大约为27%。

### (三)网络安全问题

信息技术成为政治、安全危机的潜在导火索。科技的迅猛发展,大幅降低了创造、发现和传播信息的成本。今天计算机信息处理的成本只有20世纪70年代初的千分之一。主要特点不仅在于通信速度,更重要的是信息传播的成本大幅降低。但同时也产生了反作用,它使各国政治将不再局限于政府范围,个人和私人团体——从维基揭秘网、"斯诺登事件"、企业、非政府组织、恐怖分子到社会自发运动都能直接参与世界和国家的政治。随着信息化技术的不断发展和军队信息化的不断深化,越来越多的网络对抗力量将会出现。虚拟空间的斗争将没有战时与平时之分,网络空间的较量将越来越激烈。

**知识问答**

问:"棱镜门"事件是什么?

答:棱镜计划(PRISM)是一项由美国国家安全局(NSA)自2007年小布什时期起开始实施的绝密电子监听计划,该计划的正式名号为"US-984XN"。美国情报机构一直在九家美国互联网公司中进行数据挖掘工作,从音频、视频、图片、邮件、文档以及连接信息中分析个人的联系方式与行动。监控的类型有10类:信息电邮、即时消息、视频、照片、存储数据、语音聊天、文件传输、视频会议、登录时间、社交网络资料的细节,其中包括两个秘密监视项目,一是监视、监听民众电话的通话记录,二是监视民众的网络活动。2013年7月1日晚,维基解密网站披露,美国"棱镜门"事件泄密者爱德华·斯诺登在向厄瓜多尔和冰岛申请庇护后,又向19个国家寻求政治庇护。从欧洲到拉美,从传统盟友到合作伙伴,从国家元首通话到日常会议记录,美国惊人规模的海外监听计划在前中情局雇员爱德华·斯诺登的揭露下,有引发美国外交地震的趋势。

### (四)环境安全问题

环境与安全联系在一起,并进入国际政治的范畴,最初是由美国人布朗提出的。20世纪七八十年代,国际社会相继发表了一些关于环境安全的报告,警惕人类可能会面临的生态灾难。第42届联大正式提出"环境安全"的概念。虽然在世界范围内,对于环境安全还无一个准确、公认的界定,但就其内涵而言,环境安全主要包括两个方面:一是环境恶化造成的对人类生存与发展的威胁,如全球气候变暖、臭氧层破坏、土地沙漠化以及能源危机等;而是因环境争端或冲突而造成的人类群际关系的威胁,如因资源争夺引起的冲突、跨国界污染引起的冲突、"环境难民"引起的冲突等。环境问题的加剧,对人类的生存与发展,不仅会有横向的影响,而且会有纵向的作用。从横向来讲,环境污染、生态破坏,会对人的健康、生存的环境、发展的条件造成不利影响,尤其是人的健康——这一人类发展的最基本的条件;从纵向来讲,针对环境问题的争端,会加剧国家之间的争端和分歧,尤其是相邻国家之间、发达国家与发展中国家之间,其中的某些争端并不排除诉诸武力的可能性,威胁地区和世界和平。

随着全球性的发展,环境问题不再是一个国家内部或一个区域的事务,而是应该引起世界关注的全球性问题。人类都生活在一个地球上,维护地球的生态环境关系到人类的共同利益和安全,因此环境问题比其他任何领域的问题都需要全球合作,任何国家和个人都责无旁贷。

(五)能源危机问题

能源领域引发系统性危机。历史上能源问题通常加剧政治、经济危机。1973年阿拉伯石油出口国对西方进行的石油禁运,导致油价暴涨四倍,结束了西方"光荣的三十年"。从1974年起,所有的西方国家进入衰退,出现了二战后的低增长期。1978~1979年的伊朗伊斯兰革命和1980~1988年的两伊战争,造成油价上升至每桶100美元左右。此后又造成西方经济出现"滞胀"期。包括西亚、北非在内的大中东地区是世界上最富有的油气资源集中区域,同时又是世界最不稳定、最具爆炸性的地区,美国出兵伊拉克、北约打击利比亚均与掠夺当地石油资源密切相关。能源问题导致系统性危机主要表现在:一是资源、能源国的抵抗风险能力降低。所有依赖于石油、矿产收益的国家,都会产生对劳动价值有关的财富产生排斥效应,导致农业萧条,工业不景气。中东国家及俄罗斯就因为10年油价的井喷,没有实现工业的多样化和发展农业,因而极易在全球性经济危机中受到冲击;二是容易产生腐败国家和冒险性。石油资源属于国家,任何国家都会牢牢控制勘探、开发许可的颁发以及石油及其产品的生产、销售。极易造成国家最上层的少数人掌握巨大的财富,并绕开国家预算的制定和必要的民主程序。因为石油收入本身就能代替税收。这就是为什么许多依赖能源资源的国家容易产生腐败的寡头政治集团或成为专制国家。凭借巨大的财富,这些国家很容易不顾民众反对进行冒险,如1991年伊拉克萨达姆对科威特发动的侵略战争;三是产生社会动荡的温床。巨额石油收益妨碍了经济多元发展,石油天然气国家的增长率要低于其他经济类型国家,与经济多样性发展的国家相比,这些国家处于相对衰落的态势。一方面造成社会的两极分化、贫富不均,另一方面单一经济结构导致失业人数,尤其是年轻人失业率极高,民众不满情绪长期积压,终于酿成2011年西亚、北非的大规模社会动荡。

(六)恐怖主义持续蔓延

美国"9·11"事件已经过去十多年之久,尽管击毙了本·拉登,北约在阿富汗加强军事打击力度和经济援助,但基地组织、塔利班势力仍然活动猖獗,并对阿富汗、巴基斯坦、叙利亚、伊拉克等国政权构成严重威胁。基地组织、伊斯兰极端势力沿着"阿拉伯之春"打开的道路向西延伸,相机夺取政权。以"伊斯兰国"(ISIS)崛起为标志,战后的伊拉克和叙利亚成为中东恐怖大本营和策源地。恐怖袭击事件在东非、北非、西非和欧洲国家也有愈演愈烈之势,这些地方正在成为恐怖主义的新战场。恐怖主义袭击呈现出新的特点:手段高科技化。随着网络技术的普及,恐怖组织越来越多地通过网络传播恐怖活动信息,利用电脑"黑客"闯入储存绝密信息的网址进行破坏活动。同时,恐怖分子抓住现代信息传播的快速性、广泛性、渗透性的特点,利用现代媒体,散布恐怖信息,制造恐怖氛围,进行恐吓和威胁。

知识问答

问:ISIS 是什么?

ISIS,即 The Islamic State of Iraq and Greater Syria(ISIS 或 ISIL),是 2014 年出现的恐怖组织"伊拉克和大叙利亚伊斯兰国"的缩写,"伊拉克和大叙利亚伊斯兰国"是一支逊尼派背景的宗教极端组织,分布于中东的各个国家。其前身是 2006 年在伊拉克成立的"伊拉克伊斯兰国"。"al Shams"的意思是"大叙利亚",即叙利亚、黎巴嫩、约旦、以色列和巴勒斯坦。2014 年 6 月 29 日,该组织的领袖阿布·贝克尔·巴格达迪自称为哈里发,将政权更名为"伊斯兰国",并宣称自身对于整个穆斯林世界(包括历史上阿拉伯帝国曾统治的地区)拥有权威地位。

21 世纪是一个全球化的新时代,和平与发展是这个时代的主题,和平是发展的基础,发展是和平的保障。只有和平与发展共同进步,人类才能实现安定与繁荣。但当今世界,并不像人们所期望那样,除了传统安全的威胁以外,各种非传统安全威胁也越来越突出,因其自身的特点,以及与传统安全威胁的交织,对世界和平与发展越来越不利。唯有世界各国连起手来,共同应对,才能将之降至最小。

## 第二节　多极化趋势不断加强

冷战后,国际格局经历了深刻调整,由"一超多强"状态向"多极化"趋势发展,大国关系也呈现出新变化。特别是 2008 年金融危机爆发以来,随着美国国家实力下降,世界多极化趋势不断加强。世界正在形成若干个政治经济力量中心,美国、欧盟、日本、俄罗斯、中国等大国和国际组织在国际社会中扮演着重要角色。

### 一、世界多极化趋势

世界多极化是指一定时期内对国际关系有重要影响的国家和国家集团等基本政治力量相

互作用而朝着形成多极格局发展的一种趋势,是对主要政治力量在全球实力分布状态的反映。多极化发展并不是偶然的,它孕育于两极格局的演变之中,两极格局终结后,并没有出现单极格局,世界正在走向多极化,这是当今国际形势的一个突出特点。

政治多极化是指一种趋势,一个动态发展的过程。到目前为止,多极化并没有定型为某一基本的世界新格局。就当今世界实际情况来看,国际政治关系中存在美国、日本、欧盟、中国、俄罗斯五个力量中心。多极化趋势的出现主要包括美国的相对衰落趋势,欧洲、日本、俄罗斯的迅速崛起态势和中国、第三世界国家兴起的上升趋势,具体表现为西欧、日本随着经济实力与美国的差距逐步缩小,在政治上对美国的离心倾向也在不断加强;中国的国际地位不断提高和第三世界国家的发展壮大并走向联合。

## 二、美国实力呈下降趋势

### (一)在军事安全方面,美国深陷两场战争泥潭

**1. 伊拉克战争**

伊拉克战争使美国付出高昂的人财物代价。据统计,从2003年3月伊战爆发到2011年底美军撤出伊拉克,驻伊美军死亡4 486人,受伤32 223人。《今日美国报》声称从伊拉克战场回国的美军士兵中有四分之一患了精神疾病。伊战的开支更是惊人,直接战争费用就达8 000多亿美元。

据美联社报道,在伊拉克战争后的10年里,美国斥资600亿美元用于伊拉克战后重建,平均每天花费超过1 500万美元。而另据美国国会预算办公室计算,10年来的总开支——包括军费、使馆开支和重建及援助等,已达7 670亿美元。

**2. 阿富汗战争**

2011年10月7日是美国发动阿富汗战争10周年纪念日。美国国防部称,美国在阿富汗战争上的花费已达3 232亿美元,平均每天战争花费将近1亿美元。五角大楼表示,阿富汗战争至今已消耗了3 232亿美元,造成2 200名美军死亡。布朗大学说,战争共夺走至少33 877条人命。2014年12月28日,奥巴马宣布阿富汗战争正式结束,这场战争耗时13年,吞噬了近2 000名美国大兵的性命,而且耗费了1万多亿美元。

### (二)在经济方面,美国陷入2008年爆发的金融危机

美国陷入2008年爆发的金融危机,造成全球经济的衰退,虽然当前美国的经济有所恢复,但金融危机对美国经济依然带来了很大的伤害。

早在2007年4月,美国第二大次级房贷公司——新世纪金融公司的破产就暴露了次级抵

押债券的风险;从2007年8月开始,美联储做出反应,向金融体系注入流动性以增加市场信心,美国股市也得以在高位维持,形势看来似乎不是很坏。然而,2008年8月,美国房贷两大巨头——房利美和房地美股价暴跌,持有"两房"债券的金融机构大面积亏损。2008年9月15日美国第四大投资银行雷曼兄弟控股公司申请破产保护。美国金融危机的爆发,使美国包括通用汽车、福特汽车、克莱斯勒三大汽车公司等实体经济受到很大的冲击,实体产业危在旦夕。美国金融海啸也涉及全球,影响到了全世界。

美国制造业在全球制造业总产值中的份额日趋下降,1990年下降至21.5%,到2009年跌破20%,2010年所占份额为19.4%,已略低于中国的19.8%,从而丧失了百年来世界制造业产值头号大国的地位。

2008年8月和9月失业率已达到6.1%,并在10月份飙升到6.5%,全国总失业人数高达1 101万人,当时创下新世纪来最高,不过随后仍一路攀升。

近年来,美国经济缓慢复苏,但2008年金融危机对美国的负面影响短期内很难消除。军事与经济两方面的冲击,推动了美国的相对衰落,随着时间的推移,缓慢的衰落过程发生了从量变到质变。

2008年全球金融危机后,美国多次量化宽松政策并没有拯救美国的实体经济。金融部门和实体经济部门的非均衡发展导致美国贫富差距加速扩大。宽松货币政策不能解救美国经济,反而造成了更严重的问题,埋下了下一次危机的种子。

1. 美国就业复苏或是"美丽的谎言"

就业复苏是经济复苏的重要标志。据《财富》网站报道,早在2014年6月,美国就业市场在2008年全球金融危机时期损失的全部800万个工作岗位就已经悉数恢复。但好景不长,2015年11月,乔治城大学教育和劳动力中心的研究结果显示,美国国内的就业岗位再次流失640万个。

2. 制造业衰退已现苗头

自2009年6月开始缓慢复苏后,到2015年12月,美国经济已缓慢前行26个季度。虽然其间有"制造业再回归""3D打印革命""页岩技术革命"等不同产业领域内的技术创新,但由于美国无法摆脱对虚拟经济的依赖及长时间的流动性充裕状态,虚拟经济对实体经济的挤出效应阻碍了美国制造业的复苏。

3. 新资产泡沫破灭的风险加大

2014年末,美国大型企业的能源投资额占GDP的比重为2.3%,几乎是2000年电信、媒体和科技投资占GDP比重的2倍。当时互联网泡沫破灭后,美国陷入严重经济衰退,眼下页岩技术革命泡沫破灭可能尚不会造成美国经济整体衰退,但是其影响不可小觑。而在2009年以后,美国垃圾债市场增长约80%,至1.3万亿美元,其中能源垃圾债市场增速更快,增幅为180%,逾2 000亿美元。2014年中期,美联储释放结束宽松政策信号后,美元走强,油价下跌。

### 4. 中产减少抑制消费走强

美国的贫富分化加剧正在导致中产阶级减少,对支撑美国经济最核心的"消费"将必然产生负面影响。中产阶级家庭所占比例从 1971 年的 61% 减少到 2015 年的 49.4%,首次低于 50% 的分界线,意味着美国不再是一个中产阶级为主的国家,其消费能力最强的核心群体已是"少数派"。贫富分化侵蚀消费基础。金融和地产泡沫、长时间的经济低迷以及无就业经济复苏、劳动力市场供大于求等因素导致了美国贫富分化日趋严重。

## 三、走向联合的欧洲

欧洲一体化进程的主要标志是欧盟的不断东扩。欧盟是第二次世界大战结束后,西欧国家为消除战争威胁,实现彼此融合,经过长达半个世纪的艰苦努力,不断从理论和实践层面总结成功经验和失误教训,逐渐发展壮大起来的主权国家联合体。近年来,欧盟加快了一体化联合步伐,有望使欧洲面貌发生更加重大的变化。

### (一)欧盟概况

欧洲联盟简称欧盟(EU),总部设在比利时首都布鲁塞尔,是由欧洲共同体发展而来的,初始成员国有 6 个,分别为法国、联邦德国、意大利、荷兰、比利时和卢森堡。欧盟现有 28 个成员方,正式官方语言有 24 种,人口 5 亿,GDP16.106 万亿美元。欧盟 28 国总面积 432.2 万平方千米。欧盟占世界生产总值 30%。2014 年欧盟国内生产总值 13 920 541.2 百万欧元,GDP 增长率为 3%。

### (二)欧洲一体化的成果

#### 1. 政治一体化

1990 年 4 月,法国总统密特朗和联邦德国总理科尔联合倡议于当年底召开关于政治联盟问题的政府间会议。同年 10 月,欧共体罗马特别首脑会议进一步明确了政治联盟的基本方向。同年 12 月,欧共体有关建立政治联盟问题的政府间会议开始举行。经过一年的谈判,十二国在 1991 年 12 月召开的马斯特里赫特首脑会议上通过了政治联盟条约。2004 年 6 月 17 日,欧盟召开首次扩大到二十五国的欧盟首脑会议。18 日,欧盟的第一部宪法条约草案获得通过。2004 年 10 月 29 日,欧盟 25 个成员方的领导人在罗马签署了欧盟历史上的第一部宪法条约,标志着欧盟在推进政治一体化方面又迈出重要的一步。2007 年 6 月 23 日,参加欧盟峰会的二十八国首脑在布鲁塞尔就替代《欧盟宪法条约》的新条约草案达成协议。2007 年 10 月 19 日,欧盟非正式首脑会议通过了新条约,即《里斯本条约》。12 月 13 日,欧盟各国领导人在里斯本正式签署《里斯本条约》,随后交由各成员国批准。各国签署后,该条约于 2009 年 1 月生效。新条约的诞生进一步改革欧盟机构,简化欧盟的决策进程。

**2. 经济一体化**

1995年1月1日,奥地利、瑞典和芬兰加入欧盟,欧盟成员国扩大到15个。3月26日,申根协议生效。协议规定,在申根协议国家边境上取消对人员往来的控制,加强司法和警务机构间的合作。同年12月16日,欧盟马德里首脑会议最终把未来欧洲统一货币的名称确定为"欧元"。1996年12月14日,欧盟都柏林首脑会议通过了《稳定和增长公约》《欧元的法律地位》和《新的货币汇率机制》的欧元运行机制文件。1999年1月1日,欧盟正式启动欧元。2002年1月1日,欧元正式流通。3月1日,欧元成为欧元区国家唯一法定货币。2009年12月1日,随着被称为"欧盟宪法"的《里斯本条约》的正式生效,欧盟取代欧洲共同体并继承原欧洲共同所有权利和义务,真正成为一个法律意义上的实体。欧盟经济一体化进入新的阶段。

**3. 安全防务一体化**

1999年12月11日,欧姆赫尔辛基首脑会议通过了《千年宣言》,决定正式接受土耳其为入盟候选人,并决定在2003年前成立欧盟快速反应部队。2003年12月12日,欧盟首脑会议会议通过了欧盟安全战略文件,这是欧盟通过的第一个安全战略文件。2004年3月,欧盟首脑会议在欧盟理事会大楼举行,会议发表了《反恐声明》。会议决定要将欧盟与其他国家的经济合作与反恐合作联系起来。2004年7月,欧盟外长会议决定正式开始建立欧盟军事装备局。2004年9月,在欧盟国防部长非正式会议上,法国、意大利、西班牙、葡萄牙与荷兰的国防部长在荷兰诺德韦克签署了组建欧盟宪兵部队的意向声明,并决定在2005年使这支部队具备快速反应能力。这意味着欧盟建设独立防务过程中的又一个新构想即将付诸行动。2004年11月,在布鲁塞尔举行的欧盟国防部长会议正式决定,欧盟将于2007年前组建13个能部署到世界上任何热点地区的快速反应战斗小分队。

欧盟加快走向一体化,是与多极化进程的方向相一致的。在《莱肯首脑会议宣言》中,欧盟再次提出"多极世界"的概念,称:"在一个新的、多极世界中把欧盟变成稳定因素和样板。"欧盟作为一个处于不断完善之中的主权国家联合体,目前在共同外交和防务上尚难以用一个声音说话,部分限制了一体化作为"一极"的发挥。但随着欧盟改革的不断深化,实力和地位的不断提高,相信在不久的将来,一体化推动多极化的作用将日益显现。

**(三)英国"脱欧"对欧洲一体化的影响**

**1. 英国"脱欧"事件**

2016年6月23日,英国开始了公投之路,在此之前,英国政府就提交过关于英国脱欧的提案。首相卡梅伦曾在2013年和2015年就曾做出过关于2017年之前完成英国脱欧的公投的决定。这次公投的最终结果也是以赞成脱欧的微弱优势"战胜"了继续留欧的公投比例,具体为同意脱欧的占51.9%,共1570万人;同意留欧48.1%,共1458万人。那么,最终的结果就是英国同意脱欧。英国脱欧的消息传出后,全球股市、汇市剧烈震荡,英镑出现创纪录跌幅。

#### 2. 英国"脱欧"的背景

英国选择脱欧是全球化过程中反全球化力量的体现,也是当今世界经济危机和移民危机加深背景下发达国家中出现并蔓延的民族及民粹主义的表现。实际上,英国与欧盟的矛盾由来已久。从历史上来看,英国与欧洲大陆长期就是分离的,其宗教、政治与法律体系也明显区别于欧洲大陆其他国家,后来虽然加入了欧盟,但作为经济规模排名欧盟第二的国家却一直或多或少地受到法德等国的排挤和压制,逐渐有被边缘化之感。加上英国国民始终保持较强的主权意识和民族自豪感,所以英国国内的疑欧传统一直都存在。

近些年来,英国和欧盟在很多问题上的分歧越来越明显,例如在经济政策上英国主张更加宽松的自由贸易,而庞大的欧盟管制体系限制了英国和其他国家签订自由贸易协议。自从2012年欧债危机后,欧盟经济状况恶化,移民快速增长,国家福利负担加重,难民潮和恐怖主义蔓延,这些都加剧了英国和欧盟之间的矛盾。

#### 3. 英国"脱欧"对欧盟的影响

英国虽然不是欧共体的创始成员国,但从1973年成为欧共体成员时起,就与德法两国被尊称为欧共体的"三驾马车",英国脱欧将从经济、政治、社会各方面对欧洲一体化构成挑战。

在经济上,英国脱欧直接导致欧元贬值,使欧元平衡美元独大的地位下降,这对欧盟经济复苏是非常不利的。2015年英国的GDP占欧盟GDP总量的17.2%,进出口贸易占欧盟贸易总量的约8%,失去英国的欧盟总体经济实力将下一个台阶。英国每年对欧盟的预算贡献仅次于德法两国,同时英国还吸纳了200多万欧盟其他成员国公民在英国就业,英国脱欧后,这些都会给欧盟经济带来直接的冲击。除此以外,还会影响到欧盟的自由贸易进程,使欧盟的金融机构业务受到波及,给欧洲的国际资本流动机制和金融监管体制带来不利影响。

在政治和安全领域,由于英国和法国是安理会常任理事国及核大国,那么英国脱欧将会严重削弱欧盟在国际事务中的话语权,降低欧洲在国际关系体系中的地位。另外,英国脱欧事件进一步暴露了欧盟治理结构中的体制性弊端以及欧盟一体化过程中政治一体化与分离主义之间的矛盾。

在社会基础方面,英国脱欧可能会在欧盟内部进一步激化疑欧主义思潮,使得欧盟其他国家的民众对欧盟体制与政策产生更大的不满,降低欧洲民众的欧洲认同感,甚至激化欧盟核心国家与外围国家的矛盾,从而削弱欧盟的政治凝聚力。而最让欧盟担心的是这有可能引发其他欧盟成员国对英国脱欧公投的效仿。在英国脱欧公投后,法国右翼政党领导人呼吁法国举行相似的脱欧公投,瑞典、荷兰、意大利等国也都对"脱欧"有较高的呼声,特别是意大利目前的状况比较令人担忧。一旦各国开始效仿英国,那对欧洲一体化所造成的损失将是难以估量的。

英国脱欧对欧盟一体化敲响了警钟,迫使欧盟重新思考其一体化的战略,促使其进一步反思并完善其制度设计,实施行之有效的改革,欧盟应该更好地反映各个欧盟国家内部的利益诉求,民众的利益诉求,而不仅仅是一个由欧洲精英层构成的官僚体制。只有这样,才能更加稳健地推动欧洲一体化事业继续前行。

## 四、日本谋求成为政治大国

(一)经济大国地位的确立

第二次世界大战期间,日本经济遭到严重破坏,25%的财富化为乌有,国民经济陷入了崩溃状态,物资奇缺,物价飞涨,国民经济出现了20世纪20年代以后最严重的经济危机。然而第二次世界大战结束后,在美国的扶持下,日本经济不仅迅速摆脱了困境,而且出现了从未有过的经济高速增长。1968年超过德国,成为资本主义世界的第二经济大国。到80年代中期已发展成为世界第二经济大国。20世纪90年代开始,日本出现了严重衰退。经过10多年的艰难调整,日本经济已逐步恢复活力。虽然2010年世界第二经济体的地位已被中国取代,2015年日本实际经济增长率为0.4%,但日本仍然是世界第三大经济体,日本的经济大国地位仍然稳固。

(二)谋求政治大国地位

1. 日本政府修改和平宪法,解禁集体自卫权

战后日本宪法第九条规定:"日本国民衷心谋求基于正义与秩序的国际和平,永远放弃以国权发动的战争、武力威胁或武力行使作为解决国际争端的手段。为达到前项目的,不保持陆海空军及其他战争力量,不承认国家的交战权。"第九条不修改,日本就难以达到军队合法化,海外派兵正常化,行使武力正当化的目的,也就难以成为真正的政治大国。而修改宪法要经过很长时间的酝酿、讨论,逐步进入修宪的法律程序。近年来,修宪进程的步伐明显加快。2014年7月1日,日本安倍政府在内阁中通过了解禁集体自卫权决议案。

2. 谋求成为联合国常任理事国,积极参加联合国事务

(1)积极申请入常。

日本一直将能否成为联合国常任理事国作为成为政治大国的一个重要标志。2005年,在日本、巴西、德国与印度4国主导下,联合国汇总了一份旨在增加安理会常任理事国的安理会改革决议案。不过这个决议案没有能够获得成员国多数支持,最终作废了。2014年9月25日,日本首相安倍晋三在联合国大会上再次提出,日本和巴西两国加强配合,提议实施旨在扩

大安理会常任理事国的改革,并提交由日、巴、德、印4国集团主导的将联合国常任理事国扩大至11国的改革方案。

(2)积极参加联合国维和行动。

自美国"9·11"事件以来,日本开始借"反恐"为名,向冲突地区派遣自卫队,走上全面维和的道路,并先后参加了联合国在阿富汗、东帝汶、伊拉克、苏丹和尼泊尔实施的维和行动。

(3)加强日美同盟。

自20世纪70年代日美签署《日美防卫合作指针》(以下简称《指针》)以来,双方进行过两次修改,分别是1996年和2013年。2013年1月17日,美日着手再次修订《指针》。对《指针》的修改中将规定日美军队在日本或日本附近的合作方式。日美两国政府2013年10月3日在东京召开"日美安保磋商委员会"(2+2)会议,并发表了共同文件。双方就在2014年底前完成对规定自卫队与美军职责分工的《指针》再次修改工作达成了协议。2015年4月,美日签署最新的《指针》,加强两国军队在亚洲的影响力。

**知识问答**

问:什么是《日美防卫合作指针》?

答:《日美防卫合作指针》为20世纪70年代中期,针对远东地区美国整体实力的衰弱以及苏联军事力量增强的状况,日本与美国经过两年多时间的协商在冷战时期的1978年制定,就防止侵略、日本遭到武力攻击以及远东地区发生对日本产生重要影响的事态时做了具体的规定,旨在规定"日本有事"时自卫队和美军的任务分工。

## 四、走在复苏道路上的俄罗斯

(一)横跨欧亚大陆的辽阔疆域,独特的地缘政治优势

俄国土面积为1 707.54万平方千米,雄踞世界第一。俄东西相距9 000千米,南北最宽4 000千米,东接亚太,西连中东欧,将欧盟、北美和东亚三大板块连在一起,在东、西、北三个方向上都拥有出海口,成为欧亚大陆的交通枢纽。向西,俄可以借鉴西方国家成熟的管理体制和监督机制;从太平洋彼岸的美国那里,可以吸引到大量投资,从而能够大大缩短俄与西方先进国家的差距;向东,东亚地区作为成功实现经济腾飞的样板,可向俄提供经济转轨和对外开放等方面的宝贵经验,而且作为世界经济发展最迅速、最富有朝气的区域,其巨大的市场、物美价廉的商品和丰富的劳动力资源正好与俄罗斯形成互补。俄专家称,辽阔的土地和纵深的地缘优势是俄罗斯"巨大力量的永久源泉"。

## (二)曲折中发展的俄罗斯经济

自2000年以来,俄罗斯GDP年均增长率接近7%,2007年上半年GDP增长率达到7.8%。2012~2013年间,俄黄金储备曾超过5 000亿美元,2015年6月公布数据显示为3 605亿美元。专为应对经济危机而设立的政府稳定基金亦猛增至1 168.5亿美元。在能源行业的带动下,俄罗斯对外贸易和吸引外资更是达到空前的繁荣。2014年俄罗斯货物进出口额为7 828.6亿美元,比上年同期(下同)增长35.6%。2013年吸引外国直接投资940亿美元,增长83%,从而跻身世界吸引投资国家排名榜上的第三名。金融状况的好转也使俄偿还外债的能力进一步增强。目前,苏联解体时遗留下来的高达2 000多亿美元的外债已减至478亿美元。但受金融危机和乌克兰危机的影响,俄罗斯经济再次陷入低谷。

## (三)得天独厚的自然资源

2004年,俄科学院社会政治研究所发表了题为《俄罗斯:复兴之路》的报告,称俄罗斯是世界上唯一的自然资源能够完全自给的国家。已经探明的资源储量占世界资源总量的21%;在世界各国综合国力评估中,俄的资源实力排名第一。俄《共青团真理报》的一篇报道指出,俄所有自然资源的总估价高达300万亿美元,已探明资源储量价值约为30万亿美元,相当于美国的3倍和西欧的12倍,列全球第一位。据保守统计,俄罗斯探明石油储量占全球总储量的13%,天然气探明储量占全球总储量的45%,均居世界第一位;煤炭储量占全球总储量的17.3%,居世界第二位;木材蓄积量占全球总量的25%;水力资源居世界第二位,单是贝加尔湖的蓄水量就占世界淡水总储量的20%。考虑到贝加尔湖的湖水未受到任何污染,这在全球面临水资源短缺的现状下无疑将是一笔巨大的财富。此外,据俄罗斯科学院统计,俄各种已探明自然资源的保障程度相当高:铁矿蕴藏量居世界第一位,可采42年;铝蕴藏量居世界第二位,可采18年;黄金蕴藏量居世界第四位,可采37年;磷酸盐蕴藏量居世界第七位,可采52年。在世界经济发展越来越依赖于资源的今天,俄罗斯丰富的自然资源成为其建设强大国家的有力支撑。

## (四)军事实力:超级军队的重新崛起

俄罗斯具有强大的军事工业基础和素质较高、装备精良的军队。作为苏联的继承者,俄罗斯在军事工业方面有着雄厚的实力,是当今世界唯一能与美国抗衡的国家。俄近年来武器出口位列世界第二,军需品出口成为俄国民经济的一大支柱。

在冷战时期,苏军是与美军实力相当的一支超级军队。苏联解体后,俄罗斯继承了原苏联的大部分军事遗产。20世纪90年代,国力的衰弱导致军队建设出现了前所未有的大滑坡和大倒退。随着国力恢复,俄对军队建设的投入不断加大,军费规模从 2000 年的 63 亿美元迅速提升至 2013 年的 689 亿美元,年增长率高达 16% ~ 30%,根据俄杜马审议通过的法案,2016 年俄军费开支达到 980 亿美元,较 2013 年增长 44%。2011 年,时任俄罗斯总理普京公布的政府计划显示,计划在 2020 年前花费 7 300 亿美元重新武装、升级俄罗斯军队,打造武器现代化。俄罗斯未来 10 年武器采购项目包括购买 8 艘装备布拉瓦导弹的战略核潜艇、战斗机、S - 400 和 S - 500 防空系统等。通过更新装备将使俄罗斯武器库中现代化武器比例在 2020 年前提升至 70%。

(五)科技潜力:国际竞争的坚实后盾

20 世纪,苏联的科学发现和发明占全球 1/3。目前,俄罗斯的科学家数量占全世界的 12%,每 1 万人中有 37 名科学家和工程师,这一比例与美国平分秋色。长期的基础研究积累使得俄在科学理论和实践中居于世界领先地位。

俄罗斯全民文化教育素质和科研队伍数量、质量均居世界前列。据统计,俄罗斯就业人口每 1 000 人中具有高等和中等文化水平者合计 938 人,每万人中科学家和工程师多达 37 人,与美国相当。2000 年,俄曾对本国科技实力进行过评估,认为在当前世界上 102 项尖端科学技术中有 52 项俄保有世界领先水平,27 项具有世界一流水平。时任俄国防部长的伊万诺夫也对新闻界说,当今世界决定发达国家实力的 100 项重大技术中,俄在其中有 17 ~ 20 项居世界领先水平,另有 25 项经过 5 ~ 7 年可达到世界水平。

俄罗斯在军工、航天、运载火箭和导弹技术等领域的科研力量也具有很大优势。俄是世界上唯一能全面掌握空间站制造、发射、回收技术的国家。俄还拥有具有自主知识产权的"格洛纳斯"全球卫星定位系统和世界上推力最大的"安加拉"运载火箭。在物理、化学、材料、数学、人体科学、信息技术等领域俄罗斯也具有良好的发展前景。除了经济、资源、军事、科技方面等硬性指标外,对其地缘态势、民族个性和国家意志等软性指标也要给予特别关注。

俄罗斯成为世界一极的制约因素也不少,金融危机背景下国际能源价格下跌对俄罗斯经济的打击很大,乌克兰危机又使俄欧、俄美关系急转直下,美欧对俄罗斯的经济制裁使受金融危机影响的俄罗斯经济雪上加霜。尽管如此,俄罗斯现在仍然保留着作为一个世界大国的基本条件,更具备重新崛起、成为多极化格局中一极的巨大潜力。

## 五、中国国际地位的不断提升

改革开放 30 多年以来,中国飞速发展,国际地位得以提升、国际影响力也得以扩大,在国际舞台上发挥着越来越重要的作用。改革开放让我国的经济发展取得了举世瞩目的成就,综合国力不断提升,从而提高了我国在国际上的经济影响力,经济影响力的提升同时带动了政治影响力的提升。

2016年,世界经济复苏依然缓慢且不均衡,在世界经济不景气的大背景下,中国经济可谓"风景这边独好"。

1. 经济增长亮点:提前实现GDP翻两番目标

2016年,我国经济运行平稳,预计全年国内生产总值增速在6.7%左右,与年初预期目标一致。从国际比较看,我国在世界上仍属于经济增长率最高的国家之一,6.7%左右的经济增速大大高于1.5%左右的美国经济增速、0.6%左右的日本经济增速、1.5%左右的欧元区经济增速。需要说明的是,我国经济总量已经超过10万亿美元,在这个基数上每增长1个百分点,GDP增量就超过1 000亿美元,相当于2010年经济增长1.8个百分点的增量。换句话说,现在实现6.5%的增长率所带来的GDP增量,相当于2010年10%以上的增长率所带来的GDP增量。从这个角度看,不能不说2016年中国在低迷的世界经济中创造了耀眼的经济增长亮点。

2. 结构升级亮点:向后工业化时代过渡

2016年,我国经济结构进一步优化,成为明显亮点。"十二五"时期,我国服务业有了长足发展,到2015年,服务业增加值占国内生产总值的比重达到50.5%,首次过半。2016年前三季度,这一比重又上升到52.8%,对经济增长的贡献率也从2015年的54.1%提高到58.5%,创下了新中国成立以来服务业对经济增长贡献率之最。我国经济正在经历从以工业为主导的时代向以服务业为主导的时代即后工业化时代的重大转变。

3. 消费亮点:国内市场规模位居世界第二

消费已成为我国经济增长的最大动力。2010年之后,我国最终消费支出占GDP的比重持续上升,2015年提高到52.4%。2016年,我国消费品市场规模位居世界第二,最终消费支出占世界消费总量的比重超过8%,与美国的差距明显缩小。

4. 新经济亮点:世界最大数字红利

2016年,我国新经济、新业态迅速发展。无论从网民规模还是从手机网民规模来看,我国都已成为世界数字用户第一大国,由此创造了巨大的数字红利。全球235个国家和地区的消费者通过中国电商平台购物,中国电商辐射全球,正在实现全球买、全国卖。二是就业红利。数字经济连接民众,有力促进了创业和个体经营,创造了大量就业机会。三是服务红利。数字经济连接政府,电子政务迅速普及,促使政府更优质、更便捷、更低成本地提供公共信息和公共服务。

5. 全球治理亮点:为世界经济发展提供"中国方案"

2016年是中国全面参与全球经济治理年。中国既以自身的发展推动世界发展,又为构建创新、活力、联动、包容的世界经济提供"中国方案"。2016年中国对世界经济增长的贡献率为

33.2%,继续成为世界经济增长最大的发动机、顶梁柱,为世界经济增长提供主动力。更重要的是,在世界经济遭遇贸易保护主义和逆全球化浪潮侵袭的背景下,中国主办二十国集团领导人杭州峰会,在多个国际场合提出多项建议和行动方案,特别是推动制定了《二十国集团全球贸易增长战略》和《二十国集团全球投资指导原则》等,大力推动全球贸易自由化、投资自由化、服务便利化,为世界经济发展指明方向,为世界经济复苏出谋划策。中国全面参与全球经济治理,提出的中国理念和中国方案得到国际社会广泛认可和响应。中国方案将推动全球经济治理向着更加公正合理的方向发展,造福世界各国人民。

(二)国际影响力全面提升

在当今世界形势的发展变化中,中国越来越成为一个举足轻重甚至是不可或缺的因素。中国与世界的联系更加广泛而深刻,互动更加紧密而增强,世界越来越关注中国。

中国政府倡议成立亚洲基础设施投资银行。2013年10月2日,习近平主席提出筹建倡议,2014年10月24日,包括中国、印度、新加坡等在内21个首批意向创始成员国的财长和授权代表在北京签约,共同决定成立亚洲基础设施投资银行。截至2015年4月15日,已有57个国家正式成为亚投行意向创始成员国,涵盖了除美国之外的主要西方国家以及除日本之外的主要东方国家。在亚投行,在1 000亿美元的注册资本中,中国将提供297.8亿美元,中国可以拥有大约25%到30%的投票权。

中国提出"一带一路"战略。中国国家主席习近平在2013年提出共建丝绸之路经济带和21世纪海上丝绸之路的重要合作倡议。4年来,"一带一路"建设进展顺利,成果丰硕,受到国际社会的广泛欢迎和高度评价。2017年5月14日至15日,中国在北京主办"一带一路"国际合作高峰论坛。这是各方共商、共建"一带一路",共享互利合作成果的国际盛会,也是加强国际合作,对接彼此发展战略的重要合作平台。高峰论坛期间及前夕,各国政府、地方、企业等达成一系列合作共识、重要举措及务实成果,中方对其中具有代表性的一些成果进行了梳理和汇总,形成高峰论坛成果清单。清单主要涵盖政策沟通、设施联通、贸易畅通、资金融通、民心相通5大类,共76大项、270多项具体成果。

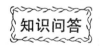
知识问答

问:什么是"一带一路"?

答:"一带一路"贯穿亚欧非大陆,一头是活跃的东亚经济圈,一头是发达的欧洲经济圈,中间广大腹地国家经济发展潜力巨大。丝绸之路经济带重点畅通中国经中亚、俄罗斯至欧洲(波罗的海);中国经中亚、西亚至波斯湾、地中海;中国至东南亚、南亚、印度洋。21世纪海上丝绸之路重点方向是从中国沿海港口过南海到印度洋,延伸至欧洲;从中国沿海港口过南海到南太平洋。

亚投行的成立与"一带一路"战略,彰显中国综合实力的提高与国际影响力的提升。中国作为最大的发展中国家,随着改革开放和经济实力的迅速增长,国际地位与影响力日益提高。

世界朝着多极化方向发展既是一个不以人们意志为转移的客观趋势,也是除美国以外的国家和国家集团所追求的目标。美国想建立单极世界,但力不从心。欧盟一体化使欧盟的力量壮大;日本加速了由经济大国向政治大国迈进的步伐;俄罗斯虽丧失了苏联超级大国的地位,但仍不失为世界强国;中国改革开放的发展,在国际舞台上的作用大大增强。这些国家与地区集团不约而同地主张世界向多极化方向发展。世界各种力量的分化组合以及大国关系的深刻调整有利于多极化的发展。

## 第三节 特朗普时期的美国外交政策趋向

2017年1月20日,特朗普入主白宫,正式成为美国第45任总统。特朗普在2016年大选中的政策主张及当选后特立独行的言行,彰显了特朗普与奥巴马政府在政策理念上的差异。未来,特朗普政府的内外政策,尤其是外交政策走向,成为各方关注的焦点。

### 一、特朗普时期下的美国外交政策特点

尽管特朗普在对外政策领域的主张并不十分明晰,但其新孤立主义的倾向却显而易见。这种新孤立主义和传统孤立主义相比,有着鲜明的特点:美国并非不关注外部事务,而是实行战略收缩,将关注的焦点集中在关键区域或议题上,而对于其他区域或议题则不愿过多介入;更多关注国内问题的解决,而对于外部世界的关注度减弱,承担国际义务的意愿下降,投入的资源也会随之减少。特朗普强调向内收缩,主张"攘外必先安内",注重解决国内问题。此外,特朗普还迎合反全球化的浪潮,对外来移民采取限制乃至抵制的态度,主张极端利己的贸易保护主义,退出TPP,重新谈判《北美自由贸易协定》。基本可以确定,特朗普政府在执政之初不会将主要精力投入到外交议题上,也不会主动去挑起事端,除非是有重大事态发展迫使其将主要精力从国内转向外交议题。

特朗普在大选中一再强调的"美国优先"将成为其对外政策的主基调。所谓"美国优先",实际上就是更多关注自身的利益,而不考虑其他国家甚至包括盟友的想法。只要有利于实现美国的利益,特朗普政府就会强力推行,迫使其他国家让步。对于多边国际合作,则采取消极的态度,不愿承担更多国际义务。这意味着未来美国对外政策中单边主义行为有可能上升。当然,这种"上升"应不会达到小布什政府第一任期内那种近乎疯狂的偏执地步。与此相对应,美国的对外战略思想将偏向现实主义方向,其意识形态色彩将相对下降,实用主义色彩则

更为浓厚。而这些都与共和党的传统理念相契合。作为亿万富翁,利益是特朗普的政策基点,务实是他的政策风格。在特定条件下,特朗普是不会排斥利益交换的。

"让美国再次强大"是特朗普2016年总统竞选的口号。但这并非他的原创,而是1980年总统大选时,里根针对美国当时国内经济滞胀、国外面临前苏联咄咄逼人的压力而提出的。对于里根,特朗普推崇有加。在特朗普的理念中,"让美国再次强大"含义有二:经济振兴和国防强大。而这种理念也和他提名的内阁成员组成相印证——富豪和退役将领占据重要职位。在经济振兴层面,为了振兴美国制造业,特朗普采取多种举措,阻止美大企业转向海外投资和生产;同时打着"公平贸易"的旗号,逼迫其他国家解决贸易逆差、货币汇率、市场准入、知识产权保护等问题,以扭转美国长期存在的贸易逆差。如果说在其他问题上,特朗普总是模棱两可、含糊其辞,那么他在经贸层面的民族主义基调是自始至终,十分鲜明的。

在国防安全层面,特朗普明确表示,将重塑美国的军事实力,反对奥巴马政府大幅削减军费的做法。这与共和党传统上注重国防安全的理念完全吻合。特朗普主张:将陆军人数增加6万,增至54万;海军陆战队以36个营为基础,扩充8 000~12 000人;将美国海军打造成为一支拥有350艘水面舰艇和潜艇的强大海军(现有272艘)。这也是共和党鹰派人物一直追求的目标。特朗普的两名对外政策顾问亚历山大·格雷和彼得·纳瓦罗于2016年11月7日在《外交政策》网站发表的一篇文章表示,特朗普政府将在亚太以实力求和平,重写美国与亚洲的关系。强大的国防力量除了可以维护美国的安全,也是在世界上压制对手和推进美国利益的重要工具。

## 二、特朗普时期对主要大国和地区的外交政策趋向

### (一)特朗普对奥巴马"亚太再平衡"战略的调整

美国的战略重心不会发生根本性逆转,依旧会将主要的关注点放在亚太,将更多的政治、经济、军事等资源投放到这一地区。在中东地区打击"伊斯兰国"(ISIS)极端势力,或许会在一定程度上吸引美国的注意力,但特朗普政府不太可能大规模投入地面部队,而是依靠地面特种部队、空中力量以及与相关国家的合作或对其施压,来打击极端势力。特朗普反对之前在中东推翻别国国家政权的做法,认为那只会造成权力真空,让恐怖分子得势;应通过渐进式改革来实现中东的变化。美国扩充后的海空军也会更多地投入到亚太地区,而不是中东或欧洲。奥巴马政府推进的"亚太再平衡"战略,是民主、共和两党的共识。即使特朗普上台执政,亚太地区依旧是美国的战略重心,是美国的重要利益所在。或许,特朗普政府的亚太战略不再叫作"再平衡"战略,但美国对这一地区的投入将是一贯的。特朗普政府将会强化美国在西太地区的军事存在,保持其军事优势。这在美国的亚太战略缺少TPP这样一条经济支柱的情况下,

就显得尤为重要。尽管特朗普一再强调,其上任后,美国就退出 TPP,以双边经贸协定取而代之,但不能排除特朗普执政 1 年后,将 TPP 问题改头换面,再次提上议事日程的可能性。毕竟,共和党和大工商阶层关系密切,相对于民主党人,传统上更支持自由贸易。

(二)特朗普对同盟国家外交政策的延续

同盟关系依旧是美国霸权的重要支柱。特朗普从亚洲撤军的论调只是一种对盟友、伙伴施压的手段,目的是让他们承担起更多的自我防卫义务,或者多出人,或者多出钱。而真正从亚洲撤军的可能性很小。面对中国的崛起和朝鲜核武器的发展,美日、美韩同盟只会加强,不会削弱。特朗普政府也会重视欧洲盟友的感受,有意维持和强化北约的作用。而美国要求盟友、伙伴承担更多的防务义务也并非始于特朗普。自冷战结束后,美国就在调整同盟友的关系,强化同盟国的合作,要求他们更多分担防务责任。奥巴马政府上台伊始推出的"巧实力",就主张加强同盟友的合作,让盟友分担责任。特朗普只不过是延续了这种趋势,并将这种诉求表达得更为极致。

G20 的成立为国际社会齐心协力应对经济危机,推动全球治理机制改革带来了新动力和新契机,全球治理开始从"西方治理"向"西方和非西方共同治理"转变。2016 年 9 月 4 日至 5 日二十国集团(G20)领导人第十一次峰会在中国杭州举行,这也是中国首次举办首脑峰会。二十国集团领导人第十二次峰会于 2017 年 7 月 7 日至 8 日在德国汉堡举行。

(三)特朗普时期美俄关系的调整

未来,特朗普政府有意改善同俄罗斯的关系,这是值得关注的重要动向之一。毕竟在当今世界中,中美俄三角关系的互动势必会影响到整个国际格局的走向。奥巴马政府时期,美俄关系由于北约东扩、民主人权问题一直摩擦不断;而双方在乌克兰问题上的争斗和随后美国推动欧美联手对俄实施经济制裁,使得美俄关系跌入谷底。实际上,美国战略界认为,美俄交恶使中国处于有利的地位,中国由此左右逢源,美国应当扭转这种被动的局面,改善同俄罗斯的关系。而特朗普在大选中和过渡期内对俄罗斯的友善态度、对普京的正面评价,以及近期双方的良性互动平添了外界的猜想。而特朗普任命的国家安全顾问弗林、国务卿蒂勒森都曾与普京有过良好的互动,也都主张改善美俄关系。这都为美俄改善关系提供了必要的条件。特朗普有意在打击"伊斯兰国"和解决叙利亚内战问题上,与俄罗斯合作,改善两国关系的氛围。不过"冰冻三尺非一日之寒",美俄关系的改善尚需时日。无论是提升相互信任,还是解除制裁,或停止压缩俄罗斯的战略空间,一时间都难以有明显的改观。

当然,特朗普上台执政,并不能摆脱一些特定的环境,不得不面对美国实力及左右世界能力下滑的趋势。首先是特朗普上台将面对一个撕裂的美国社会,其主要精力将会耗费在国内问题上。特朗普多少有些侥幸地通过选举人票赢得了大选,普选票则输给希拉里近300万张。这表明他在选民中的根基并不牢固:一半的民众支持特朗普;另外一半的民众则反对特朗普。这对于他执政将是很大的牵制。面对一个撕裂的美国社会,如何弥合分歧、缓解社会矛盾是特朗普需要首先解决的问题。一旦处理不好,其政府将会举步维艰,进退两难。其二,党派之争依旧激烈,民主党人势必不会甘心退让。特朗普要在诸如应对气候变暖、环境保护、医疗保险等诸多问题上推翻奥巴马的遗产,也会遭遇不小的阻力。其三,共和党内部也并非铁板一块,传统的主流建制派和极右翼共和党人也未必都会与特朗普站在一起。在特定议题上将会出现分化,只能具体问题具体分析。比如,在贸易问题上,民主党人和劳工组织关系密切,往往支持贸易保护主义;而共和党传统上与大工商企业、跨国公司关系紧密,对于特朗普的贸易保护主义政策则是忧虑重重。其四,特朗普政府在"美国优先"理念下采取的举措很可能会引发对象国家甚至是盟友的反弹乃至报复,从而对特朗普的民粹主义举措形成牵制。

## 第四节 发展中国家影响力逐渐提升

20世纪90年代以来发展中国家的总体经济实力增强,在世界经济中的地位与作用不断增大。发展中国家在世界经济中所占的比重明显上升,尤其是东亚的经济持续高速增长,拉美经济发展速度也很快,非洲现也已开始从诸多的困难中摆脱出来。在此期间,西方发达国家相继陷入经济衰退,而发展中国家仍持续快速发展,这表明发展中国家对发达国家的依赖程度开始减弱,它们对世界经济和发达国家经济发展的影响力不断增强,这将有利于它们维护民族独立和国家主权,反对霸权主义,建立国际政治经济新秩序。发展中国家影响力的提升,主要体现在二十国集团和金砖国家的组建与发展上。

### 一、二十国集团

(一)二十国集团概况

二十国集团,又称G20,是一个国际经济合作论坛。1999年9月,西方七国集团财政部长和中央银行行长在华盛顿发表声明表示,同意建立由主要发达国家和新兴市场国家组成的二十国集团就国际金融问题进行磋商。1999年9月25日,八国集团的财长在华盛顿宣布成立二十国集团(G20)。这个国际论坛由欧盟、布雷顿森林机构和来自19个国家的财长和中央银行行长组成。1999年12月16日,二十国集团的财政部长和中央银行行长在柏林举行二十国集团创始会议。旨在防止1997年亚洲金融风暴重演,并且为国际主要经济体就国际金融、货币政策等进行对话提供平台,以利于国际经济体系和货币市场的稳定。2008年全球金融危机爆发之后，G20也从最初的财长会议演变为各国首脑会议，在2009年9月下旬于美国匹兹堡召开的第三次二十国首脑会议上，G20取代G8（八国集团）被正式确立为"国际经济合作平台"。G20成员涵盖面广，代表性强，其构成兼顾了发达国家和发展中国家以及不同地域利益平衡，人口占全球的三分之二，国土面积占全球的60%，国内生产总值占全球的90%，贸易额占全球的80%。G20已取代G8成为全球经济合作的主要论坛。

（二）主要成员

二十国集团主要成员有：七国集团成员国美国、英国、日本、法国、德国、加拿大、意大利，以及澳大利亚、俄罗斯、中国、巴西、阿根廷、墨西哥、韩国、印度尼西亚、印度、沙特阿拉伯、南非、土耳其和作为一个实体的欧盟。同时，国际货币基金组织与世界银行代表也列席会议。

（三）主要活动

G20没有常设的秘书处和工作人员，因此，由当年主席国设立临时秘书处来协调集团工作和组织会议。会议主要讨论正式建立G20会议机制，以及如何避免经济危机的爆发等问题。与会代表不仅将就各国如何制止经济危机进行讨论，也将就国际社会如何在防止经济危机方面发挥作用等问题交换意见。从1999年至2013年已举办19次会议。另外，因应2007年到2010年的经济危机，G20从2008年起召开领导人峰会以商讨对策，并从2009年起每年举行两次峰会。峰会的另一个目的是纠正过往有关环球经济的会议和管理中没有包含新兴工业国家的局面。从2008年至2014年已举办9次领导人峰会，中国是2016年G20峰会主办国。

（四）二十国集团的影响力

G20在金融危机爆发时扮演了极其重要的角色，全球性金融危机所带来的灾难性后果已经逐渐消散，世界经济也从低谷中缓步回暖，G20在其中做出了积极并且卓有成效的努力。数次G20领导人峰会的召开，使得世界主要经济体能够在同一个平台上进行合作、对话及交流，在刺激经济增长上，能够保持经济政策的一致与协同；在促进国际进出口贸易和对抗贸易保护主义上，各国能够在同一框架下消解分歧，通过对话加深理解和信任；在消减贫困及帮助发展中国家从危机中康复上，G20宣布减免债务以及承担向国际货币基金组织和世界银行等国际金融管理机构注资。

从长远来看，G20成为世界经济合作平台这一事实已经不可动摇，G20推动了国际经济体制的改革，由少数发达国家长期操纵、控制国际经济事务的历史宣告终结。发展中国家的地位逐渐崛起，对于世界事务的参与热情不断提升，在世界经济舞台上的地位变得日益重要。世界多极化时代与经济全球化时代的到来为G20诞生提供了难得的机遇，国家间通过合作来实现共同发展、互利共赢成为国际交往的主流。

G20 峰会,为新兴国家提供了参与国际经济合作的平台,提升了发展中国家在国际金融体系改革中的代表性和发言权,G20 作为一种国际机制,在未来的全球经济事务中将发挥重要的作用。

## 二、金砖国家

### (一)金砖国家基本情况

"金砖国家"(英文 BRICS)的前身是金砖四国(英文 BRIC),指巴西、俄罗斯、印度、中国全球最大的四个新兴市场国家,根据其英文首字母近似"brick"而得名。2010 年 12 月,南非加入"金砖四国",从而更名为"金砖国家"。2015 年 1 月 1 日,俄罗斯开始担任金砖国家机制轮值主席国。

**知识问答**

问:"金砖国家"名称是怎么来的?

答:2001 年,美国高盛公司首席经济师吉姆·奥尼尔首次提出"金砖四国"这一概念,来自这四个国家的英文国名开头字母所组成的词 BRIC,指巴西(Brazil)、俄罗斯(Russia)、印度(India)和中国(China),其发音类似英文的"砖块"(brick)一词。

2003 年,奥尼尔在一份题为《与"金砖四国"一起梦想》的研究报告中预测,到 2050 年,世界经济格局将重新洗牌,"金砖四国"将超越包括英国、法国、意大利、德国在内的西方发达国家,与美国、日本一起跻身全球新的六大经济体。高盛这份报告出台后,中国、印度、俄罗斯和巴西作为新兴市场国家的领头羊,受到世界广泛关注,"金砖四国"这一概念由此风靡全球。

### (二)成员国

**1. 中国**

中国堪称世界最具发展活力的经济区域,引进外资额最高,成为全球最大企业集团的生产基地。GDP 从 2010 年起超过日本排名第二,2013 年中国进出口贸易总额首次突破 4 万亿美元这一历史性关口,高达 4.16 万亿美元,取代美国成为全球最大贸易国。中国拥有 13 亿居民,是世界上人口第一多的国家,充裕、廉价、可靠的劳动力驱动了中国经济繁荣,除了无与伦比的价格优势之外,就业人员的素质也在不断提升。不过,世界经济增长的发动机下面也潜藏着危机。虽然中国央行制定了贷款限制措施,经济过热的隐患依然未能消除;城乡、个人收入之间的巨大剪刀差也令发展失衡,危及社会稳定;环境污染更加恶化。中国股市缺乏独立、有效的监控机制;原料不足、能源缺乏等一系列问题都为中国经济制造了瓶颈。

总部位于瑞士日内瓦的世界经济论坛日前发布《2014~2015 全球竞争力报告》,中国内地竞争力较2013年上升一位,名列第28位,同为金砖国家的俄罗斯、南非、巴西和印度分别排第53位、56位、57位和71位。中国经济竞争力在"金砖五国"中仍然处于领跑地位。

### 2. 巴西

巴西是南半球最大的发展中国家,国土面积和人口分别占拉美地区三分之一,人口数居世界第五,面积居世界第五。2014年国内生产总值为2.2万亿美元,世界排名第七位,是世界重要经济大国之一。除传统农业经济之外,生产、服务行业也日益兴旺,更在原材料资源方面占据天然优势,拥有铁、铜、镍、锰、铝土矿世界上最高蕴藏量。另外,通信、金融等新兴产业也呈上升趋势。巴西早在20世纪六七十年代,就已经进入了次发达国家的行列,20多年前就具备了冲击经济大国的基础条件,但由于通货膨胀久治不愈,患上既攀不上发达国家、又没有廉价劳动力优势的"拉美病",被全球经济边缘化了30年,现如今,它终于走出了低谷,连续多年的强劲经济增长,使它走上了与西方大国直接对话的讲坛。

巴西前总统、巴西社会民主党领导人费尔南多·恩里克·卡多佐制定过一套经济发展策略,为其后的经济振兴奠定了成功的基石。这套经改政策后来为巴西劳工党籍的总统路易斯·伊纳西奥·卢拉·达席尔瓦所发扬光大,其核心内容在于:引入灵活的汇率体系;改革医疗、养老制度;精简政府官员系统。然而,有批评家认为,成也萧何败也萧何,巴西劳工党内部贪污受贿不断,在很大程度上动摇了现任政府的执政根基。

### 3. 印度

印度是世界上的第二人口大国,6 000多家上市公司也使其股市规模空前壮大。在过去的20年间,印度经济以每年平均5.6%的速度稳定成长,而在经济前台的背后,是一支高素质的就业大军。印度是世界上最大的议会制发展中国家,20年前还是全世界最贫穷的国家之一,经济的快速增长只有十几年的时间,但在软件、制药等产业领域已处在国际先进水平,金融服务体系非常完善,它正在走向一条由贫穷落后国家向经济大国转变的道路。据初步统计,西方企业在印度约2 300万高校毕业生眼中越来越富有吸引力。美国最大的1 000家公司当中,四分之一的企业使用在印度开发的软件。印度药业也在全球市场占据了重要地位。世界上40%的"学名药"(专利期已过的药品药剂)是在印度生产的,这一行业带动个人可支配收入以两位数字的增长率飞速上涨,与此同时,印度社会出现了一批注重享受、乐意消费的中产阶级。另外,一些大的基础建设项目,如6 000千米长的高速公路网络、兴旺发展的出口贸易也为经济发展提供了强大的后继力量。

当然,印度经济也存在不可忽视的弱点,例如,基础设施不够完善、高额财政赤字、能源及原材料依赖性过高等。政治方面,社会伦理道德观念变化、克什米尔地区局势紧张都有可能引发经济动荡。

### 4. 俄罗斯

1991年苏联解体后,俄罗斯从一个封闭的、中央计划经济体转型为国际整合,以市场为基础的经济体。俄罗斯已经是全球最大的天然气出口国、第二大石油出口国。走过1998年金融危机的俄罗斯经济就像从灰烬里飞出的一只浴火凤凰,石油和天然气价格上涨无疑为俄罗斯经济增添了双翼。这两大工业血脉的开采和生产控制了今天五分之一的国民生产,并且创造了50%的出口贸易产值和40%的国家收入。在金砖国家中,四个类型的国家向世界展示出了大国成长的不同道路:俄罗斯作为前超级大国苏联的继承者,在经历了一段过山车式的大滑坡后,重整旗鼓,携前超级大国的余威,终于回归到了大国行列。另外,俄罗斯还是钯、铂、钛的第一大产国。与巴西的情况有些类似,俄罗斯经济的最大威胁也隐藏在政治之中。虽然俄罗斯地大物博,能源丰富,如果缺少了有效遏制腐败的必要体制改革,政府在未来发展态势面前依然不能高枕无忧。

5. 南非

南非是世界第四大矿产国,是非洲最大的能源生产国和消费国,黄金、钻石的储量和产量均居世界第一位,采矿业居世界领先地位。并且,南非相关企业在非洲金融、电力、电信、建筑、农业等行业都具有举足轻重的地位。它还是许多重要国际组织中的非洲代表,曾经是八国集团与发展中国家领导人对话会(G8+5)唯一的非洲成员,当前则是G20唯一非洲成员。南非充分利用国际市场,推动贸易和投资迅猛增长。依托包括德班、开普敦在内的八大港口,南非的货物贸易可直接辐射到周边的发达国家,同时也为整个非洲的经济发展提供了有力的支撑。南非是非洲最大经济体和最具影响力的国家之一,其国内生产总值约占撒哈拉以南非洲国家经济总量的三分之一,对地区经济发展起到了重要的引领作用。

解决就业是南非当前面临的最重大挑战,单靠南非企业远远不够,必须大力吸引国外投资。南非基础设施发展滞后,尤其是铁路网建设远远落后其他金砖国家,这成为制约商品和服务流动的瓶颈。这一行业可为国外投资者提供大量投资机会。此外,南非能源结构较为单一,电力供应紧张,这是制约南非经济进一步发展的另一个重要因素。为此南非政府提出大力发展新能源,提高太阳能、风能等新能源的应用比例。

(三)主要活动

2009年6月,中国、俄罗斯、印度和巴西四国领导人在俄罗斯举行首次会晤,并发表《"金砖四国"领导人俄罗斯叶卡捷琳堡会晤联合声明》。2010年4月,第二次"金砖四国"峰会在巴西召开。会后四国领导人发表《联合声明》,就世界经济形势等问题阐述了看法和立场,并商定推动"金砖四国"合作与协调的具体措施,"金砖国家"合作机制初步形成。2010年11月,G20会议在首尔举行,南非在此次会议上申请加入"金砖四国"。2010年12月,南非加入"金砖国家"合作机制,"金砖四国"即将变成"金砖五国",并更名为"金砖国家"(BRICS)。2011年4月,在中国三亚举行第三次领导人会晤,发表了《三亚宣言》,首次推行本币贸易结算。加强金融合作成为本次金砖国家领导人会晤的一个重要成果,五国签署《金砖国家银行合作机制金融合作框架协议》。2012年3月28日至29日,金砖国家领导人在印度首都新德里举行第四次会晤。会后发表了《新德里宣言》。此次会晤一方面大大推动了金砖国家之间的务实合作,强化了金砖国家合作机制维护新兴国家和发展中国家利益的特征。另一方面积极参与全球经济治理,进一步拓展了金砖国家之间的合作领域。此会议中,中国、巴西、俄罗斯、印度和南非五国开发银行共同签署了《金砖国家银行合作机制多边本币授信总协议》和《多边信用证保兑服务协议》。2013年3月26日,在南非德班举行第五届金砖国家峰会,共有15个非洲国家的首脑被邀请出席了会议。

### 本讲思考

1. 当前世界不确定安全因素有哪些?
2. 世界多极化格局主要有哪几极?
3. 美国对外政策调整的主要内容有哪些?
4. G20和金砖国家在当今世界的影响力表现在哪些方面?

### 思考题

1. 伊朗的核态度、发展核的原因以及伊核问题的实质是什么?
2. "一带一路"战略的重要意义以及未来发展路径的选择有哪些?
3. 当前世界恐怖主义的发展状况是怎样的?

# 第十一章

Chapter 11

## 中国与欧美大国的关系

**要点提示**

- 中美关系
- 中俄关系
- 中欧关系

**开篇阅读**

中国与欧美大国的关系主要体现在中美关系、中俄关系、中欧关系三组外交关系上。中美关系是世界上最重要的双边关系之一,建交40多年来双边关系取得重大进展,在政治、经济、文化、军事等领域的合作成果显著,双方正在构建新型大国关系,朝着中美战略合作伙伴关系迈进,双方在重大事务上也存在巨大分歧,双方关系时进时退,总体讲是合作多于冲突,共同利益远大于彼此分歧。中俄关系经历曲折,近年来双边关系取得突破性进展,中俄不断强化全面战略协作伙伴关系,两国关系保持高水平运行,政治互信不断深化,务实合作取得新的重要成果,人文交流蓬勃发展,在国际和地区事务中的战略协作更加密切。中欧关系在建交40年间,中欧双方均视对方为维护和平、促进发展的积极力量,确立起共同建设"和平、增长、改革、文明"四大伙伴关系的宏伟目标,对双边关系的战略定位上升到新的高度。相信在中国"一带一路"战略推动下,中国与欧美大国关系会不断向前推进。

# 第一节 中美关系

## 一、中美关系的发展历程

**（一）冷战时期的中美关系（1972年至1989年）**

新中国成立后的20多年里，中美曾长期处于对立与隔绝状态。1972年2月，美国总统尼克松访华，重新开启了中美交往大门，中美签订了三个联合公报（即"上海公报"、《中美建交公报》和"八·一七公报"），成为中美两国发展稳定、健康、正常国家关系的基础。在上述三个联合公报的基础上，确立了中美关系的基本框架：①双方以和平共处五项原则处理国家之间的关系。②"美利坚合众国承认中华人民共和国政府是中国唯一合法政府。在此范围内，美国人民将同台湾人民保持文化、商务和其他非官方关系"。③美国"不寻求执行一项长期向台湾出售武器的政策，它向台湾地区出售的武器在性能和数量上将不超过中美建交后近几年供应的水平。它准备逐步减少对台湾的武器出售，并经过一段时间导致最后解决"。整个20世纪80年代，中美关系总体上是在这一框架内发展的。

**（二）冷战结束后的中美关系（1989年至2001年）**

东欧剧变使中美关系所处的国际环境发生了巨大变化，中美关系大体经历了三个阶段。

**1. 制裁与反制裁阶段（1989年至1992年）**

1989年，美国发起了对华的全面制裁。美国国会连续通过多项干涉中国内政的决议；美国中断与中国的高层往来，停止对华的技术转让和技术合作，策划国际金融机构停止对华的资金援助和贷款。海湾危机发生后，由于在战略上对中国的需求，迫使布什政府取消了大部分对华制裁措施。

**2. 施压与反施压阶段（1993至1996年初）**

克林顿上台伊始，采取了一系列恶化两国关系的行动，对华全面施压。美国政府先是将对华最惠国待遇同"人权"问题挂钩，继而制造了"银河号"事件和阻挠中国承办2000年奥运会。1993年9月，克林顿政府审议通过了对华政策的《行动备忘录》，制定一项以"全面接触"取代"全面对抗"的新方针。为此，美方采取一系列改善关系的主动步骤，邀请江泽民主席出席APEC西雅图非正式领导人会议并举行中美首脑正式会晤。双方达成共识，要发展合作，不搞对抗。

但此时双方也有摩擦。1995年5月22日美国政府宣布允许李登辉以私人身份到美国康奈尔大学访问。对此,中国政府做出强烈反应,两国关系处于建交以来的最低点。次年3月,在中国举行军事演习期间,美国官方调集两个航空母舰战斗群前往台湾附近海域,公然对中国实施炮舰威胁。

3. 接触与合作阶段(1996年至2001年)

1996年11月,中美国家元首在出席APEC马尼拉峰会时举行会晤。克林顿表示,两国在许多问题上有着共同的战略利益,美国愿意同中国建立起良好的合作伙伴关系。双方商定,两国元首相互进行正式国事访问。1997年10月江泽民访美期间双方签署的《中美联合声明》指出,中美应努力建立面向21世纪的建设性战略伙伴关系。1998年6月克林顿访华期间,首次公开承诺对台湾问题的"三不"政策,即美国不支持台湾独立,不支持"一中一台""两个中国",不支持台湾加入任何必须由主权国家才能参加的国际组织。

在20世纪进入尾声之际,美国国内的保守势力抬头,给中美关系带来了新的严峻考验,"中国威胁论"甚嚣尘上。但是双方除分歧外还有很多共同的利益,中美双方表示将继续致力于建立面向21世纪的建设性战略伙伴关系。双方恢复了早些时候中止的就中国加入WTO的谈判,并于1999年底就这一问题最终达成了协议。2000年两国恢复了安全对话和军事交流;美国国会通了对华永久性正常贸易关系法案。

2001年1月小布什就任美国总统后,否认"中美战略伙伴关系",将中国视为战略竞争者,公开表示"不惜一切代价保护台湾"。随之而来的就是中美间的摩擦乃至冲突,中美关系一度明显降温。

(三)美国"9.11"事件以来逐步走向正常化的中美关系

美国"9·11"事件以来,中美在重大国际问题的观点趋同,尤其是反恐,需要双边合作。至今中美领导人已经实现了多次互访。双方在务实合作与管控分歧的基础上推动新型大国关系建设持续取得实质性进展。中美各个层面尤其是两国首脑的良性互动,不仅将促进中美两国增进互信,还将对中美关系乃至世界和平与发展产生重大而深远的影响。

## 二、中美关系取得的成就

(一)政治关系

中美重启交往大门以来,两国高层交往频繁,对话机制逐步完善。1979年1月,中国领导人邓小平访美,揭开了中美关系新篇章。

自20世纪80年代至今,中美陆续建立起60多个对话机制,涉及政治、经济、军事、教育、科技、文化、反恐、防扩散、国际地区事务等多个方面,主要包括中美战略与经济对话、中美联合商贸委员会、中美人文交流高层磋商、中美联合科技委员会等。

中美由于政治制度、价值观念、历史文化传统、经济社会发展水平存在差异,双方在一些问题上存在不同看法。中方愿与美方一道,牢牢把握共建合作伙伴关系大方向,不断增进互信和合作,妥善处理台湾、涉藏、人权等分歧和敏感问题,推动中美关系持续健康稳定向前发展。

### (二) 经贸关系

中美经贸关系是两国关系发展的重要支柱,互利共赢是中美经贸关系的本质。作为世界上最大的发展中国家和最大发达国家,中美在自然禀赋、人力资源、市场、资金、技术等各方面具有较强的互补性。中美建交以来,双方经贸关系迅速发展,合作领域不断扩大,内涵日益丰富,相互依存持续加深。与建交初期相比,中美双边经贸合作已由单一的贸易关系发展到两国国民经济的各个领域。

在贸易方面,根据中国商务部统计,2015 年,中美贸易额达 5 583.9 亿美元,同比增长 0.6%。美国是中国的第二大贸易伙伴,第一大出口市场和第四大进口来源地。根据美方统计,2015 年 1~11 月,中美双边货物贸易额 5 691.7 亿美元,同比上升 2.4%,占美货物贸易总额的 16.2%,占比较去年同期上升 1.2 个百分点。中国已超过加拿大成为美国最大的贸易伙伴。中美两国双边贸易投资规模不断扩大。

在投资领域,中美双向投资保持增长。截至 2015 年底,美对华投资项目累计达 6.6 万个,实际投入 774.7 亿美元。美国是中国第六大外资来源地。中国在美国的投资保持良好增势。据初步统计,截至 2015 年底,中国企业在美累计直接投资 466 亿美元。美国是中国对外直接投资的第四大目的地。

中美在经贸领域建立了多个对话沟通机制,主要包括 1979 年建立的中美联合经济委员会,1983 年建立的中美商贸联委会,以及分别于 2006 年和 2009 年建立的中美战略经济对话和中美战略与经济对话,取得众多具体成果,内容涵盖宏观经济政策、金融、贸易、投资、国际规则、全球经济治理等方方面面。上述对话机制为维护中美经贸关系健康稳定发展发挥了重要积极作用。

中方愿与美方一道,进一步释放双方合作潜力,扩大两国在贸易、投资、新能源开发利用、基础设施建设等领域合作,妥善处理两国经贸摩擦与分歧,推动两国经贸关系在更宽领域、更深层次、更大范围内得到发展。希望美方在出口管制体系改革中充分考虑中方关切,努力促进民用高科技产品对华出口,并采取切实措施为中国企业赴美国投资提供更加公平、友善的环境。

### (三) 两军关系

中美两军关系是两国关系重要组成部分。建交以来,两国在军事领域开展了交流,建立了中美海上军事安全磋商机制、两国国防部防务磋商和工作会晤机制等对话磋商机制。

近年来,两国两军继续保持高层交往和机制性对话,在军事档案、人道主义救援减灾等领域开展了良好合作。2012年5月,时任国务委员兼国防部长梁光烈访美,就两军关系以及国际地区热点问题等与美方进行深入交流,为推动中美两军关系发展发挥了积极作用。2015年1月12日至19日,中美两军在广州、海口举行了人道主义救援减灾联合实兵演练和第十次研讨交流。美太平洋总部陆军司令布鲁克斯上将观摩了实兵演习。双方在推进两国新型军事关系上观点一致,认为应该保持高层对话,推进务实合作,确保战略稳定。

中美两军关系存在一些困难和障碍,主要包括美国对台军售、美军舰机对华抵近侦察和美国有关涉华歧视性法律等。中方愿与美方共同努力,本着"尊重、互信、对等、互惠"的原则,推动中美两军关系健康稳定发展。

(四)人文交流与地方合作

中美建交以来,两国在文化、科技、教育等领域交往频繁,双方签署了《中美文化合作协定》《教育合作议定书》《中美政府间科学技术合作协定》等合作文件,建立了中美科技联委会、中美文化论坛等对话机制。为了推动两国人文交流,增进了解,建立信任关系,积极友好地合作,2009年11月中美人文交流高层磋商机制被写入《中美联合声明》,截至2016年6月已举行了七轮磋商。2015年9月习近平主席对美国进行国事访问,极大地推动了中美两国在人文领域内的合作,取得一系列重要成果。其中,中方宣布未来3年将资助中美两国共5万名留学生到对方国家学习;美方宣布将"十万强"计划从美大学延伸至美中小学,争取到2020年实现100万名美国学生学习中文的目标;双方支持大学智库合作,每年举办中美大学智库论坛,在两国大学和教育机构间加强合作并推动公共外交项目;双方将支持每年举办中美青年创客大赛;双方在2016年举办"中美旅游年";中国文化部将与美国多家公共和私营文化机构合作,在美开展"跨越太平洋——中美文化交流合作项目";中国电影集团与美国电影协会将携手致力于继续就电影产业开展合作等。

建交以来,富有成效的中美地方交流合作一直是支撑两国关系发展的重要基础和推动力量。中美地方交流合作呈现新的蓬勃发展态势。中国31个省区市同美国50个州建立了43对友好省州、200对友好城市。过去10年,美国42个州对华出口增幅达到3位数。据美方统计,中国过去5年对美投资年均超过80多亿美元,增速还在加快。两国地方间教育、文化、旅游等广泛领域友好交往和互利合作也取得长足发展。2011年7月,中美建立了省州长论坛,旨在为两国省州领导人提供一个重要交流平台,以促进两国地方在贸易、投资、能源、环境、人文等广泛领域的务实合作。为推动两国城市间经济合作,中国市长协会与美国市长会议于2011年4月和2012年6月在美国华盛顿州西雅图和中国南京联合举办了两届中美城市经济合作会议。

### （五）中美在国际事务中的合作

中美在重大国际地区和全球性问题上保持着密切有效的沟通和协调，合作领域涉及朝鲜半岛局势、伊朗核、南亚等地区热点问题，反恐、防扩散、能源资源安全、公共卫生、防灾减灾等非传统安全领域，以及应对国际金融危机、气候变化等全球性挑战。双方还共同建立了非洲、拉美、南亚、中亚等一系列地区事务磋商机制，并决定举行中东事务磋商。中美在国际事务中的协调合作为维护世界和地区的和平、稳定与繁荣做出了积极贡献。

## 三、特朗普时期的美国对华政策趋向

刚刚上台执政的特朗普将给中美关系带来更多的变数。特朗普认为，奥巴马政府的对华政策过于软弱，主张对华采取强硬的立场。在特朗普上台执政的初期，中美关系出现颠簸的可能性较大。

特朗普上台执政后，在亚太地区布局，加大政治、经济和军事投入，试图压缩中国的战略空间，围堵中国影响力的拓展，竭力维护美国在亚太地区的主导地位，中美在西太地区的竞争与博弈将会有所加剧。而首要的就是中美之间经贸摩擦将会加剧。

目前，特朗普考虑采取两种方式来实施贸易保护主义：一种方式是对所有进口产品征收10%的关税；另外一种方式是对进出口产品征收所谓的"边境调节税"，主要是针对那些在海外加工的美国公司。可以确定，特朗普上台后，面对美国国内浓厚的贸易保护主义情绪，同时也出于兑现竞选承诺的考虑，特朗普至少会推出实质性的举措，对中国部分商品提高惩罚性关税或设置贸易壁垒，从而使得中美经贸摩擦的概率上升。在此氛围下，进而影响到两国在一些双边问题上的磋商与谈判，包括中美双边投资协定的谈判等。

当然，尽管中美经贸摩擦的可能性会大幅上升，但对华商品征税45%的可能性微乎其微。毕竟，美国和中国分别是世界第一大和第二大经济体，双方相互依赖也日益加深，中国已经是美国的第一大贸易伙伴，如果双方爆发贸易战，肯定是两败俱伤。

在朝核问题上，特朗普也语出惊人。他曾表示，平壤引发的问题应当由北京方面出面解决。如果朝鲜继续在发展核武器及其运载工具的道路上越走越远，则美国采取预防式战争来消除朝鲜核威胁的紧迫性将会加速上升。美方多位智库专家表示，一旦感觉到朝鲜有意利用核武器来威胁美国及其盟友，美国将先发制人，不惜代价地打掉朝鲜核设施。当然，也有美国专家建议美中两国人士应尽早就如何应对朝鲜可能崩溃的情况进行商讨。随着朝鲜半岛局势的紧张，美国对中国施加的压力也在增大。从特朗普的考量来看，未来"萨德"反导系统在韩、日的部署都会进一步推进。

## 第十一章　中国与欧美大国的关系

在中国南海问题上，特朗普政府将加大在南海巡航的力度，以平衡中国军事力量的存在。特朗普指责中国的南海政策没有尊重美国的意见，其扩大海军力量的造舰计划实际上主要是针对中国。特朗普外交团队认为，美国海军或许是亚洲地区稳定的最大源泉，可以制衡"中国日益增长的野心"；面对中国不断增强的海军力量，特朗普的海军扩张计划将会消除这一地区美国盟友的疑虑，表明美国仍将是"亚洲自由秩序的保证者"。拟出任国防部长的马蒂斯主张，鉴于中国在南海的动作越来越大，美国应构建更强大的海军力量、拥有更多的军舰。他宣称："虽然我们努力在太平洋地区与中国保持良好关系，但如果中国继续在南海和其他地区扩大影响，我们也必须制定相应的平衡政策。"他的这番言论实际上是为特朗普的言论加了注解。

对于中国而言，台湾问题关系到国家主权和领土完整，因此台湾问题是中美关系中最为重要和敏感的问题。中国外交部多次表示，台湾问题事关中国主权和领土完整，涉及中方的核心利益；坚持"一个中国"原则是发展中美关系的政治基础，如果这一基础受到干扰和破坏，中美关系健康稳定的发展和两国重要领域的合作就无从谈起。然而，近期特朗普的不少言行颇具争议性，已经触及中方的底线。2016年12月2日，特朗普和蔡英文直接通话，并直呼对方为"台湾总统"。该举动是中美建交37年以来第一次打破惯例的行为，向外界发出了一个令人警惕的信号。

大选期间，尽管特朗普鲜有就台湾问题表态，但通过解读2016年的共和党竞选纲领，人们还是能够窥测到特朗普阵营的对台政策倾向。在此竞选纲领中，共和党从价值理念上认同台湾，非但只字未提"一个中国"政策和"三个联合公报"，反而只是强调美台关系将继续基于《与台湾关系法》，并首次将对台"六项保证"写入党纲，主张"协助台湾自卫"，并"赞赏台北新政府在继续台海两岸建设性关系方面做出的努力，并号召中国大陆做出回应"，主张给予台湾"强有力的支持"。

在不突破既有的对台政策的框架下，特朗普团队将会加大对台湾的支持力度。未来，特朗普政府将可能采取四大步骤来提升美台关系：

一是推进美台军事交流与合作，加大对台出售武器力度。2016年12月23日，奥巴马总统签署了参众两院通过的《2017财政年度国防授权法》。该法主张，五角大楼应推动美台高级资深国防官员的交流，改善美台军事关系与合作。这是首次将有关美台资深军事将领与官员交流的章节纳入法案中。此外，在中国军力日益强大的背景下，不排除将来美国会出售新型潜艇和战斗机给台湾。

二是派遣更高级别的在任官员访台，如内阁级官员。实际上，目前已有共和党亲台人士向特朗普提议，执政后应尽早派遣内阁级官员访台。他们认为，这不是"新鲜事"，之前的克林顿和小布什执政期间都有先例。

三是给予台湾领导人或驻美人员更高的接待规格,放松或突破原有的限制。比如,允许台湾当局领导人,如蔡英文等,在访问他国的途中路经美国首都;允许台湾当局官员进入美国国务院、国防部等内阁部门处理公务;邀请台湾当局高级官员出席美国政府的相关重要会议或大型仪式;甚至提升美国官方驻台湾机构的级别。

四是更多支持台湾加入功能性的国际组织,如国际民航组织、世界卫生组织和国际刑警组织等。根据过去的历史经验,美国会视中美关系、亚太局势、两岸关系和岛内政局的具体情况,在对台政策上做出一定的调整。中美将在战略博弈与互动中,相互塑造对方的行为。未来,只要中美关系相对平稳,美国对台政策的总体框架,即基于"一个中国"政策和"三个联合公报"以及《与台湾关系法》的台海政策,不会因为特朗普上台而发生根本变化。特朗普和蔡英文通话引发各方关切之后,当选副总统彭斯出面解释说,两人之间的通话只是"礼节性的",无意改变美国对华政策。随后,普利巴斯也表态,特朗普政府尚无意改变"一个中国"政策。而奥巴马政府也一再表态,称美国坚持"一个中国"的政策没有改变。特朗普提名爱荷华州长、习近平主席的老朋友特里·布兰斯塔德出任驻华大使。这表明,特朗普团队还是有意稳定中美关系的。

总之,随着特朗普上台执政,美国对华政策将趋于强硬,中美关系也将面临严峻挑战。但特朗普团队面临的国际格局已经发生了重大变化,也不得不接受美国实力下滑的现实,未来,中美之间竞争与合作并存的总体态势不会发生根本性变化,双方都没有全面对抗的意愿。我们需要的是自信而淡定,集中精力办好自己的事情,同时坚决维护自身的核心利益,威慑和反击任何外部挑衅。以我为主,全面推进和深化改革,不断增强国家综合国力,才是中国立于不败之地的法宝。

## 第二节 中俄关系

### 一、中俄关系的发展历程

20多年来,中俄关系经历了前后五个发展阶段,即中苏关系向中俄关系的平稳过渡阶段,建设性伙伴关系阶段,战略协作伙伴关系阶段,睦邻友好合作阶段,全面战略协作伙伴关系阶段。中俄两国不仅在政治互信、经贸往来、能源合作、文化交流及地区合作等领域取得了重大进展,而且在国际舞台上展开了更加有效的合作。20多年的发展历程构建新型中俄关系打下了坚实基础。

### (一)中苏关系向中俄关系的平稳过渡阶段(1992年至1993年)

1989年5月戈尔巴乔夫访华,在北京与邓小平举行的两国最高级会晤标志着中苏关系正常化。邓小平与戈尔巴乔夫会谈时提出:"结束过去,开辟未来。"从此两国关系翻开了新的一页。两国关系要迈进新时期之际,苏联解体了。1991年底苏联解体后,中国承认12个共和国的独立,继续履行原苏联与中国签署的各项条约、协议和有关文件所规定的义务,承认俄罗斯联邦取代苏联在联合国的席位,任命原中国驻苏大使为中国驻俄大使。双方根据1989年、1991年中苏两个《联合公报》所确定的基本原则为中俄关系的指导原则,双方愿在和平共处五项原则基础上进一步发展睦邻友好合作关系。

然而,俄罗斯独立之初推行了向西方"一边倒"的外交政策,并不重视发展与中国的友好关系,在与西方交往过程中一再碰壁,俄罗斯开始调整对外政策,提出了"既面向西方,也面向东方"的双头鹰政策,并提高了对发展中俄关系的重视度。1992年12月,叶利钦总统首次访华,与中方签署了《关于中华人民共和国和俄罗斯联邦相互关系基础的联合声明》以及涉及经贸、科技等领域的24个合作文件。中俄首次元首会晤开辟了两国睦邻友好和互利合作关系的新阶段,实现了由中苏关系到中俄关系的成功过渡。

### (二)构建面向21世纪新型的建设性伙伴关系阶段(1994年至1995年)

随着中俄两国往来的增多,合作领域的扩大,"互视友好国家"的定位已经越来越不适应两国关系不断发展的现状了,中俄双方都意识到有进一步提高两国关系层次的必要性。1994年1月,俄罗斯率先提议中俄两国建立"面向21世纪的建设性伙伴关系"。同年9月,江泽民主席正式访问俄罗斯,与俄方就如何进一步发展两国关系进行深入探讨。双方签署了第二个《中俄联合声明》,将两国关系定位为"建设性伙伴关系"。同时两国也在长期谈判的基础上签署了《中俄国界西段协定》,这是继东段国界协定之后又一个重要的边界条约,至此中俄之间98%的边界线得到确定。此外,双方还签署了《中俄两国首脑关于不将本国战略核武器瞄准对方的联合声明》。1994年1月两国签署《中俄两国外交部磋商议定书》,决定在重大国际问题上经常进行磋商,协调立场,加强合作。这样,中俄在政治、经济、文化等领域加强合作,把中俄两国关系提高到一个新的水平,从一般的友好关系发展到建设性伙伴关系。

### (三)建立与发展平等与信任和面向21世纪的战略协作伙伴关系阶段(1996年至1999年)

1996年4月,叶利钦总统再次访华,中俄两国元首在新的联合声明中宣布,中国和俄罗斯"决心发展平等信任的、面向21世纪的战略协作伙伴关系"。1997年11月,在叶利钦总统访华期间,两国领导人发表《中俄关于世界多极化和建立国际新秩序的联合声明》。1999年12月,叶利钦最后一次访华,两国元首在联合声明中再次强调,要在联合国宪章及现行国际法准则的基础上推动建立多极世界,和平解决国际争端,尊重别国的发展道路和选择,反对干涉别国内政,坚决主张建立平等、公正、互利的国际政治经济秩序。此外,中俄两国共同倡导并于1996年建立了"上海五国"机制,使得两国在中亚地区及其相关事务中展开了更加密切的合作。

20世纪90年代后半期,中俄关系上了三个台阶:从"互视为友好国家"上升为"建设性伙伴关系",直到建立"平等与信任的、面向21世纪的战略协作伙伴关系"。在此期间,中俄双方在各个领域的合作都取得了重大进展;实现了两国最高层交往的制度化、机制化;解决了大部分历史遗留的边界问题;在边境地区建立信任措施与实行裁军;联合打击国际恐怖主义、民族分裂主义与宗教极端主义三股势力;加强国际事务中的协调;扩大经贸合作等。这些都有利于两国政治互信的增强。

(四)新世纪以来建立和发展睦邻友好合作阶段(2000年至2011年)

2000年3月,普京当选为俄罗斯总统,他继承了叶利钦时期的全方位外交政策,继续发展与中国的战略协作伙伴关系。2000年7月,普京总统访华,两国元首签署了《中俄北京宣言》、《关于反导问题的联合声明》以及能源、金融等合作协议。2001年6月,在中俄的共同倡议推动下,两国与中亚四国共同组建了上海合作组织,确定了安全合作机制,这使两国在睦邻友好、维护地区安全与稳定方面的合作更加深入。同年7月,江泽民主席访俄,与普京总统签署了《中俄睦邻友好合作条约》,确定了中俄要"长期全面地发展两国睦邻、友好、合作和平等信任的战略协作伙伴关系"。同日在发表的《中俄元首莫斯科联合声明》中认为条约为新世纪中俄关系的发展规划了蓝图。2003年胡锦涛担任国家主席后,将俄罗斯作为首次出访的国家,表明了中国新一届领导集体对发展中俄睦邻友好关系的高度重视。2004年10月,两国元首在北京签署了《中俄国界东段的补充协定》,这意味着中俄之间全部的边界线走向问题得到解决。与此同时,双方还共同批准了《〈中俄睦邻友好合作条约〉实施纲要(2005—2008年)》,提出了今后几年两国在各领域合作的具体实施方案。在之后几年,中俄两国以《中俄睦邻友好合作条约》为指导方针,不断推动两国战略协作伙伴关系的发展与深化。在国际事务上,两国加强团结协作,签订了《中俄关于21世纪国际秩序的联合声明》与《中俄关于重大国际问题的联合声明》,共同致力于建立多极化世界格局与公正合理的国际新秩序,促进世界的和平与发展。

(五)建立和发展"全面战略协作伙伴关系"新阶段(2011年至今)

2011年6月,在《中俄睦邻友好合作条约》签署十周年之际,两国元首在莫斯科会晤,双方提出将两国关系提升为"平等信任、相互支持、共同繁荣、世代友好的全面战略协作伙伴关系"。2012年6月,俄罗斯总统普京访问中国,双方签署了《中俄关于进一步深化平等信任的中俄全面战略协作伙伴关系的联合声明》,全面规划了未来十年中俄两国在政治、经济、文化、安全等领域以及地区与国际事务中的合作。2013年3月23日,习近平在莫斯科国际关系学院发表演讲时强调坚定不移发展中俄全面战略协作伙伴关系。2014年,中俄全面战略协作伙伴关系进入新的发展阶段。两国关系保持高水平运行,政治互信不断深化,务实合作取得新的重要成果,人文交流蓬勃发展,在国际和地区事务中的战略协作更加密切。两国高层交往频繁。中俄在涉及国家主权、安全、领土完整、发展等核心利益问题上相互坚定支持。中方支持俄方打击恐怖主义、维护国家主权和安全,俄方支持中方在涉及台湾、西藏、新疆、打击"东突"恐怖势力、香港"占领中环"等问题上的原则立场。2015年5月8日,习近平强调,我们愿深化同俄罗斯人民传统友谊,推进双方发展战略对接,规划两国友好合作新未来,推动中俄全面战略协作伙伴关系继续保持高水平发展,促进国际秩序朝着更加公正合理的方向发展,维护地区及世界和平、安全、稳定。

## 二、中俄关系取得的成就

### (一)政治关系

从苏联解体后中俄之间的"互视友好国家关系"发展到当前的"全面战略协作伙伴关系",表明两国政治关系达到一个崭新的高度。在《中俄睦邻友好合作条约》和中俄领导人历次会晤签署的联合声明中,都体现出两国对重大国内国际问题上的一致和共识,包括完全尊重和支持各自国内人民的选择,从不干涉彼此和别国的内政。在对世界形势、世界格局、国际关系民主化以及新安全观的认识方面,双方都有相同或相似的观点。在反恐、反分裂以及地区安全与合作方面持相同的立场。在解决各自国内民族问题方面相互支持,反对外部势力干涉两国的内部事务,坚决主张国内问题只能由本国人民自己去解决,外部不得施加压力。另外,两国彻底解决了历史遗留边界问题,为双边关系继续发展解除了后顾之忧。中俄政治关系已经迈上了更高的战略台阶。

### (二)军事安全

2000年7月,普京总统首次访华,两国元首发表《北京宣言》及《关于反导问题的联合声明》,进一步明确了两国在反导问题上的一致立场。中俄双方强调,1972年《限制反弹道导弹系统条约》仍然是全球战略稳定和国际安全的重要基石,是削减和限制进攻性战略武器和防止大规模杀伤性武器扩散的关键性国际协议的基础。2001年6月,在中俄两国的倡议下,在"上海五国"的基础上组建了"上海合作组织",以"上海合作组织"的组建为契机,双方加强军事领域的合作,从2003年至2014年,中俄在"上海合作组织"的框架下举行了多次多边和双边军事演习,深化防御领域双方和多边的合作与相互协作。2013年7月,中俄在日本海彼得大帝湾举行联合军演"海上联合-2013"。2014年5月,中俄举行"海上联合-2014"军事演习。2015年5月8日,中俄开展"海上联合-2015(Ⅰ)"军事演习,8月份进行第二阶段军事演习。中俄两军于2016年5月在俄国防部空天防御部队科研中心举行"空天安全-2016"中俄首次首长司令部联合反导计算机演习。另外,俄罗斯国防部长绍伊古表示,俄罗斯与中国举行的国家军事演习数量在2016年有所增加。

### 知识问答

问:什么是"上海合作组织"?

答:上海合作组织,简称上合组织(SCO),前身是"上海五国"会晤机制。1996年4月26日,中国、俄罗斯、哈萨克斯坦、吉尔吉斯斯坦、塔吉克斯坦五国元首在上海举行会晤。自此,"上海五国"会晤机制正式建立。成员国:中国、俄罗斯、哈萨克斯坦、吉尔吉斯斯坦、塔吉克斯坦和乌兹别克斯坦;观察员:伊朗、巴基斯坦、阿富汗、蒙古和印度;对话伙伴:斯里兰卡、白俄罗斯和土耳其;参会客人:土库曼斯坦、独联体和东盟。当地时间2012年8月30日,乌兹别克斯坦议会批准上海合作组织条约。

### (三)经贸领域致力于互利共赢

20多年来,中俄两国的经贸关系取得了积极进展,这主要体现在快速增长的贸易额上。据统计,1991年,中俄贸易额只有39亿美元,只占中国对外贸易总额的2.9%。据海关统计,2015年,中俄双边贸易总值为4 227.3亿元,下降27.8%。其中对俄出口2 162.4亿元,下降34.4%。自俄罗斯进口2 064.9亿元,下降19.1%,贸易顺差97.5亿元,收窄86.9%。虽然受到国际金融危机的严重影响,但中俄两国经济合作的趋势仍在继续加深。

#### 1.中俄两国能源领域加深合作

2011年1月,中俄原油管道投入运营,通过管道俄每年对华输送1 500万吨原油,为期20年。5月中俄能源谈判代表第七次会晤举行。双方签署了天然气领域合作谅解备忘录的议定书。2012年4月,俄中500千伏输电线路投入运营。12月中俄能源谈判代表第九次会晤举行,双方签署了有关能源合作的四项文件。2013年2月,中俄能源合作委员会主席会晤举行,双方达成扩大原油贸易的重要共识,确认通过中俄天然气东线管道每年对华供气380亿立方米,并就东线液化天然气项目和西线供气合作继续研究论证。2014年5月,中俄签署了《中俄关于全面战略协作伙伴关系新阶段的联合声明》,提出要建立全面的中俄能源合作伙伴关系。双方还结束了长达10年的天然气谈判,两国政府签署《中俄东线天然气合作项目备忘录》、中国石油天然气集团公司和俄罗斯天然气工业股份公司签署《中俄东线供气购销合同》。双方商定,从 2018 年起,俄罗斯开始通过中俄天然气管道东线向中国供气,输气量逐年增长,最终达到每年 380 亿立方米,累计 30 年。丝路基金投资 7.3 亿欧元入股俄亚马尔液化天然气项目,深化能源合作。

**2. 中俄地区间合作方兴未艾**

2009 年 6 月,中俄签署了《中俄元首莫斯科会晤联合声明》,批准了《中俄投资合作规划纲要》,为两国相互投资带来新的发展机遇。2009 年 9 月,中俄两国领导人批准了《中华人民共和国东北地区与俄罗斯联邦远东及东西伯利亚地区合作规划纲要(2009—2018 年)》,对推动中俄毗邻地区的合作具有重要意义,也对两国区域合作发展产生了深远的影响。2010 年 9 月,中俄两国领导人共同签署《中俄关于全面深化战略协作伙伴关系的联合声明》,再次强调落实上述两项规划纲要的重要性。

**3. 两国金融领域的合作也出现可喜成绩**

2010 年 12 月,人民币与卢布实现了挂牌交易,标志着俄罗斯成为人民币在境外挂牌交易的第一个国家,将加速两国货币的国际化进程,并将在区域性货币结算方面扮演重要角色。中俄两国货币挂牌交易,丰富了两国的贸易结算币种,给企业和市场带来了更多选择,有利于降低交易成本和汇率风险,带来金融产品创新,并将为中俄经贸、金融合作的健康发展注入新的动力。

**4. 中俄农业合作蓄势待发**

俄罗斯是世界主要的农产品和食品出口国。乌克兰危机爆发以来,欧美国家与俄罗斯间相互实施的制裁措施严重制约了俄农产品出口。随着"向东看"战略的实施,俄罗斯扩大了与中国在内的亚洲国家的农业合作。中国对俄果蔬及猪肉出口明显增加,俄对中国出口玉米、大豆、油菜籽等农产品也大幅增加。2015 年 12 月,两国就俄向中国出口小麦达成协议。此外,双边农业合作从单纯贸易转向投资与技术合作相结合,从小规模经营发展为国家扶持的大项目。2015 年,总额 20 亿美元的中俄农业投资基金和总额 130 亿卢布的俄罗斯远东农工产业发展基金相继成立,助推两国农业项目合作。中方在人力、资金、技术和市场上的优势与俄罗斯的土地资源相结合,不仅有助于调整俄罗斯产业结构,增加农产品出口,而且有利于中国粮食进口多元化。

**5. 战略性大项目带动中俄投资合作**

2015 年 5 月,以习近平主席出席俄罗斯纪念卫国战争胜利 70 周年为契机,中俄双方商定了多个重大项目,包括西线供气基础条件协议、"莫斯科—喀山"高铁融资模式、共同使用北斗系统与格洛纳斯系统数据、联合研发重型直升机和宽体客机等,这些重大项目多数由丝路资金投资,实现俄罗斯技术与中国资金的有效对接,涵盖了两国经济社会发展与国家战略安全的核心内容方面。以重大项目为突破点和关键抓手,不断形成和累积新的更多的成果,进一步夯实中俄战略合作基础的同时,也将为两国迎来共赢发展、共同振兴的新局面。中俄《关于丝绸之路经济带建设和欧亚经济联盟建设对接合作的联合声明》将丝绸之路经济带和欧亚经济联盟建设相对接,对接"中国制造2025"和俄方的"创新2020战略",通过创新合作模式优化双边贸易结构,推动双边投资步入新轨道,确认将深化两国全面战略协作伙伴关系,促进欧亚地区及全世界平衡和谐发展。

### (四)文化领域人文交流与合作日益频繁

进入新世纪以来,中俄两国人文交流与合作不断加强,并逐渐向机制化方向发展。为了落实两国领导人达成的共识,2006~2007年间,分别在两国举办了"国家年",2009~2010年,两国又分别举办了"语言年"。中俄互办"语言年"是"中俄关系史上新的创举",为不同国家和民族之间的语言文化交流树立了典范。举办"国家年"和"语言年"活动,增进了两国人民的了解和信任,夯实了中俄战略协作伙伴关系的基础,提升了中俄战略协作伙伴关系的发展水平。2010年9月,中俄两国领导人又共同宣布,2012—2013年中俄两国互办"旅游年"。此外,在俄罗斯多座城市办起了十几所孔子学院和孔子课堂,有近百所俄罗斯大学开设了汉语课程。近6年来,俄罗斯成为来华人数稳居前三名的国家,2012年俄罗斯来华人数达242.62万人次。这期间,两国的一些民间交往机构也起到了桥梁和纽带作用,这些都为中俄战略协作伙伴关系长期全面发展注入了新的活力。2013年11月,中俄双方签署《中华人民共和国文化部和俄罗斯联邦文化部2014—2016年合作计划》,按照该计划,双方将在音乐、戏剧、电影、造型艺术、民间创作、文物保护与修复、图书馆、博物馆和档案馆等各个领域继续加强交流与合作,继续保持文化高层互访和磋商,进一步扩大两国青年文化艺术工作者的交流,鼓励和支持两国地方间文化往来。该计划的签署必将进一步促进中俄在文化领域的高水平合作,加深中俄人民之间相互了解和友谊,巩固和深化两国全面战略协作伙伴关系。

### (五)国际舞台上的两国合作卓有成效

中俄战略协作已经成为国际政治稳定的重要因素。作为安理会常任理事国,中俄两国肩负起大国应该承担的责任,正在积极促进联合国发挥其应有作用。进入新世纪以来,国际格局不断发生调整和变化,中俄之间的战略协作经受住了严峻考验。正是在中俄两国的共同努力下,成功地延缓了朝鲜半岛危机,在某种程度上阻止了中东问题的进一步升级。两国在地区热点问题上的一致立场,遏制了西方强国粗暴干涉弱小主权国家的行径。两国在上海合作组织中的密切合作,对于巩固中亚地区稳定、促进阿富汗问题的解决都发挥了重要作用。此外,两国通过加强在"金砖国家"、G20和亚太经济合作组织等重要机制下的合作,对于巩固亚太地区乃至全球的稳定发挥了重要作用。中俄均致力于维护和平、推进合作和共创未来的战略举动,使人们对两国倡导及推动和平发展与合作共赢理念有了更多的期待。中俄建立和发展新型国家关系及地区关系的成功经验与成熟做法,将对推进世界格局多极化、促进国际关系民主化和法治化,推动构建新型国际关系,带来新的更多的尝试和选择。

20多年来,两国政治关系、国际事务、经贸往来、文化交流等各个方面的合作都取得了长足进展。两国互为最主要的贸易伙伴和最重要的战略协作伙伴,既维护了共同利益,也提高了两国的国际地位和影响;既给两国人民带来了实实在在的好处,也促进了地区及世界和平稳定,对建立新型大国关系进行了有益尝试,给世界大国和睦相处树立了典范。

## 三、展望未来

中俄两国,作为国际社会具有重要影响力的世界大国,两国关系的发展一直吸引着国际社会的目光。走过了20多年发展历程的中俄关系,未来还存在广阔的发展空间和机遇。在新一届领导人主政后将继续保持全面务实的合作势头,在一些领域呈现出深层次的演化和发展。

(一)中俄双方实现民族复兴的战略目标一致

中国目前的主要任务是最广泛最充分地调动一切积极因素,加快推进社会主义现代化建设,全面建成小康社会,实现国家富强、民族振兴、人民幸福的"中国梦"。对于俄罗斯来说,现阶段的发展目标也是集中力量积极推进各项改革,实现国民生活、国家及经济和社会领域的本质性改变,将国家建设成宜居型、创新型、具有全球竞争力的世界主要强国之一。因此,在这个时期内,中俄两国都会将主要精力集中于推进国内的改革和发展,实现国家富强和民族复兴。而要达成这个目标就需要创造和平稳走的国际环境,尤其要注意保持与周边国家的睦邻友好关系。正因为如此,作为地缘邻邦的中国和俄罗斯会积极发展两国睦邻友好合作关系,尽量避免出现相互摩擦和对立。

(二)中俄面临的地缘政治困境,需要两国携手面对

中俄两国面临的地缘政治困境短期内不会改变,需要两国长期相互借重。以美国为首的西方国家仍会将日益崛起的中国和俄罗斯视为潜在的竞争对手,继续采取多方面的措施对两国进行防范和遏制,不断挤压两国的战略空间,威胁两国的地缘安全。除此之外,中俄两国面临的周边地缘政治形势也依然非常严峻和复杂。两国面对的"三股势力"威胁和渗透、朝核危机、北方四岛之争、独联体国家"颜色革命"、钓鱼岛主权纠纷、台湾问题、南海争端等地缘政治问题在短时间内无法得到圆满的解决。因此,中俄两国仍然需要发展相互之间的战略协作伙伴关系,以相互提供安全稳定的后方,避免陷入腹背受敌的险境。

## (三)中俄两国经济互补性强,经贸合作潜力巨大

中俄双边经贸合作已经取得了一定的成果,未来中俄经贸合作还有很大的潜力可挖。俄罗斯拥有种类繁多、储量丰富的自然资源,并且在军事工业、航天航空、机器制造、合成材料等领域具有世界领先的技术,而中国的可持续发展正需要这些自然资源和科学技术的支撑。中国不仅轻工业发达,生产的产品物美价廉,还拥有丰富的劳动力资源和日益增强的对外投资能力,而俄罗斯轻工业薄弱,对日用生活品的需求量大,同时其经济的持续稳定发展也需要充足的资本和劳动力作为保障。由此可见,两国经济各有优势,互补性强,合作空间大,实现双赢的前景也很广阔。与此同时,中俄之间比邻而居的地缘优势以及不断改善的交通运输条件更是为两国加强交流合作,实现优势互补、互利共赢创造了有利的条件。此外,俄罗斯的东部大开发战略与中国的西部大开发、东北老工业基地振兴战略也可以相互接轨,充分发挥两国的互补优势,促进毗邻地区的开发和发展。这些地缘经济优势有助于推动两国友好合作关系的发展,实现互利共赢。因此,中俄双方在未来可以强化经济上的互补性,努力扩大双方经贸合作的领域,探索和加强在生物医药工程、高新技术开发与转换、电子信息产业升级转化等方面的合作,实现经贸产值跨越式发展。另外,未来我国将成为世界上油气资源进口量最多的国家,而俄罗斯作为世界上资源储量最丰富的国家之一,将会继续向中国出口油气资源,由此,中俄未来在能源方面存在巨大的合作空间,这是影响两国经贸关系的重要因素和发展依托。

## (四)中俄两国文化间的交流与合作将加深

近年来,在两国政府的积极推动下,中俄之间官方和民间的互动与交往都有所增多,艺术团体、学术机构、新闻媒体、社会团体、旅游团组等各类组织往来不断,文化交流日趋活跃。而中俄友好、和平与发展委员会,中俄人文合作委员会等机构的建立更是为双边文化关系的发展提供了有效机制,推动了两国在文化领域的交流与合作。中俄"国家年""语言年""旅游年"等大型文化交流活动的成功举办,进一步增进了两国人民的相互了解和传统友谊,使中俄世代友好、永不为敌、共同发展的理念渐入民心。这些文化互动与人文交流的增多,使两国的地缘文化关系逐渐走向和谐,从而中俄关系发展的社会基础也就更加坚实。

## (五)中俄两国间保障机制日趋完善,奠定了双边关系的政治和法律基础

《中苏国界东段协定》《中俄国界西段协定》《中俄国界东段的补充协定》等一系列边界协定的签订,解决了两国历史上遗留的最为棘手的问题,化解了地缘政治上的潜在危险。《中俄睦邻友好合作条约》及相关实施纲要的签署,从法律上确定了两国关系发展的方向和原则,规划了两国在政治、经济、文化等各领域合作的方针和形式。而中俄两国国家元首和政府首脑定

期会晤机制、议会定期交流机制、国家安全磋商机制、部门和行业之间合作机制等的建立更是为两国增进政治互信、深化各领域的交流与合作做出了重要的贡献。由此可见,中俄睦邻友好合作关系的发展具有坚实的政治基础和法律保障。

最后,中俄应共同合作,努力成为世界稳定与和平的强劲支撑力量。中俄两国都拥有灿烂文明,两国人民热爱和平,追求祖国的统一和强大,将继续不断加强合作协调,反对霸权主义、强权政治,支持发展中国家和新兴经济体的构建,提高自身实力,在国际和地区热点问题上继续保持协调,坚持以对话手段和平解决一切争端,在维护人类世界的和平稳定方面发挥建设性的作用,符合两国的根本利益。21世纪的中俄战略协作伙伴关系,将继续以历史友谊为依托,以实现各自国家的发展和崛起为目标,在维护和稳定亚太和中亚地区的和平发展中,继续朝着更加辉煌灿烂的前景进发。

## 第三节　中欧关系

1975年5月6日,欧盟同中国正式建交。2015年,中欧双方建交40周年。对于有着28个成员方的欧盟和中国来说,这是一个重要的里程碑。1975年中欧建交以来,双方关系不断深化,已在经贸、文化、科技等领域取得丰硕成果。目前中国是欧盟第二大贸易伙伴,2014年中欧人员往来超过500万人次。而中欧高级别战略对话以及中欧高级别人文交流对话机制的建立更是促进了中欧全面战略伙伴关系的进一步深入。

### 一、中欧关系的发展历程

中国与欧共体(欧盟前身)在20世纪70年代中期正式建立外交关系。纵观中欧关系的发展历史,我们大致可以将其划分为六个阶段。

(一)中欧建交(20世纪70年代)

新中国在成立之初,采取的是"倒向社会主义一边"的"一边倒"方针和后来的"既反美又反苏"的"两条线"战略,和西欧国家的关系基本上是敌对的状态。1969年的珍宝岛事件之后,为了遏制苏联,中国采取了毛泽东同志提出的从美国到日本一直到欧洲的"一条线"和团结这条"线"外面的国家的"一大片"战略,把西欧国家纳入可以联合抗击苏联的阵线中去。面对苏联的霸权主义行径,中欧双方在共同抵制苏联霸权方面形成了共同的政治利益。经济方面,中国广阔的市场前景吸引了国内市场渐渐饱和的发达资本主义国家的视线,欧共体开始重视与中国发展贸易。在此基础上,意大利、奥地利、比利时、冰岛等许多西欧国家纷纷同中国建立了外交关系,1972年和1973年两年间,除爱尔兰以外的所有欧共体成员国都同中国建立了正式外交关系。1975年欧共体副主席索姆斯作为欧共体官方的第一个代表访问中国,双方建立了正式关系,中国并随后向欧共体派驻大使。同年9月,中国政府驻欧共体使团进驻欧共体总部——比利时的布鲁塞尔。1983年5月,中国与欧洲煤钢共同体、欧洲原子能共同体建立外交关系,至此,中国与欧共体全面建交,从而为双边关系掀开了崭新的一页。

(二)中欧关系稳步发展(20世纪70年代至80年代末)

1975年5月,中国与欧盟的前身欧共体建立外交关系,中欧关系由此开篇,双方的高层领导人互访频繁。1978年4月,中国与欧共体签订了第一个中国－欧洲经济共同体贸易协定,并创建了欧共体－中国联合委员会(现在是中欧经济对话的最高机制),相互给予最惠国待遇,同时成立了欧中经济贸易混合委员会。1983年6月,中国同欧共体建立了定期的政治磋商制度。同年11月,中国与欧洲煤钢共同体和原子能共同体也建立了关系,从而同欧洲共同体全面建交。1984年,欧共体和中国政治合作框架下的第一次部长级会议召开。1985年,双方又在布鲁塞尔签署了涉及面更广的贸易经济合作协议,双方同意在工业、农业、科技、能源、交通运输、环境保护、发展援助等领域开展合作。1988年5月,中欧双方互派使团。通过中欧双方领导人的互访和政治对话的开展,双方加深了相互之间的了解,标志着双方关系实现了进一步发展。

(三)中欧关系的冲突与磨合(20世纪80年代末至90年代初)

冷战即将结束时,中欧关系出现了倒退。在1989年6月的马德里峰会上,欧共体各成员国的首脑通过了对华制裁的《关于中国的声明》,决定实行停止各成员国同中国的军事合作及实行武器禁运、中断双边部长级和高级接触、推迟共同体及各成员国的新的合作计划、文化科学和技术合作计划仅限于在目前情况下还有意义的行动、推迟研究世界银行的新贷款等六项制裁措施。与此同时,欧共体成员国中与中国关系不错的国家诸如法国,也开始违背一个中国原则,在1991年至1993年之间向台湾出售武器。至此,中国与欧共体的关系进入低谷,也给中欧经贸关系造成了严重的损害,中欧合作出现了倒退。面对欧共体和其他西方国家的制裁,中国政府始终坚持以经济建设为中心不动摇,顶住了来自欧共体等西方国家的制裁,更是在20世纪90年代进一步加快了改革开放的步伐,政治经济实力迅速增强。而与之相对应的则是欧共体自身经济增长的持续走低和失业率的持续走高。中国经济的快速增长再一次地吸引了欧共体的视线,同时中国政府也积极地与欧共体进行接触,对双方在政治、经济等各方面存在的问题进行了有效的沟通和协调,与此同时,中国还两次派出阵容强大的采购团到欧共体各国进行采购,共签订金额高达160多亿美元的采购合同。正是在这种情形之下,欧共体认识到:如果再不放弃对华的敌视态度,将会把中国这个巨大的市场拱手让给别人。于是,在中欧关系经过短暂的低迷之后,1990年10月,欧共体决定重建双边关系,取消对中国采取的限制措施,恢复同中国在政治、经济、文化领域的正常关系。到1992年,除了武器禁运的限制措施继续有效之外,中国与欧共体的关系基本恢复了正常。

### (四)中欧关系的战略转折(1993年至2002年)

1993年11月,欧盟正式成立。1994年欧盟委员会发布了《走向亚洲新战略》,在此基础上欧盟次年发表了《中国－欧盟关系长期政策》文件,1994年中欧签署了新的政治对话协议,表达了希望建立与中国的政治、经济地位相适应的长期、稳定的双边关系的基本战略。到1994年底,除了武器禁运之外,欧盟对中国的大部分制裁措施已经被取消。中国与欧盟的关系重新恢复了正常化。1995年7月,欧盟委员会出台《中国－欧盟关系长期政策》,该文件是欧盟第一个全面对华政策文件,是欧盟制定的第一个对华长期发展战略,标志着欧盟完成了对中国外交政策的战略调整,中欧关系开始迈向崭新的发展阶段。1998年3月,欧盟委员会发表文件《同中国建立全面伙伴关系》,第一次明确把发展对华关系提升到与欧美关系、欧俄关系同等重要的战略地位。1998年1月,欧盟倡议在举行第二届亚欧会议期间举行中欧领导人会晤,并建立领导人定期会晤机制。在1998年至2002年期间,中国与欧盟每年都进行一次领导人的会晤,双方就其在经济、政治、科技、能源、信息等各个领域的合作进行了深入的意见交换。2001年,欧盟委员会再发表《欧盟对华战略:1998年文件执行情况和促进欧盟政策更为有效的未来步骤》文件,提出了具体务实的中短期目标及行动要点。2000年5月,双方就中国加入世贸组织达成协议。随着时间的推进,中国与欧盟之间的政治对话越来越频繁,政治互信得到了不断增强。

### (五)中欧关系的全面发展(2003年至2007年)

2003年欧盟发表了《欧盟对华政策:一个走向成熟的伙伴关系——中欧关系中的共同利益和面临的挑战》的文件,中国方面也于2003年10月首次发表了第一个对欧盟的官方文件《中国对欧盟政策文件》,这一举措表明中欧全面合作伙伴关系进入全面发展阶段。2003年10月,中欧领导人经过第六次会晤后,双方决定发展全面战略伙伴关系,至此,中欧关系进入全面发展的成熟期,也被媒体称之为"蜜月期"。进入关系全面发展的中欧双方,在政治、经济、科技、文化等众多领域都展开了广泛的合作,综合国力都得到了进一步增强,同时在国际事务中也发挥着各自的重要作用。同年11月举行的中欧第六次领导人峰会决定,双方建立完全自主性的全面战略伙伴关系,这标志着中欧关系进入了一个新的发展阶段。2004年几乎成为中国外交的"欧洲年",数位中国高级领导人访问欧洲,欧盟方面也有多个成员国及欧盟的领导人访问中国。2005年,中国国家主席胡锦涛访问英国、德国、西班牙等国,进一步推动中欧全面战略伙伴关系向前发展。

### (六)世界金融危机背景下的中欧关系新时期(2007年底至今)

2007~2009年的世界金融危机,对中国和欧盟产生了巨大的影响。在这次金融危机中,中国和欧盟的经济也面临着巨大的考验,中欧之间的摩擦与冲突也开始凸显。中欧经贸摩擦加剧,欧盟加大了对中国发起的反倾销调查力度、采取隐性的技术性贸易措施来制约中国企业的发展,把中国列为危险消费品的来源地之一等等;中欧政治分歧也日益凸显,渲染中国侵犯人权,围绕西藏问题、台湾问题和2008年奥运会上的不和谐声音。然而在世界金融危机的巨大冲击下,中欧双方认识到应携手合作,共同应对,中欧关系僵持不符合双方利益,中欧决定携手合作"共克时艰"。中欧关系不断深化,各领域合作成绩斐然,双方正在全面落实《中欧合作2020战略规划》。

## 二、中欧合作的主要成果

### (一) 中欧经贸合作

中欧经贸优势互补,合作共赢。近年来,中欧贸易额每年以30%~40%的速度增长。中欧2013年双方贸易额达到5 591亿美元。目前,欧盟是中国最大的贸易伙伴,最大的技术引进来源地和重要的投资来源地。中国超过美国,成为欧盟第一大进口来源国和第二大贸易伙伴。2014年中欧贸易额首次突破6 000亿美元大关,同比增长近10%,是建交时的250倍。双方通过对话磋商处理重点经贸问题,妥善解决了光伏、无线通信设备等贸易纠纷,为世界处理类似摩擦树立了榜样。

中欧投资和金融合作取得突破性进展。欧盟对华投资项目数量多、总体技术含量高,呈现从单一项目投资向产业链整体投资发展的特点。截至2014年底,欧盟对华累计实际投资额966.3亿美元,是中国第四大实际投资来源地。中国对欧投资出现井喷式增长,2014年对欧非金融类直接投资98.5亿美元,首次超过当年欧盟对华投资额,增幅达172.1%。欧元与人民币实现了直接交易。2014年中国在全球设立8个人民币清算中心,有4家落户欧洲。英、法、德、意等15个欧洲国家申请成为亚洲基础设施投资银行创始成员国。

为共同促进经济社会可持续发展,中欧在科技创新、节能环保、新型城镇化等新兴领域的合作潜力正不断被激发。双方建立了中欧创新合作对话,就科研、技术、资金、人才等领域的创新合作提出行动计划。《中欧城镇化伙伴关系共同宣言》指出,中欧共同利益和各自长期经济战略的共同点为彼此应对城镇化挑战、推进城镇化健康发展奠定了良好基础,提供了历史机遇,双方将在城镇化发展战略和政策、城市生态环境保护与治理、城乡一体化发展等十余个领域发展伙伴关系。

### (二) 中欧政治合作

中欧双方高层交往密切,形成了以中国欧盟领导人会晤机制为战略引领,以高级别战略对话、经贸高层对话、高级别人文交流对话机制为主要支柱,以60多个不同领域交流磋商机制为基本平台的全方位、多层次对话格局,政治和战略互信得到加强。双方就重大全球和国际问题以及亚洲、中亚、非洲、中东等地区问题保持着密切沟通和协调,相互理解和支持不断增多,发表了关于能源安全、气候变化、防扩散和军控等主题的多项联合声明,在维和、反海盗、人员撤离等行动中的合作也卓有成效。2013 年第十六次中国欧盟领导人会晤期间,中欧双方发表《中欧合作 2020 战略规划》,为下阶段中欧关系发展绘制了路线图。2014 年春天,习近平主席到访比利时布鲁塞尔,实现了中国国家主席对欧盟总部的首次访问。双方就打造中欧和平、增长、改革、文明四大伙伴关系达成重要共识,进一步丰富了中欧全面战略伙伴关系的内涵,为双方关系今后发展指明了方向,在中欧关系史上树立了新的里程碑,标志着中欧关系进入新的发展阶段。

### (三) 中欧科技、文化合作

科技方面,中欧双方以互换学者、举办各类培训班和讲习班等各种形式在科技领域展开了多方面的合作。2003 年 10 月,中国与欧盟正式签署了《中华人民共和国和欧洲共同体及其成员国关于民用全球卫星导航(伽利略计划)合作协定》,该文件规定中欧双方将在卫星导航技术、工业制造、服务和市场开发、产品标准化和频率等方面进行合作。2005 年 5 月,中国与欧盟还发表了加强双方科技合作的联合声明,声明指出,中欧双方在信息技术、能源、生物技术、航空航天等多个领域的合作已经取得了显著的进步,双方正在探求新的合作途径。

人文方面,中欧教育、文化等领域的交流合作呈现机制化、多层次、全方位发展态势。双方先后发表了 3 份关于加强文化合作的联合声明,共同举办了"欧罗巴利亚中国艺术节""中欧文化对话年"等高水平大型文化交流活动。人文交往的蓬勃发展拉近了中欧人民之间的距离,增进了相互了解和友谊,为中欧关系奠定了良好的民意基础。

另外,中欧在应对气候变化方面也有显著成果,双方一致同意要通过加强协调与合作进一步落实《中欧气候变化联合宣言》,为应对气候变化做出应有的贡献。

## 三、中欧关系发展的新动向

2017 年的中欧关系将面临欧洲不确定性、政治风向转变、经济保护主义等挑战。按照英国政府的计划,2017 年 3 月,脱欧谈判大幕将正式拉开,硬脱欧已成为英国政府的明确立场,这不仅事关未来英国与欧盟关系,也事关未来中国企业对英国以及欧盟的投资和贸易,英国作为欧盟第二大和世界第五大经济体,其未来与欧盟建立何种关系对于世界经济都会带来重大影响,而在谈判结束之前其不确定性将一直存在。

在欧洲政治转向的情况下,中欧关系中的突出矛盾将集中在经贸领域。在 2001 年中国加入世贸组织时,中国接受了 15 年过渡时期安排,这意味着在过渡期内其他世贸成员如果不承认中国为"市场经济地位"国家,在对中国产品进行反倾销调查时,可以采取"替代国"做法,即所谓反倾销的依据不是来自中国而是第三国。根据《中国加入世贸组织议定书》第 15 条规定,这一安排到 2016 年 12 月 11 日将被废止。目前欧盟试图通过取消将世界上的国家分为市场和非市场的做法,来回避承认中国"市场经济地位",以便能够保留对中国出口产品采取反倾销的实际效果。

2016年中国企业在欧洲国家投资尤其是并购方面也遭遇了保护主义阻力。国际金融危机以来特别是近几年中国企业在欧洲投资大幅增加。以往中欧关系以贸易为主,投资主要是单行道,中国在欧投资很少,尽管目前中国对欧投资金额还远小于欧洲在华投资,但增速很快,这已成为当前中欧经济关系的一个新变化。

另一方面,由于中欧互为第一大和第二大贸易伙伴,经济依赖程度日深,同时,随着特朗普上台所带来的美国内外政策的剧烈变动,中欧在本身经济增长以及国际合作和全球治理方面比以往任何时候更需要加强合作。欧洲国家对习近平主席2017年1月达沃斯经济论坛和日内瓦联合国总部讲话的积极反应,清楚地反映了这一点。在支持联合国地位、重视世界贸易组织等多边组织、维护联合国巴黎气候变化协定等许多方面,中欧具有共同立场。也许最重要的是,中国积极支持欧洲坚持一体化发展道路,而特朗普对欧盟所发表的"支持脱欧""欧盟已沦为德国工具"等言论在欧洲国家已引起极度不满情绪。特朗普对俄罗斯政策也将在欧洲引发严重不安。值得强调的是,中国"一带一路"倡议受到欧洲越来越多国家的理解和支持。共商、共建、共享既是中国与"一带一路"沿线国家开展经济合作的指导思想,也蕴含着中国全球治理、国际合作的思想和主张。"一带一路"倡议既能引领中欧经济合作,也可以拉近双方在安全、全球治理等方面的合作。2016年习近平主席在会见出席第十八次中欧峰会的欧盟领导人时提出,中欧要用大智慧增强战略互信,用大视野拓展合作,用大胸怀化解难点问题,这应该成为指导中欧未来关系发展的指南。

### 本讲思考

1. 中美关系的新进展有哪些?
2. 中俄关系的新进展有哪些?
3. 中欧关系的新进展有哪些?

### 思考题

1. 后金融危机时代中欧关系有哪些新情况?
2. 乌克兰危机对中俄关系产生什么样的影响?
3. 中美两国关系总体稳定发展,但美国在哪些问题上继续耍两面手法?

# 第十二章
## Chapter 12

## 中国与亚洲国家的关系

**要点提示**

◆ 中日关系

◆ 中印关系

◆ 维护海洋权益，建设海洋强国

**开篇阅读**

中国作为亚洲地区一员，始终不渝地奉行睦邻友好政策和与邻为善、以邻为伴的周边外交方针，为此发挥了积极和建设性作用，做出了应有贡献。中国与亚洲国家的关系焦点主要体现在中日关系、中印关系以及与中国有岛屿争端的东海、南海各国。中日关系是亚洲最复杂的一组双边关系，双方的共同利益很大，分歧也大，中日关系需要消除分歧，扩大共识，使双边关系健康发展。中印关系也是亚洲最重要的双边关系之一，近年来中印关系日益走向成熟，两国战略合作稳步前行，经济、文化和军事往来全面推进。维护海洋权益，建设海洋强国是十八大提出的海洋强国战略目标，是中华民族永续发展、走向世界强国的必由之路。目前，我国的海洋安全形势面临严峻的考验，但海洋建设取得了长足的进步，海洋经济开发的空间还很大，我国一直倡导并践行"和谐海洋"的理念，遵循《联合国宪章》《联合国海洋法公约》以及其他公认的国际关系准则，积极参与国际海上安全对话与合作，愿与各国一道，共同维护海上安全，切实为地区繁荣稳定做贡献。

# 第一节 中日关系

## 一、中日关系发展历程

（一）中日实现邦交正常化阶段（1972年至1992年）

1972年9月,田中角荣访华,双方发表《中日联合声明》实现两国邦交正常化。中日关系开启新的篇章。邦交正常化后的10年间,1972年中日关系正常化到1982年教科书事件,这期间中日关系发展迅速,特别是1978年8月,签订了《中日和平友好条约》,该条约的签订从法律上结束了两国的战争状态,将两国和平友好关系用条约形式固定下来。复交后两国互访频繁,签订一系列贸易、海运、航空、渔业、科技等协定,中国于70年代末接受日元贷款,在各个领域都展开了前所未有的交流与合作,政府和民间都充满友好气氛,两国在外交、安全上的共同利益和经济上的高度互补,以及文化上的亲近感,使得中日和平友好成为当时两国关系的主流。

1982年教科书事件让升温的中日关系冷却下来,中日关系发展的同时出现了摩擦。随着日本经济的迅速发展,日本要求提升政治地位。而中国改革开放刚刚开始,两国都希望扩大合作领域,积极发展中日关系。这一时期中日两国领导人互访增多,召开中日政府成员会议,贸易金融方面也有发展。但在发展中也出现了摩擦,如篡改历史教科书、参拜靖国神社、光华寮问题、中日民间赔偿问题等对中日关系产生不良影响。80年代末日本曾与西方国家一同对中国进行经济制裁,使中日关系再度受挫。中日关系的转折是日本首相海部俊树于1991年10月8日访华,并首次提出"建立世界中的中日关系"的课题,成为中日关系发展的一个新起点。1991年11月宫泽喜一内阁成立后,宫泽首相正式表示"中日关系是日本外交的重要支柱";1992年4月,江泽民访日,被日本政府看作为建立"冷战后"的新国际秩序做出贡献的"世界中的中日关系"的第一步;1992年10月日本明仁天皇访华,这也是日本天皇有史以来的首次访华,使中日关系在邦交正常化20周年达到一个高潮。与此同时,与政治关系发展相适应,经济、文化等方面的交流也取得了积极的成果。

（二）发展与矛盾并存阶段（1992年至今）

**1. 中日关系再度冷却的转折时期（1993年8月至1996年8月）**

这一时期,中日关系发展的不平衡性日益突出,呈现出经济关系发展迅速、政治关系不够稳定、安全关系亟待改善、国民意识中抵触情绪增加等一系列问题。从1994年开始,中日两国间围绕历史问题、台湾问题、防卫问题、领土问题、中国核试验和经济援助政治化等问题,出现了全面的政治摩擦。1996年7月29日,桥本首相以公职身份参拜靖国神社,将中日两国的政治分歧进一步表面化。此阶段中日经济关系中虽然出现了一些摩擦,但是两国间的经贸往来没有受到根本的影响,反而保持了良好的发展势头。

**2. 缓和、重新定位新时期的中日关系的时期**(1996年9月至2001年4月)

1996年11月7日,桥本首相组成第二届内阁后,对中日关系上采取积极姿态,中日两国领导人通过双边和多边接触的机会,表明了把中日邦交正常化25周年作为改善双边关系有利时机的想法。1997年,中日两国总理实现互访,并提出对华外交四原则和指导中日关系的五原则。1998年4月,中国时任国家副主席胡锦涛访日,11月国家主席江泽民对日本进行了中国国家元首的首次访问,发表了中日联合宣言,宣布建立"致力于和平与发展的友好合作伙伴关系",中日关系进入了一个新的发展时期;1999年7月,日本首相小渊惠三访问中国,迈出了落实中日联合宣言的第一步,中日关系得到突破性的发展;2000年10月中国总理朱镕基访日,日本内阁成员全体出席了为朱镕基总理举行的欢迎仪式,表明了日本希望日中面向21世纪发展友好合作伙伴关系的强烈愿望。此期间中日两国仍围绕历史问题和日美防卫合作涉台问题产生很多矛盾和冲突,但是,中日经济的发展始终保持良好的发展势头。

**3. 中日关系经历了冰冻、破冰、迎春、暖春等阶段**(2001年4月至2008年底)

2001年小泉纯一郎任职5年间共6次参拜靖国神社,是造成中日关系"冰冻"的主要原因。2006年10月8日,安倍晋三就任日本首相后首次访问中国,开始了"破冰之旅",中日领导人对改善和加强两国关系的重要性达成了新的共识,标志着中日关系打破政治僵局。2007年4月11日至13日,中国国务院总理温家宝对日本进行正式访问。中日双方就努力构筑"基于共同战略利益的互惠关系"达成一致,并发表了联合新闻公报。"融冰之旅"实现了两国领导人互访,使中日关系有了新的良好开端,增强了人们对中日关系未来的信心。2007年12月,日本首相福田康夫访华,中日领导人就中日关系和共同关心的国际和地区问题广泛、深入地交换了意见,并一致同意推动中日关系发展到新阶段,被称之为"迎春之旅"。2008年5月6日,胡锦涛主席访日,这是中国国家元首时隔10年后再次访日,与日本首相福田康夫签署了《中日关于全面推进战略互惠关系的联合声明》,即所谓的"暖春之旅"。此阶段中日经贸关系波动较大,受政治降温的影响,两国民众间信任感降低,经济摩擦与纠纷增多。但随着政治关系的迎春之旅,经济关系也有所回温。

**4. 中日关系进一步发展时期**(2009年至2011年底)

2009年是中日关系平稳过渡与调整的一年,这一年时任国家副主席习近平访日,推动双边合作关系更大发展;日本首相麻生太郎访华受到广泛关注;2010年中日两国发生了多次激烈的"摩擦"与"碰撞",两国关系也因此跌宕起伏。2010年《防卫白皮书》关于中国的分量显著加重,称中国军事领域的"不透明"和"军事力量的动向"引起"包括日本在内的地区和国际社会的担忧"。2010年9月7日,在钓鱼岛附近发生了中日撞船事件,使中日关系急剧恶化;日本关注中国军队动向,决定加强西南防卫。即便如此,从两国关系大局出发,温家宝总理当年10月在比利时出席欧亚首脑会议期间,以及胡锦涛主席11月在日本出席亚太经合组织领导人非正式会议时还是与时任首相的菅直人进行了直接对话。2011年3月11日,日本发生大地震,中国国家主席胡锦涛致电日本天皇明仁表示慰问,中国国务院总理温家宝致电日本首相菅直人表示中方愿向日方提供必要的帮助。3月份中日两国举行第十一次战略对话,双方一致同意,要共同努力,进一步增进政治互信,深化各领域务实合作,大力改善国民感情,妥善处理敏感问题,为迎接中日邦交正常化40周年营造良好氛围和条件。此阶段中日经贸关系有下降趋势,由于政治合作降中有升,中日关系面临更大的挑战和机遇。

**5. 中日关系再次进入冰冻期(2012年初至今)**

2011年底,民主党党首野田佳彦就任日本首相,野田内阁对华关系表现得异常强硬,尤其是在处理钓鱼岛问题方面。2012年,日本围绕钓鱼岛主权问题做出一系列举动,使钓鱼岛主权争端一跃上升为恶化两国关系的矛盾焦点。在此背景下,中日两国领导人停止了互访,甚至在国际会议上都没有任何交流。以日本政府购岛事件为标志,中日两国关系进入了日趋紧张的阶段。

2012年12月,安倍晋三再次当选日本首相。第二次上任的安倍晋三执政之初便迫不及待地表现出对华"强硬"的外交姿态。不断渲染中国军力增长带来的安全威胁,加大军事安全方面的投入,在日本国内推出一系列针对中国的举措。在国际上不断推行"积极和平主义外交",出访中东和非洲国家,在能源和经济合作领域同中国展开竞争。为了抗衡中国,日本在国际社会寻求支持,联合其他国家构建对华包围圈,企图对中国形成战略围堵的态势。日本拉拢同样与中国有领土和海洋争端的国家,共同向中国施压。在日中关系紧张的背景下,地区安全形势进一步恶化。日本政界从首相到议员,全体右倾,在历史认识问题上态度强硬、肆意妄言,不断挑战两国关系的底线,致使中日两国官方交流全面停止,两国外交关系陷入僵持局面。安倍政府至今为止在右倾的道路上越走越远。中日关系也已经降入新世纪以来的第二个冰点。

虽然进入冰冻期,但双边互动仍然没有停止。2014年11月,习近平应约会见来华出席亚太经合组织领导人非正式会议的日本首相安倍晋三表示,中日互为近邻,两国关系稳定健康发展,符合两国人民根本利益,符合国际社会普遍期待。中国政府一贯重视对日关系,主张在中日四个政治文件的基础上,本着以史为鉴、面向未来的精神,推动中日关系向前发展。2015年4月22日,习近平在雅加达应约会见日本首相安倍晋三,就中日关系交换意见。习近平指出,处理中日关系的大原则,就是要严格遵循中日四个政治文件的精神,确保两国关系沿着正确方向发展。历史问题是事关中日关系政治基础的重大原则问题。希望日方认真对待亚洲邻国的关切,对外发出正视历史的积极信息。2015年5月23日,国家主席习近平在人民大会堂出席中日友好交流大会并发表重要讲话,强调中日双方应该本着以史为鉴、面向未来的精神,在中日四个政治文件基础上,共促和平发展,共谋世代友好,共创两国发展的美好未来,为亚洲和世界和平做出贡献。

## 二、中日关系取得的成就

中日两国自建交至 21 世纪初期也经历了相当长一段平稳发展的时期。两国无论是在政治交流还是经济合作方面都取得了显著的成果。政府和民间交往的领域不断扩展,范围遍及政治、经济、科技、文化等各个方面。

(一)经贸关系

**1. 中日贸易**

日本是中国主要贸易伙伴。截至 2003 年,日本连续 11 年为中国第一大贸易伙伴,2004 年被欧盟、美国超过,退居第三,2011 年被东盟赶超,成为中国第四大贸易伙伴,2012 年被中国香港超过,退居第五大贸易伙伴。据日方统计,2009 年,中国首次超过美国,成为日本最大出口对象国。中国是日本最大贸易对象国。

2013 年中日双边贸易额为 3 126 亿美元,同比下降 5.1%。2014 年中日双边贸易额为 3 124.4 亿美元,与前年基本持平。其中中国出口额 1 494.4 亿美元,同比下降 0.5%,进口额 1 630 亿美元,同比上升 0.4%。

**2. 日本对华投资**

日本是中国第三大外资来源地,中国是日本第二对外投资对象国。截至 2012 年 2 月底,日本对华投资项目累计 46 292 个,实际到位金额 812.3 亿美元。截至 2013 年底,日本累计对华投资 955.6 亿美元。2014 年日本对华投资金额 43.3 亿美元,同比下降 38.8%。

**3. 日本对华资金合作**

(1)日元贷款。

我国从 1979 年开始使用日元贷款。经双方商定,2008 年前结束对华日元贷款。2007 年 12 月,两国外长签署日本对华最后一批日元贷款换文。日本政府累计向中国政府承诺提供日元贷款约 33 164.86 亿日元,用于 255 个项目的建设。截至 2013 年底,我国利用日元贷款协议金额 32 233 亿日元,累计提款 28 260 亿日元,已偿还本息 20 850 亿日元。

(2)无偿援助。

截至 2011 年底,我国累计接受日本无偿援助 1 566.3 亿日元,用于 148 个项目建设,涉及环保、教育、扶贫、医疗等领域。2011 年日本政府对华无偿援助金额 8.43 亿日元。

(二)文化交流与合作

1979 年 12 月,两国签署《中日文化交流协定》,确定了发展两国文化、教育、学术、体育等方面交流的目标。在双方共同努力下,中日文化交流与合作全面发展,呈现出官民并举和多渠道、多形式的新局面,其范围之广、规模之大、数量之多、活动之频繁、内容之丰富,在与中国有文化交流的国家当中处于领先地位。近年来,中日两国举办了众多大型文化交流活动。2013年中日双边人员往来为 471 万人次。2014 年中日双边人员往来为 556.6 万人次,同比上升 18.2%。其中我国赴日公民 284.8 万人次,同比增长 55.22%,日本来华人员 271.8 万人次,同比下降 5.56%。两国目前共缔结友好城市 252 对。

(三)科技交流与合作

中日邦交正常化以后,双方于 1980 年签署《中华人民共和国政府和日本国政府科学技术科技合作协定》,建立起政府间科技合作关系。此后,两国的科技交流与合作发展迅速,规模不断扩大,形成了多形式、多渠道、官民并举的局面。特别是在应用技术合作方面成绩显著,为我国社会经济发展、科技进步起到了积极作用。

现在中日政府间的科技合作主要包括:根据《中日政府间科技合作协定》开展的合作,在政府科技合作协定框架下两国政府部门的对口合作(包括部门间签署的合作协议等),通过日本国际协力机构(JICA)渠道的技术合作以及《中华人民共和国政府和日本国政府和平利用核能合作协定》等。此外,双方许多部门、地方、研究院所、大学都开展各种形式的交流与合作,对促进两国科研人员的交流、开展合作研究等发挥了很好的作用。

近年来,伴随中国建设资源节约、环境友好型社会,双方节能环保领域技术合作发展迅速。1994 年双方在北京签订了《中华人民共和国政府和日本国政府环境保护合作协定》。2007 年底福田康夫首相访华时双方签署了《中华人民共和国政府和日本国政府关于进一步加强气候变化科学技术合作的联合声明》。

(五)军事交流与合作

中日两国于 1974 年互设武官处,70 年代末开始军事交流,关系发展良好。1989 年后两国军事交流一度中断。1995 年日本防卫厅参谋长联席会议主席西元彻也访华,中日军方高层交往得以恢复。1998 年实现国防部长互访。2000 年实现两军总参谋长互访。此后,双方军事交流从未中断。2012 年 6 月 6 日,中央军委委员、总政治部主任李继耐会见了日本退役将领代表团。2012 年 6 月 27 日第三轮中日防务部门海上联络机制专家组磋商在北京举行。2015 年 1 月 12 日,第四轮中日防务部门海上联络机制专家组磋商在东京举行。

## 三、展望未来

中日关系曲曲折折中艰难前行,稳定和管控中日关系,需要的是战略意志和政治智慧。正如中国国家主席习近平 2013 年 1 月 25 日会见日本公明党党首山口那津男时所指出的,"中日两国领导人要像老一辈领导人那样,体现出国家责任、政治智慧和历史担当",推动中日关系克服困难、继续向前发展。

未来要稳定和改善中日关系,以下几个方面值得思考。

(一)客观、理性、真实地探讨和定位中日关系

我们需要客观、理性和真实地探讨中日关系恶化的根源,在探索解决之道的同时,展示出管控危机和缓和紧张关系的决心与勇气。中日两国都需要认真研究彼此的关切,而不是简单地抱怨和指责。面对钓鱼岛领土争议,安倍政府曾一味拒绝承认争议存在,加剧两国的紧张关系,也构成了自2012年9月日本"国有化"错误做法以来两国在钓鱼岛海域执法公务船对峙局面迟迟无法改变的根本原因。安倍政府拒绝承认中国2013年11月23日划设东海防空识别区的顽固做法,也无助于缓和东海紧张局势。中日双方需要摸索在东海争议海域和空域建立危机管控机制,避免出现事故性的撞船或者撞机事件不测事态。在目前两国国民对中日关系的看法和心态存在情绪化的现实面前,中日东海海域或者空域出现的事故性冲突,都可能引发两国的军事冲突。中日之间一旦发生军事性流血事件,或者发生直接的军事对抗,将使得两国关系的伤口进一步撕裂。这一伤口很可能在未来几十年间都难以弥合。2014年9月末,中日两国已经恢复了海上沟通机制谈判,两国政府部门之间的海上事务级磋商也得到了重新启动。2014年11月,中日双方就处理和改善两国关系达成四点原则共识。北京亚太经合组织领导人非正式会议期间两国首脑进行了会晤。这些积极态势应该得到巩固和发展。中日关系恰恰由于巨大分歧和争议而需要继续发展、提升对话和沟通的管道。

(二)重建支持和承纳两国关系未来稳定的新的社会基础和政治资源

我们需要重建中日关系的社会基础,中日两国政府和民间都有责任、有意识、有步骤和有计划地开展接触与交流,重新培养国民之间的认同感和亲近感。中日两国历史上有过两千年的交流史,两国的文化曾经相互浸润。更重要的是,这两千年的中日交往历史,共同促进了东亚文明的进步、繁荣和发展。中日历史有着巨大伤痛,而中日文化互惠也有悠久的渊源。中日两国社会必须培育起共同的信念,不是简单的"永不再战",而是中日的合作将决定亚洲的未来。如果中日走向冲突,则将是两国人民和亚太地区无法承受的灾难。

(三)调整观念和心态,积极、务实地直面两国新变化

我们要调整观念和心态,升级政策话语体系,更加积极和务实地"研究日本"。日本是近代以来对中国造成最大伤痛的国家。对于这样的国家,情绪性的爱国主义只会误导和坏事。只有积极、务实地正视日本的存在和关切,更加全面、深入和准确地认识日本,才能真正做到在战略上重视日本。

中日两国的政策精英和知识精英必须从观念到心态进行调整,从容和谦虚地直面两国内部所出现的诸多新变化。从经济上来讲,20世纪80年代日本在中国的投资一年就会收回,今天这种情况已不复存在。这是中国的市场发展决定的,不能简单说两国的政治关系恶化而经

济关系受影响。当然,政治关系对经济关系有很大的影响。以前讲中日"政经分离",可以"政冷经热",但今天需要一系列新的概念。今天中日"政冷经热",面对的现实不仅仅是政治和安全的紧张,还有中日两国以及整个亚太地区甚至全球市场分化和竞争的上升,最近中国对12家日本企业的反垄断罚款,是非常重要的市场行为。深入把握中日关系,需要我们在东亚地缘经济和地缘战略新趋势、新变化的准确分析和认识的基础上,才能真正做得到。

2015年5月23日,习近平在中日友好交流大会上的讲话中指出,邻居可以选择,邻国不能选择。"德不孤,必有邻。"只要中日两国人民真诚友好、以德为邻,就一定能实现世代友好。中日两国都是亚洲和世界的重要国家,两国人民勤劳、善良、富有智慧。中日和平、友好、合作,是人心所向、大势所趋。

2017年5月16日,中国领导人会见了来华参加"一带一路"高峰合作论坛的日本自民党干事长二阶俊博,他递交了首相安倍晋三的亲笔信。安倍在亲笔信中说,要以中日邦交正常化45周年以及和平条约缔结40周年为契机,构筑中日稳定的友好关系,通过不断对话,在合适的时间实现首脑互访,并期待在朝鲜问题以及"一带一路"的构想等强化对话和合作。尽管中日关系比前几年会相对稳定,中日之间对话沟通会逐步增加,但与此同时要看到日本从战略上调整中日关系并没有准备好,中日关系很可能会呈现出对话与矛盾,甚至间歇性的对立交替出现的新常态。

## 第二节　中印关系

### 一、中印关系的发展历程

(一)建交以后两国友好关系的建立和发展期(1950年至1959年)

1950年4月1日,经过谈判中印两国正式建立外交关系。印度成为非社会主义国家中第一个与新中国建交的国家。中国领导人对与印度建交和发展友好关系十分重视,这不仅因为两个国家有着相似的历史,悠久的文明,传统的友谊,最为重要的是这符合中国当时反帝反殖的总的外交战略。1951年2月在第六届联合国大会上印度力主恢复中国在联合国的合法席位。

20世纪50年代是中印两国关系全面发展的时期,除国家和政府领导人的互访,两国军事、经济、文化等方面的交流也很频繁,两国的文化代表团、艺术代表团、体育代表团、和平运动团体和友好协会也都开展了积极的交流与合作。这些活动增强了两国人民的互相了解,加强了友谊,有力地推动了两国友好关系的发展。

### (二)边界战争后的逆转和敌对期(1959年至1976年)

1959年西藏发生武装叛乱,印度公然支持叛乱,1959年中印两国在边界发生严重的争议。为了缓解岌岌可危的形势,1960年4月,周恩来总理亲赴新德里与尼赫鲁举行会晤,但是由于双方立场相距较大,谈判破裂。1962年10月到11月,中国被迫对印进行自卫反击战。边界战争后,印度政府实际上放弃了"不结盟"政策,从美国和苏联接受了大批军事援助,走上了联合美国、苏联,共同反华的道路,公开支持西藏叛乱分子的反华活动,公然与台湾发生官方关系。为了对付中国,建立对南亚其他国家的支配地位,印度大力扩充军备,加强军事实力。从此,两国关系进入了一个长达十几年之久的敌对时期,两国外交关系降格为代办级,两国间的经济贸易和文化交流实际上几乎中断。

### (三)两国关系的修复与改善期(1976年至1997年)

中印两国关系长时间处于僵冷甚至敌对状态,不符合两国的根本利益。1969年印度总理英·甘地在举行的新年记者招待会上表示印度政府准备寻求解决中印争端,以后又多次表示愿意与中国就悬而未决的问题举行谈判,以改善两国关系。在长期的共同努力下,1976年印度和中国分别互派外交大使正式恢复了大使级外交关系。1979年德赛政府外长瓦杰帕伊访华,成为中印关系恶化后20年来第一位来访的印度外长。1981年中国外长黄华访问印度时英迪拉·甘地宣布同意重开中印边界谈判。双方就国际问题和中印边界问题,中印关系等问题进行了会谈。与此同时,双方在经济文化领域和民间使团的交往上逐渐恢复了正常化。80年代末,随着中苏关系的解冻,印苏联合对付中国的着力点减少,印度急于对自己的对华政策做出务实的思考。1988年12月拉·甘地总理对中国进行了友好访问,这是自尼赫鲁1954年访华以来,第一位印度政府最高领导人对中国进行的正式访问,它标志着中印两国关系已经实现了正常化。1988年拉·甘地总理访华以来,印度政府多次更迭,历届政府在对华政策上逐步形成了共识。1993年国大党政府总理拉奥访华,两国就双边关系和共同关心的问题广泛、深入地交换了意见,在许多问题上取得了一致或相似的看法。1996年中国国家主席江泽民访印,与印度联合阵线政府领导人达成了建立"面向21世纪的建设性合作伙伴关系"的共识,为两国关系的未来指明了方向。

### (四)印度核试验后短暂的波澜与阴影期(1998年至1999年)

1998年2月至3月间印度举行第十二次人民院选举,瓦杰帕依出任新政府总理。印度人民党政府国防部长费尔南德斯一再鼓吹"中国威胁论",是对印度的"头号威胁"。1998年5月,印度在全世界的反对声中进行了核试验,借口是"受到一个1962年武装侵略印度的核国家的威胁"。由于印度核试验以中国为借口,中印关系再次发生逆转,20多年双方共同努力营造的稳步改善的双边关系的良好势头受到挫折,两国关系跌到了70年代末互派大使以来的最低点。

## （五）进入新世纪后两国关系全面发展期（2000年至今）

21世纪初，两国关系在恢复中迎来了一个良好开端。2000年4月1日，中印建交50周年，江泽民、朱镕基同印度总统纳拉亚南、总理瓦杰帕依之间以及两国外长之间互致贺电，表达了改善和发展友好关系的愿望，呼吁建立长期稳定的睦邻友好合作关系，并强调地区和平与稳定对经济发展的必要性。2000年5月，印度总统纳拉亚南访华，这是1998年5月印度核试验后第一位访华的印度国家元首，这表明两国关系已经恢复并走向正常。2001年1月李鹏委员长应邀访印和2002年1月朱镕基总理应邀访印期间双方达成了广泛的共识。2003年瓦杰帕伊总理访华，双方签署了关于两国关系原则和全面合作的联合宣言。2004年印度新内阁表示"前所未有地重视"中印关系，新外长纳·辛格强调印度"高度重视"发展与中国的关系，国大党领导的联合政府将致力于加强两国之间的关系。2005年温家宝总理访印期间，双方签署了《联合声明》，两国宣布建立面向和平与繁荣的战略合作伙伴关系。2006年胡锦涛主席访印，双方发表了《联合宣言》，制定了深化两国战略合作关系的"十项战略"，进一步深化和拓展了两国合作伙伴关系的内涵。2010年印度总统帕蒂尔与温家宝总理进行了互访。通过2011年"中印交流年"和2012年"中印友好合作年"的开展，中印关系继续保持健康的发展。2013年，李克强总理和辛格总理时隔近60年再次实现两国总理年内互访，发表共同声明，达成10多项协议，为中印各领域务实合作进行了全面规划。中印边界问题特别代表第16次会晤、中印第5轮战略对话先后举行，双方增进了相互沟通和理解。2015年5月，新任印度总理莫迪访华，使中印关系朝着更好的方向迈进。

## 二、近年来中印关系所取得的成就

### （一）经贸领域的合作不断加深

经贸关系是中印关系最具活力的部分，能为两国带来实实在在的利益融合。

**1. 双边贸易方面**

中国已成为印度最大贸易伙伴之一，中国质优价廉的商品与服务有利于印度减少贫困，实现工业化和现代化。2011~2013年，中国已经成为印度最大的贸易伙伴，印度则是中国在南亚最大的贸易伙伴。数据显示，2013年中印双边贸易额达到654.71亿美元。2014年中印贸易额为705.9亿美元，同比增长7.9%。未来5年，中国将联手包括印度在内的南亚国家，力争中国与南亚地区的双向贸易额突破1 500亿美元。

**2. 工程承包方面**

据统计，截至2012年底，中方在印度签订工程承包合同累计金额为601.31亿美元，完成营业额335.18亿美元，印度已成为中国工程承包产业最大的海外市场之一。

### 3. 双向投资方面

为了培育国内制造业,提高制造业占国内生产总值比重,应对规模庞大且不断增加的赤字问题,近年来印政府逐渐把目光投向中国企业的直接投资和技术转移。据印政府公布数据,2000年4月至2014年5月,中国累计仅对印投资4.10亿美元,占印利用外资总量的0.18%,几乎可以忽略不计,在所有国家和地区中只排名第28位。习主席访印期间宣布,中方将争取在未来五年内向印工业和基础设施发展项目投资200亿美元。考虑到过去中资企业在印频频遭遇安全审查的"歧视待遇",中印在投资方面的新共识显然是重大突破,表明印方终于解放思想、欢迎中国资金和技术。

### 4. 经贸关系制度化方面

中印战略经济对话、财金对话、经贸联合小组等对话磋商机制日臻成熟,两国务实合作逐渐从商品贸易、工程承包向制造业、服务贸易等领域拓展。尽管受国际经济大环境不利影响,中印贸易摩擦有所凸显,但两国经贸领域的制度性合作依然保持在上行轨道,双边贸易大盘保持基本稳定,工程承包合作进展顺利,相互投资潜力逐渐释放。

## (二)安全战略合作逆势推进

### 1. 加强防务合作,逐步增进互信

防务领域的交流有助于中印两国国防部门之间建立互信和增进相互理解。2000年3月,中印两国外交部正式启动两国之间的安全对话,定期就国际、地区安全形势和其他共同关心的问题交换看法。2003年4月下旬,印度国防部长费尔南德斯访问中国,并表示"不把中国看作是印度的威胁",他还在《2002—2003年度国防报告》中首次大幅淡化"中国威胁",首次谈到中印军事合作。2003年11月10日,印度海军3艘舰艇在印度海军东部地区司令班索尔中将的率领下访问上海,并与中国海军军舰在上海附近的东海海域进行了联合搜救演习。2005年12月"中印友谊-2005"联合演习,是中国海军第二次与印度海军举行非传统安全领域演习。进入新世纪以来,中印两国海军友好交往不断加强,印度还邀请中国武官观摩印军演习,并邀请中国进行中俄印三方军演。双方于2006年5月29日签署《中印国防部防务领域交流与合作谅解备忘录》,该备忘录为两国防务合作的进一步发展提供了良好的基础和制度框架。

在国际安全上,双方合作也在不断增加,比如中俄印三国外长已在联合国共同建立定期会晤机制,2002年启动了中俄印外长会晤机制,协商地区安全问题。中印在上海合作组织框架内的合作也已建立起来。2005年,印度成为上海合作组织的观察员,中印两国还都是东亚峰会的重要成员。中印的首次战略对话于2004年1月24日在印度新德里举行,2006年新年伊始,印度外交秘书萨兰访问北京与中国开展第二次战略对话。这些都说明了中印军事、安全合作发展领域范围在不断扩大。

### 2. 加强友好协商,边界问题谈判不断推进

边界问题的早日解决符合两国的基本利益,中印关系发展,为加快边界问题解决进程创造

了有利条件。1993年,两国政府签署了《关于在中印边境实际控制线地区保持和平与安宁的协定》,并成立了专家小组,讨论制定协定的实施办法并取得一些积极进展。1996年11月底江泽民主席访印期间,两国政府签署了《关于在中印边境实控线地区军事领域建立信任措施的协定》。2003年6月,印度总理瓦杰帕伊访华,双方重申愿通过平等协商,寻求公正合理以及双方都能接受的解决边界问题的方案,在最终解决之前共同努力保持边境地区的和平与安全。中方全面阐述中国政府对发展中印关系的政策主张。2005年9月,2006年3月,2006年6月及2007年1月、4月,双方特别代表举行了第六至第十次会晤,开始探讨解决边界问题的框架。2009年8月,双方特别代表举行了第13次会晤。2012年1月,两国正式签署《关于建立中印边境事务磋商和协调工作机制的协定》。该磋商机制为谈判解决两国边界问题和促进两国关系发展创造了良好条件。2013年10月,两国达成《中印两国政府边防合作协议》,提出加强两国在边境地区沟通交流的五个步骤,涵盖边防人员旗会、双方司令部/军区对话、国防部官员涉边磋商、国防部长年度对话、军事司令部间设立新热线等层级。这对确保两国边境地区和平与安全、防范突发事件和擦枪走火意义重大。2013年4月,中印在西段边界发生所谓"帐篷对峙"事件后,两国通过边界事务磋商和协调等机制,及时通过双方外交部及驻扎当地边防军等层面的会谈和交涉,有效阻止事件升级为双边关系恶化的导火索。中印"帐篷对峙"事件的顺利"软着陆",一方面折射出两国在边界实控线走向上仍然存在不同的理解和认知,也证明了中印之间有关边界问题的合作机制和架构确实在"危机管控"中发挥了积极作用。

(四)中印人文交流成果显著

近年来,中印两国进一步加强文化领域的交流与合作。2010年,中印借建交60周年互办"印度年"和"中国年"。2011年,两国借"中印交流年"推出一系列民间交往项目。2012年是"中印友好合作年",两国携手推出人文合作项目,较好地冲淡了两国边界冲突50周年的不利氛围。中印"百人青年团"互访活动进展顺利,反响较好。近年来部分中国演艺团体在印度成功举办商演,受到当地民众欢迎和喜爱,有力地增进了两国民间交流和相互认知。越来越多的民众将对方国家作为旅游目的国,互访人数逐年攀升,2013年突破75万人次。辛格总理访华期间,双方签署了"文化合作协定2013—2015年执行计划",内容包括文化艺术、文化遗产、青年、教育及体育事务、新闻出版与大众传媒等,并就建立首批友好城市达成一致。双方还商定把2014年定为"友好交流年",并计划联手缅甸,探讨以适当方式共同纪念和平共处五项原则发表60周年。2014年习主席访印期间,中印同意启动"中国-印度文化交流计划"。在中印政府间文件中,有关人文交流、民心相通的合作条款占据越来越大的篇幅,反映双方均意识到人文交流对双边关系的"加分价值"和战略意义。

(五)多边国际合作亮点突出

近年来,印度在重构国际秩序中的地位和作用日趋凸显,已成为中国在多边舞台中可以借重的战略合作伙伴。两国相互支持对方参与区域合作进程,共同促进亚洲的和平、稳定与发展。中印联手应对国际贸易、国际金融与可持续发展议程等全球性问题,维护发展中国家、新兴大国的发展权利和空间,互壮声势,助推现有国际经济秩序的完善和重塑,成为双边合作的最突出亮点,也为中印战略合作伙伴关系提供了有力的注脚。两国在能源安全、气候变化等全球性问题上联手也让美西方感到压力。目前,金砖国家机制、G20峰会、东亚峰会等已成为两国领导人良性互动、给双边关系持续"加温"的重要平台。

## 三、展望未来

中印两国关系面临现实和历史的诸多发展障碍,但两国关系的主流趋势依然是合作与共赢,因此中印两国关系将保持积极、稳定的发展趋势。

### (一)中印两国关系健康发展意义非凡

自2005年至2012年,中国领导人与印度领导人在双边和各种国际场合下的会见达到26次之多。这种高层会见的频率是中印建交60多年来最为密集的,也是当代国家关系中比较罕见的。2013年5月李克强总理上任之后出访亚欧四国,并将出访的首站定为印度。李克强总理访问印度时曾说过:"中印关系健康、稳定发展,是亚洲之幸,世界之福。"这一句话道出了中印关系对于亚洲繁荣稳定以及世界和平发展的重大影响。2013年10月,印度总理辛格访问中国,2014年9月习近平主席访印,2015年5月印度总理莫迪访华,中印两国高层的往来引领了中印关系的发展方向,确立了中印经济、政治制度的合作框架,并且确立了及时化解中印之间的隔阂和纠纷的机制,有利于增强政治互信,消除外界不利的言论。

### (二)中印双边机制趋于稳定,合作交流得到双方大力推动

中印目前已经开辟多种双边机制,如中印边界问题特别代表会晤、中印防务与安全磋商、中印边境事务磋商和协调工作机制,这些双边机制在积极推动中印边界问题渐进式和解方面起到重要作用。中印两国的合作在双方推动下涉及众多领域:在经贸方面,2013年辛格访华期间,两国对扩大经贸合作达成共识,辛格总理提议在印度建立面向中国企业并在税收等方面提供优惠措施的工业园区——"中国特区";在军事方面,2013年11月中印陆军举行了中断了5年的反恐联合训练,这凸显了中印双方致力于增进互信的意愿;在民间交流方面,虽然中印之间的民间交流远远不如中国与其他亚洲国家如韩国、日本之间的往来频繁,但是中印双方始终在致力于推动两国人员交流互访。

### (三)中印共同参与多边机制规则的制定,有共同的利益诉求

中印两国在50年代中期的"万隆会议""不结盟运动"中的合作在国际社会中堪称典范,

中印两国共同致力于建立反美统一战线和支持第三世界国家的民族解放运动,在历史中留下了浓墨重彩的一笔。现如今,中印两国在诸多国际组织如"金砖国家"、上海合作组织、亚太经合组织、中俄印三国外长会晤机制等多边机制中也都有共同的利益诉求,两国不仅在气候变化、粮食安全以及能源安全等领域有着共同的利益需求,而且在维护亚太地区稳定、推动建立合理的经济秩序以及国际关系的民主化等重大问题上都有着广泛的共识和共同的努力。在促进人民的共同利益和保持经济的增长、增强地区性和国际性的合作与相互依存、推动和谐国际新秩序的建立等方面共同努力。

(四)印度独立自主的"不结盟政策"保证了印度不会与其他国家结盟来对抗中国

2013年12月印度女外交官在美被捕受辱事件,引发了美印关系的外交风波。印度举国上下强烈谴责抗议美国的行为,甚至采取了众多措施来报复美国,比如剥夺美驻印外交官特权、拆除美大使馆保护设施等,一些民众也发起了反美示威游行。这表明,印度并不会因为借助美国的力量来实现其大国梦及其他的目的而一味地讨好美国甚至与其结盟,所以中印两国不会轻易走到拔刀相向的对峙局面。

中印关系将继续沿着稳定的方向发展。边界问题可能依然是影响双边关系不稳定的最大因素,但是两国用以解决双边问题的机制将趋于完善;两国之间的经济合作和相互依赖将逐渐加深,两国之间的高层往来和民间往来将更加密切;中印两国将共同在金砖国家等国际舞台上加强合作并发挥更重要的作用。正如李克强总理所说,中印政治互信在增加,务实合作在拓展,共同利益远大于分歧。中印双方将会在更加紧密的合作和交流中逐渐增进互信,化解矛盾和分歧,共同打造亚洲文明,为世界和平与发展做出更大的贡献。

## 第三节　维护海洋权益,建设海洋强国

### 一、维护海洋权益

(一)海洋权益的内涵

海洋权益属于国家的主权范畴,它是国家领土向海洋延伸形成的权利。海洋权益受《联合国海洋法公约》(以下简称《公约》)保护。

海洋权益的内涵主要有:一是海洋政治权益,如海洋主权、海洋管辖权、海洋管制权等,这是海洋权益的核心;二是海洋经济权益,主要包括开发领海、专属经济区、大陆架的资源,发展国家的海洋经济产业等;三是海上安全利益,主要是使海洋成为国家安全的国防屏障,通过外

交、军事等手段,防止发生海上军事冲突;四是海洋科学利益,主要是使海洋成为科学实验的基地,以获得对海洋自然规律的认识等;此外,还有海洋文化利益,如海上观光旅游、举办跨海域的文化活动等。

问:什么是《联合国海洋法公约》?

答:联合国海洋法公约指联合国曾召开的三次海洋法会议,以及1982年第三次会议所决议的海洋法公约(LOS)。在中文语境中,"海洋法公约"一般是指1982年的决议条文。此公约对内水、领海、临接海域、大陆架、专属经济区(亦称"排他性经济海域")、公海等重要概念做了界定。对当前全球各处的领海主权争端、海上天然资源管理、污染处理等具有重要的指导和裁决作用。

## (二)我国海洋权益安全形势严峻

### 1. 南海主权争端

南海海域分布着200多个礁、岛和沙洲,面积约为350万平方千米,周边国家包括越南、新加坡、印度尼西亚、菲律宾、文莱和中国等。南海地区自然资源丰富,不仅富含丰富的渔业资源,而且石油和天然气资源储量巨大。南海地区是连接马六甲海峡岛到日本、从新加坡到香港、从欧洲到非洲的重要的海上通道,南海还是非常重要的海上交通要道。

南海海域主要包括南沙群岛、西沙群岛和东沙群岛等岛屿。目前东沙群岛由台湾掌控,西沙群岛在中国的管辖范围内,而南沙群岛则是南海争端的焦点。南沙群岛共计256个岛礁,目前除了永暑、华阳、赤瓜、美济、东门、南熏和诸碧7个岛礁在中国大陆以及太平岛(南海诸岛中最大的岛)在台湾的控制之外,其他约43个南沙岛礁被南海地区有关国家和地区分割占领。其中越南侵占29个,菲律宾侵占9个,马来西亚侵占5个。近年来,越南在南海多次挑起争端。例如,2014年5月4日,越南5天内171次冲击中国船只,干扰西沙海域钻探活动。中沙群岛由20余个岛、礁、暗沙和暗滩组成,绝大部分常年处于水下,各岛礁目前尚无人驻守,但主权问题不容忽视。"黄岩岛"(又名"民主礁"),面积130平方千米,是中沙群岛唯一露出海面的岛礁,2012年4月出现中国与菲律宾两国舰船对峙的局面。

目前东南亚国家为了在南海地区获得更多的利益,拉拢域外大国参与南海事务。中国政府对于南海权益争端的现状,始终坚持以双边谈判的方式、和平的手段来处理南海争端事务。域外大国的插手干涉,挤压了中国的安全空间,使南海维权行动受到了巨大牵制。

### 2. 东海权益争端

东海海域辽阔,海域面积约77万平方千米,南北长约1 300千米,东西宽约500千米,大陆海岸线曲折,港湾众多,岛跨星罗棋布,中国一半以上的岛岭分布在这里,地理位置非常重要,东海海域位于中国东海岸边与太平洋之间,东部临日本的九州和琉球,北临韩国的济州岛和黄海,南部与南海相通,是连接东亚地区国家重要的交通枢纽,关系到东亚地区的安全、稳定。东海拥有宽阔的大陆架,大陆架面积约占整个东海面积的70%,东西宽约150~360海里,海沉积盆地面积大,沉积层厚,油气资源丰富。东海海域的这些优越特征使得东海海域受到周边国家及世界上其他国家的关注,围绕东海海域出现的纷争也越来越激烈。钓鱼岛主权归属、划界问题、海底油气资源等问题是东海争端的焦点。

东海南部中日划界争端主要集中在钓鱼岛问题上。进入21世纪以来,中日关于钓鱼岛的争端并没有停止。2010年的中日撞船事件,2012年的日本非法购岛事件使钓鱼岛局势进一步紧张,一度剑拔弩张。2013年11月23日国防部宣布划设中华人民共和国东海防空识别区,目的是捍卫国家主权和领土领空安全,维护空中飞行秩序。2013年12月24日,日本政府通过预算方案,其中预计拨款22亿元应对钓鱼岛局势将建专属部队。可见日本政府侵犯中国钓鱼岛的力度。2013年12月29日,中国国家海洋局发布消息称,中国海警2337,2112,2151公务船编队继续在中国钓鱼岛领海内巡航。从东海防控识别区到钓鱼岛领海内巡航,都是中国政府积极应对日本非法侵犯钓鱼岛的积极反应。

东海北部中韩划界争端主要集中在苏岩礁问题上。苏岩礁自古以来就是中国的领土。苏岩礁是位于东海北部的水下暗礁,苏岩礁附近蕴含丰富的油气资源,国土面积狭小、资源严重缺乏、经济相对发达的韩国需要的就是苏岩礁附近的资源。韩国正是基于此,而对苏岩礁提出主权要求。近年来,韩方多次挑起苏岩礁主权争端。

### 3. 黄海主权争端

黄海是西太平洋地边缘海,全部为大陆架所占地浅海。它位于中国与朝鲜半岛之间,北面和西面濒中国,东邻朝鲜半岛。地理位置非常重要,而且黄海海域蕴藏着石油、天然气资源。中国与朝鲜、韩国在黄海海域不存在岛均主权争端,但存在如何划分黄海权益的问题。黄海的地缘位置和丰富的油气资源是中国与韩国、朝鲜产生海洋划界争端的重要原因。但现在为止,虽然中国与韩国、朝鲜进行过多次磋商,但是对于黄海划界问题还未展开过正式谈判。

在黄海海域,中国与朝鲜、韩国关于大陆架的划界存在争端。中国主张按自然延伸原则划界(即按古黄河河道与韩国划分黄海大陆架),但韩国主张按中间线原则划界,这样一来中韩双方便产生了6万平方千米的争议区。近年来,频频有中国渔民和韩国海警在黄海海域的争议区发生渔业纠纷甚至冲突。接连发生的渔业纠纷多是发生在中韩公海经济区的有争议地带,事件不断升级扩大都因韩国单方面原因引起,韩国欲借此机会,将韩国在黄海海域的海权管辖地合法化。

中国与朝鲜在黄海海域是相邻共架国。中国主张按中间线划界,朝鲜则主张以纬度等分线划界。按照这样的划分方法,中朝便产生了3 000多平方千米的争议区。1977年6月21日朝鲜宣布建立200海里"经济水域",单方面宣布其经济水域从领海基线起200海里,在不能划200海里的水域中划至海洋的半分线的做法,侵犯中国的海洋权利。

从目前的状态来看,中国与韩国、朝鲜就黄海海域渔业资源开发、大陆架划界和油气资源开发等均未达成可行性协议。黄海则是美国介入亚洲事务的又一借口。黄海海域安全问题也是中国不能忽视的重要因素。

### (三)维护我国海洋权益的措施

面对中国海洋国土的被侵占和海洋资源的被掠夺,在新一轮的海洋竞争中,如何处理潜在的矛盾和冲突,如何应对复杂的海洋权益争端,是事关中国安全和能否可持续发展的重大问题。

**1. 提高国民意识,完善海洋立法**

"海兴则国兴,海衰则国弱",走向海洋是 21 世纪所有强国相同战略的选择。当今各沿海国比以往任何时代都更加重视海洋的战略地位及其重大价值。随着中国经济日益的全球化和对石油资源产生的依存关系,中国必须发展和开发海洋,中国的海洋权益必须得到保障。因此,为维护中国的海洋权益,必须加强海洋教育,让国民认识海洋,了解海洋,激发国民开发海洋、维护海权的热情,克服重陆地轻海洋的思想,培养蓝色国土观念,增强全民族的海洋观念和海洋战略意识,形成全社会关注海洋、开发海洋、保护海洋的良好氛围;同时,还要不断完善海洋权益的立法,充分利用《公约》,尽快完善《中华人民共和国领海及毗连区法》及《中华人民共和国专属经济区和大陆架法》,对于还未明确的海域,出台《海洋安全保护法》与《海洋管理基本法》等。通过国内立法,为确保中国蓝色国土的安全和不受侵害,为中国海监、渔政、海事、边防海警及海军等进行巡逻执法提供法律依据。

**2. 合理利用《公约》,维护中国海洋权益**

合理利用《公约》,通过双边谈判和国际有关法律仲裁解决是和平利用海洋,有效维护中国海洋权益的重要途径。一是以《公约》为法律依据,通过双边协商谈判,和平解决争端。《公约》涵盖了现行所能采用的一切解决争端的方法,鼓励各国按照联合国宪章第 33 条之规定的谈判、协商等方法解决争端。例如我国与越南经过长时间多轮的艰苦谈判,最终达成《中华人民共和国和越南社会主义共和国关于两国在北部湾领海、专属经济区和大陆架的划界协定》,解决了中国国与越南北部湾的划界问题,减少了两国因为资源问题而产生的纠纷,并且为和平解决南沙问题以及南海专属经济区等划定问题提供了范例。二是以《公约》规定的仲裁方法,通过强制的方式解决争端。当事双方在有关海洋权益上分歧较大,通过和平谈判的方式无法解决时,争端当事方有义务接受《公约》提供的强制程序解决争端。从国际海洋法庭成立至今,已成功处理了数起案件,涉及船舶、渔业、海洋能源、海洋环境等许多方面。

**3. 加强海军建设,保护中国海洋利益**

由于中国是一个一面临海三面环陆的国家,陆上的安全压力使中国在长期的历史中发展了强大的陆军而非海军力量,这种状况也造成了中国虽是海洋大国,但还不是海洋强国。由于我国经济的全球化,海上运输和能源战略通道已成为我国国民经济和社会发展的命脉,特别是石油等重点战略资源。

为维护国家主权、领土完整、为收回被侵占的海洋岛屿和解决海洋权益争端,确保中国经济的可持续发展,有效地保护中国海洋权益,中国必须充分认识海军在其中的特殊地位和作用,加快海军建设的步伐,全面提升海军的整体作战能力,以应对有关国家对中国海洋权益的挑战。

## 二、建设海洋强国

党的十八大报告明确提出中国"海洋强国"战略,指出要"提高海洋资源开发能力,发展海洋经济,保护海洋生态环境,坚决维护国家海洋权益,建设海洋强国"。党的十八届三中全会进一步提出要"健全国土空间开发、资源节约利用、生态环境保护的体制机制,推动形成人与自然和谐发展现代化建设新格局"。海洋资源开发能力是指在一定的技术经济条件下,人类进行海洋资源发现、勘探、开采、利用和管理活动的能力。科学合理地开发利用海洋,发展壮大海洋经济是人类文明进步的重要标志,也是实现海洋资源环境可持续发展的必然要求。世界大国兴衰的历史表明,要实现国家富强和民族振兴,必须要建设海洋强国,掌握世界一流的海洋资源开发、控制和管理能力。

### (一)中国海洋建设基本情况分析

中国海域辽阔,跨越热带、亚热带和温带,大陆海岸线长达18 000多千米,拥有6 500多个海岛;大陆架面积位居世界第五,200海里专属经济区面积位居世界第十。中国口岸资源丰富,深水岸线400多千米,滨海旅游景点1 500多处,滩涂面积380万公顷,水深0~15米的浅海面积12.4万平方千米,深水港址60多处,环渤海、长三角、东南沿海、珠三角和西南沿海五个港口群奠定了我国沿海港口布局基础。中国海洋石油资源量约246亿吨,天然气资源量16万亿立方米。中国在海洋药物研究开发的临床应用中一直处于世界领先水平,目前海洋生物入药的种类已累计达700多种。此外,在国家管辖外海域还蕴藏着丰富的多金属结核、富钴结壳、热液硫化物等矿产资源,以及渔业资源和深海生物遗传资源,是人类可持续发展的重要资源。

新中国成立以来,中国海洋资源开发取得了很大的成就,但与海洋强国相比,中国海洋资源的开发利用总体水平还比较落后,开发活动不够科学,开发能力在世界仍处于落后地位,目前中国海洋开发的综合指标不到4%,不仅低于海洋经济发达国家14%~17%的水平,而且低于5%的世界平均水平。

具体表现在以下几个方面:

**1. 海洋经济总量逐年增长,但比例不足,结构失调**

从海洋局的统计数据看,进入新世纪以来,中国的海洋经济总量每年都保持较大的增长幅度:至2012年,中国的海洋经济总量达到50 087亿元。虽说总量不小,但它占中国经济总量的比例却很小,2012年的比例是9.6%,到2015年的目标也才是10%。相比海洋强国而言,这个比例实在太小。此外,中国的海洋产业结构不尽合理,第一产业偏少,多来源于滨海旅游业和海洋渔业等。海洋第一、第二、第三产业增加值占海洋生产总值的比重分别为5.3%,45.9%和48.8%。这种格局不利于海洋强国的实现,因此,必须优化海洋产业结构。

### 2. 海洋开发有所作为,但规模和程度还远远不够

中国对海洋的开发利用进程逐渐加快,在一定程度上带动了海洋战略资源的开发利用。第一,随着海洋油气业的快速发展,海洋石油产量日益增多,2010年海洋油气当量已突破5 000万吨,成为我国原油增量的重要来源。第二,深海矿产资源勘探取得重要进展。继1999年获得夏威夷东南方7.5万平方千米的海底多金属结核调查"区域"之后,2011年又在印度洋西南部获得了1万平方千米具有专属勘探权的多金属硫化物资源矿区。近年来我国在东海和南海针对天然气水合物的调查也取得重大突破。第三,海洋资源、能源开发的技术日渐成熟。在潮汐能、波浪能等新能源方面的开发技术已基本成熟、日趋完备,并积累了丰富的建站经验,海洋生物基因技术也获得较大进展,在过去十多年中,有超过6 500种新药物从海洋生物中产生,海水淡化技术也已成熟,在沿海一些严重缺水城市水资源问题的解决中发挥出明显作用。

但是,与发达国家相比,中国海洋战略资源开发利用的规模还很有限,深度和广度也都不够,总体大约落后10~15年。统计数据表明,中国近海油气探明储量仅占资源量的1%,累计开采量仅占探明储量的5%;近海渔业资源过度开发,同时外海渔业资源又利用不足;可养殖滩涂利用率不足60%,宜盐土地和滩涂利用率只有45%,水深15米以内浅海利用率不到2%;海水和海洋能的开发程度和利用水平较低;南沙群岛附近深海区油气开采不足等等,这些都是目前中国海洋战略资源开发面临的突出问题。

### 3. 海洋科技有所突破,但离发达国家仍有一定距离

近年来,中国在海洋环境探测技术、海洋再生能源实验研究、海洋生物资源开发工程技术、海水资源利用技术、海洋矿产资源勘探开发技术以及海洋装备制造上取得较大突破。但是,与发达国家的海洋科技水平相比,中国仍有着较大差距。例如,发达国家科技进步因素在海洋经济发展中的贡献率达到了80%左右,而我国只有30%多;中国在海洋调查科研、海洋石油勘探开发、海洋预报和信息服务、深海矿产资源勘探、海洋渔业资源开发和海洋农牧化等领域,还都需要大批引进国外技术设备;在海洋工业科技方面,尤其是在特殊船舶、材料、设备的制造上,中国存在技术瓶颈。可以说,中国在海洋科技队伍、科学研究领域、海洋技术发展结构以及海洋科技产业化的能力等方面都有待完善和提高。

### 4. 海洋生态环境有所恶化,引起中国高度重视

《海洋环境保护法》施行多年,但状况好转并不明显。根据《2012年中国海洋环境状况公报》数据表明:处于健康、亚健康和不健康状态的海洋生态系统分别占19%,71%和10%,生态

保护和建设处于关键阶段。由陆源排污口排入生态监控区内的污染物主要包括悬浮物、化学需氧量、营养盐、石油类和重金属,河口、海湾生态系统普遍受到营养盐污染,沿海海域的生态环境遭到较大破坏。近年来,由于一些海洋石油勘探开发过程中溢油事故的发生也对相关海域造成了严重污染,阻碍了海洋产业的健康发展。污染物进入海洋,污染海洋环境,危害海洋生物,甚至危及人类的健康;渔民对某些海洋生物的过度捕捞,导致海洋生物资源数量减少,质量降低,也使部分物种濒临灭绝;有些海岸工程建设和围海造田缺乏科学论证,破坏了海岸环境和海岸带生态系统,致使部分滩涂荒废,滨海环境遭到损害,等等。就海区而言,渤海沿岸污染较严重,东海和黄海次之,南海较轻。据统计,中国沿海各种类型的主要污染源有200多处,黄渤海沿岸有100多处,东海、南海沿岸100处左右。

**5. 海上安全总体稳定,但不确定因素增多**

与周边国家海上争端和摩擦呈上升趋势,成为影响中国海上安全的重要因素。中国和平发展需要良好的安全环境,特别是对于海上方向的安全。中国必须居安思危,清醒认识面临的主要海上安全威胁:国家尚未完全统一,领土有被割裂的严重危险;国家海上武装力量,特别是海军的正常活动空间受到严重挤压,军事安全利益受到侵害;随着国家经济日益向全球化方向发展,海洋运输、海洋生产和海洋环境面临着自然和人为两方面安全威胁。随着美国亚太战略的逐步调整,针对海洋权益争端,美国在背后的推波助澜角色会更加明显,有关国家联手对中国的态势也日益明显,地区安全环境中的对抗因素上升;随着海洋环境的变化与科技的进步,人类对海洋的开发利用将更加广泛和深入。各国也在从关注领海、专属经济区和大陆架向深海、国际海底和极地延伸。各国为维护和拓展海洋权益的力度将会加大,其海军为谋求海上发展优势而引发的军备竞赛也将更为激烈。

## (二)提高海洋资源开发能力、实施海洋强国战略的重要举措

**1. 切实扩大海洋开发规模,优化海洋产业结构**

鉴于中国海洋目前的开发状况,需要抓紧时间扩大规模,优化结构。首先,加强深海资源开发能力,脱掉深海区零油井的帽子。从目前形势来看,对中国具有重要战略意义的海洋油气、海洋生物以及海底矿产的开发在很大程度上受制于海上维权斗争的形势和深海开发能力的不足。当务之急,必须加快提高深海开发能力,及时把握形势,在国家"搁置争议,共同开发"的原则下,尽快推动中国对争议海域以油气为主的海洋资源的开发活动。其次,拓展国际海域与极地科学考察活动。随着人类对海洋开发利用的不断深入,各国关注的重点向国际海底、北极和南极延伸。中国也应该在此方向有所作为,以免因他国的蓝色圈地运动而影响我国的利益。再次,培育壮大海洋战略性新兴产业,提高海洋第一产业的比重。目前,中国已经形成了多个蓝色经济带,应充分加以利用。可通过优化空间布局,建立资源利用节约集约化程度较高的海洋工业基地。再以工业为基础,带动整个产业链发展。需要注意的是,在拓展开发深度和广度的同时,中国还应提升海洋调查评价能力,注重海洋经济发展的质量和效益。就我国

的海洋事业发展而言,在2020年前后,中国应将探测海区从西太平洋扩展至印度洋、南北极;在南沙地区有能力开采油气矿产资源;在海洋生物新资源利用上取得新突破;海洋工业化程度大大提高。同时,努力实现2020年海洋经济生产总值在2010年基础上翻一番。

**2. 持续扶持海洋科技创新,提高海洋发展动能**

要想实现海洋强国,科技进步必不可少,它是发展的引擎,前进的动力。真正的海洋强国应当是海洋科技自主创新能力和产业化水平很强、海洋科技创新对海洋产业发展的贡献率较高的国家。对以海洋强国为目标的中国而言,应从以往依靠扩大海洋资源开发,转为依靠技术进步,以技术创新改造传统海洋产业,实现可持续发展。具体措施有:一是推进海洋科技开发。尤其是对科技薄弱点进行攻关研究,减少核心设备或技术对国外的依赖程度。二是加大海洋科技经费投入。鼓励相关机构进行海洋科研,扶持重大海洋项目的立项、研究与投产运用。三是构建高素质的海洋科技队伍。以科研项目为牵引,以经费投入为支撑,努力形成由海洋科技创新人才、海洋业务专业人才、海洋科技产业人才及海洋科技管理人才相结合的年龄结构合理、专业结构完善、以高级科技人才为主力军的高素质海洋科技队伍,保证未来我国海洋事业发展具备强有力的海洋科技支撑。

**3. 有效开展海洋生态维护,确保海洋环境美好**

建设海洋强国就必须构建美丽海洋。美丽海洋的前提是陆源污染得到有效治理,近海生态环境恶化趋势得到根本扭转,海洋生物多样性下降趋势得到基本遏制,海洋环境监管能力得到有效提升,海洋生态安全格局基本建立。要想实现海洋强国,必须要高度重视海洋生态环境,切实开展保护工作。第一,健全海洋生态环境保护领导机制,设置行使有效的海洋环境科研机构和监测机构,积极组织广大科技人员,开展对我沿海及重点港湾的污染调查监测工作,为控制和治理海洋污染提供科学依据。第二,确立正确的海洋开发政策,避免过度开发或不科学的海洋工程建设。发展不能以牺牲环境为代价,必须在保护海洋生态环境的前提下谋发展,坚持集约用海,科学用海、生态用海。第三,设置一整套科学的、严格的管理制度和方法。主要是抓好污染源的管理,限制高污染、高耗能、高生态风险的工业项目用海,减少海洋开发对近岸渔业资源和生态系统的冲击。第四,制定和健全必要的法制和规章制度,保障海洋生态环境管理的有效落实。第五,发展先进的科学技术,净化污染,应对自然灾害的破坏,提升海洋防灾减灾能力。

**4. 显著增强海洋管控能力,保障海洋秩序井然**

海洋管控能力是衡量海洋国家强弱的一项重要指标。建设海洋强国就必须强化综合管理海洋、控制海洋的能力。中国目前面临的复杂而多样的海上威胁,亟待国家拥有强大的海洋管控能力去解决、去应对。基于目前规划,至2020年,中国海洋综合管理体系应趋于完善,海洋事务统筹协调、快速应对、公共服务能力显著增强,并且,国家海洋权益、海洋安全得到有效维护和保障。要想实现这个目标,推进海洋强国事业,迫切需要做好以下几点:一是要增强海上实力,提高海上竞争力。海上实力是海上一切活动的支撑和安全保障,实力强则具有更多优势,拥有更多话语权,可更多地达成自己的意图。二是要健全海上执法体制,提高有效监管、监视监测和维权执法能力。目前,国家海洋局已经重组,海上执法力量也趋于统一,但体制调整是个复杂的过程,必须做好衔接和融合,真正做到执法体制统一、高效。三是要完善海洋法律法规,弥补海洋综合法律和相关配套法规的空白和滞后。在中国周边,已有多个国家出台海洋法律,为侵占中国海洋权益披上了"合法外衣"。中国也应加大对海洋法律的研究,早日出台海洋基本法,为海上维权执法提供依据和法理支撑。四是要全面参与国际海洋事务。对中国来说,需要准确把握国际海洋秩序发展形势,提高参与国际海洋规则制定和海洋事务磋商能力,例如深入参与海洋环保、海底资源开发、渔业资源管理、海事与救助等涉海国际公约、条约、规则的制定和修订工作。

**5. 努力营造和谐海洋局面,促进地区繁荣稳定**

海洋强国并非一国之强,它应有更多的义务去帮助他国。中国要深化拓展与其他国家在海洋领域的合作。建设持久和平、共同繁荣的和谐世界,是各国人民的共同愿望。虽然中国维护海洋权益的任务十分艰巨,但仍致力于使海洋成为沿海国家的合作之海、友谊之海。譬如,建立海洋灾害预测、应对机制,做好南海区域的海洋预报减灾工作;推动中国与南海及印度洋、太平洋周边国家在海洋环保、科技、海啸、风暴潮等领域的合作,进行技术交流,促进并带动周边地区海洋经济发展。中国海洋强国建设的最大特点是将通过和平发展的路径,对周边国家来说并不是威胁,而是机遇,是对维护世界和平、促进共同发展的历史担当。中国一直倡导并践行"和谐海洋"的理念,遵循《联合国宪章》《联合国海洋法公约》以及其他公认的国际关系准则,积极参与国际海上安全对话与合作,愿与各国一道,共同维护海上安全,切实为地区繁荣稳定做贡献。

### 本讲思考

1. 中日关系的新进展有哪些?
2. 中印关系的新进展有哪些?
3. 中国维护海洋权益、建设海洋强国的基本路径有哪些?

### 思考题

1. 南海问题的核心是什么?中国在南海问题上的基本立场以及解决南沙争端的政策主张有哪些?
2. 钓鱼岛主权争端问题形成的历史根源和现实困境有哪些?
3. 莫迪时代中印关系的发展前景是什么?

# 第十三章
## Chapter 13

## 不断提升的中国国家地位

> **要点提示**
> 
> ◆ "中国热"持续升温
> ◆ 新世纪中国面临的周边和国际安全形势
> ◆ 中国政府的战略布局和成长

> **开篇阅读**

"21世纪将是中国的世纪"——2007年新年,美国《时代》周刊封面如此预测中国未来的100年。该期杂志在《中国:一个新王朝的开端》一文中,描绘了非洲安哥拉一个偏远小城的生活面貌,由于中国修筑的铁路而得到改善,评价了正在崛起的中国对世界的影响,俨然勾勒出一幅"中国世纪来临"的图景。而在此之前,西方媒体曾对中国未来的发展趋势进行过集中的报道。如《时代》周刊2005年曾推出封面报道《中国的新革命》,以大篇幅报道中国;英国《泰晤士报》曾刊载题为《这是中国的世纪》的评论;美国《新闻周刊》曾推出封面报道《中国世纪》来询问"未来是否属于中国";《纽约时报》也史无前例地在评论版的文章配上中文通栏标题《从开封到纽约——辉煌如过眼烟云》,提醒美国人"中国正在复兴";还有BBC和CNN相继推出"中国周"、英国《卫报》连续7天的"中国专刊"……所有这些都反映了一股全球范围的"中国热"正在涌动。

时隔几年,这股"中国热"非但没有冷却,反而愈演愈烈,由国外到国内、由经济到文化,让世人看到一个社会主义的中国大步前进的气势。2010年的上海世博会,使全球各地的"中国热"继续升温。

"中国热"的风靡全球有力地证明了中国形象的巨大魅力。中国的国际形象,是中国国内政治文化、经济文化、教育文化和社会文化的延伸,更是中国国际地位的直接表现。

与此同时,近年来的中国周边并不太平,一些不稳定因素隐患重重。目前全球安全形势总体趋缓,和平发展的时代主题不变。但国际安全形势复杂多变,传统与非传统安全领域危险交织,传统冲突趋缓而冲突根源并未消除,非传统安全威胁上升,各种新危险新挑战不断出现。在这种形势之下,如何谋划战略布局,成为中国政府面临的重大课题。

# 第一节 "中国热"持续升温

## 一、"中国热"风靡全球

近年来,全球性金融危机使西方国家沉陷其中,难以自拔,而作为发展中国家的中国却一次又一次地创造了"中国奇迹",成为世人瞩目的新星。世人们用惊异的眼光、各异的视角,或信或疑,或褒或贬,或偏或全地分析"中国模式"的优劣,预测"中国道路"的前景,引发了一场轰轰烈烈的"中国热"。与些相对应的是,各行各业开始对所有与中国有关的元素加以利用,试图在这股"中国热潮"中获得一些好处。一时间"中国风"四处劲刮,"中国元素"无处不在。"中国元素",也就是中国符号,是指被大多数中国人认同的、凝结着中华民族传统文化精神和价值观念的形象和符号,是中华民族传统文化的结晶,是整个中华民族历史文化遗产的高度抽象和意义集合。

在世界历史上,西方对于神秘的东方文化和历史财产的觊觎,使得地处东方的中国对西方来说并不算陌生。随着中国经济地位的不断提升,中国在世界的影响力越来越大,中国元素开始获得深入的挖掘和着重表现。2008年的北京奥运会开幕式,更是中国元素最集中的一次完美展示。开幕式中的画卷以中国古代的哲学观"天地人"的形象展开,画卷中出现"和文化"元素,向世界传达中国和平发展的理念。

随着中国经济的崛起,社会的进步和文化的复兴,中国元素的文化价值和商业价值受到了重新审视,一些国家掀起了研究中国的热潮,其中包括中国的一些传统文化和文学经典,被国外学者潜心研究。商业化的运作机制使中国元素愈加风靡。如好莱坞大片《花木兰》《功夫熊猫》中大量采用中国元素,赢取了中国庞大的观众群。汉语热、孔子学院在各个国家如雨后春笋、遍地发芽,中国的古典名著被一些国家精心研究,譬如日本人对《三国演义》《西游记》的痴迷和研究,绘成漫画并将其开发成游戏,使年轻一代在娱乐消遣中认识中国文化。

## 二、开明、民主、繁荣与进步的中国形象

"中国热"的风靡全球有力地证明了中国形象的巨大影响力。中国的国际形象,既是中国

国内政治文化、经济文化、教育文化和社会文化的延伸,也是中国国际地位的直接表现。所以,中国形象与建设有特色中国社会主义事业之间有着内在的一致性,也与当前国际形势有着密切的联系。

（一）独立自主的民族形象

国家的国际形象首先表现在其特殊的民族特性和民族世界观上。中华民族历来把独立自主视为根本。中国文化传统几千年来一脉相传。近代中国虽屡遭列强欺凌,国势衰败,但经过全民族的百年抗争,又以巨人的姿态重新屹立于世界的东方。中国的历史说明,中国人民独立自主的民族精神具有坚不可摧的力量。在处理国际事务中,我们采取真正的不结盟政策和立场。面对挫折和困难,我们坚持自力更生,自强不息,不示弱。当代中华民族独立自主特性的主要内涵就是,维护国家利益和国家主权。

（二）维护和平与负责任的大国形象

中华民族是一个热爱和平的伟大民族,中国政府也坚持"和为贵"的民族文化精神,同周边国家发展睦邻友好关系,以和平谈判的方式解决边界争端问题,或国际纠纷与摩擦。冷战后,中国政府提出了"和平与发展"的时代主题,这一主题反映了中国的和平愿望,也表明了中国维护世界和平的决心。中国和广大发展中国家加强团结与合作,同霸权主义和强权政治做坚决的斗争。中国已经成为维护世界和平的重要力量与联合国维和事业的中流砥柱。

中国对世界和平负责任的另一个内容是,在不断提升自己经济实力的同时,有限度地控制自己的国防建设。中国是世界上人均军费开支最低的国家之一,1979~1996年,中国军费占国内生产总值的比例从5.6%下降到1.04%,1990年以来的军费开支保持在1.5%左右的低水平上。2004年中国的军费预算为2 071亿元人民币,而美国的国防开支为4 013亿美元,超过2004年世界其他国家军费预算的总和。中国一贯反对军备竞赛,主张裁军,1985年以来,中国已裁军150万。2014年中国军费支出占国内生产总值的比重不到1.5%,不仅低于世界主要国家,也低于2.6%的世界平均水平。

同时,中国将大批军工企业转为民用生产,现在军工企业总产值的76%为民用产品。中国一再声明,永不参加军备竞赛,永不扩张,永不称霸。中国政府信守承诺,言必信,行必果。

中国的负责任还表现在对世界经济发展和共同繁荣方面。在维护广大发展中国家合法权益的基础上,中国积极推动公正合理平等的国际经济新秩序的建设。在消除贫困方面,中国为发展中国家提供力所能及的经济援助,或减免债务。在处理世界经济重大事件中,中国有大局观和牺牲精神。1997年亚洲发生金融危机,中国承诺人民币不贬值,并向泰国和印度尼西亚提供了20亿美元的政府贷款,对稳定世界经济、避免金融危机进一步扩大,发挥了建设性的作用,成为制止危机、促进发展的中流砥柱,树立了负责任的大国形象,赢得了国际社会的高度赞誉。总之,中国的发展有利于世界的稳定,中国的强大是世界和平力量的增长。

### (三)日益开放的外交形象

1979年以来,中国日益融入国际发展潮流,在激烈的国际竞争中寻求新的发展机遇,以壮大自己。进入21世纪后,中国面向世界全方位开放。中国认为,在一个多元多样又相互依存的世界中,只有平等、互利和开放,才能共享机遇。在融入国际社会的进程中,中国的国际形象由单一性向多角色发展。

中国的开放外交主要表现为:在经济上,中国吸收西方国家的一切积极经验,引入竞争机制,全面推进社会主义市场经济的建设,发展和提高中国的综合国力。在政治方面,坦然承认与不同制度和意识形态的国家之间存在的分歧与差异、冲突与摩擦,不掩饰和回避存在的问题,以务实的态度进行对话和交流,以互利的原则协商解决;同时,也坦然公开国内发展中所存在的问题,重视倾听外界的意见。中国融入国际社会的主要表现有:超越意识形态,积极参与各种国际组织,以不同的外交形式发展同所有国家的政府、政党、民族和社会团体之间的所有内容的关系,促进国家、民族、政党和社会之间的广泛交流与合作;同时,按国际规则和惯例办事,发展双边或多边关系。中国的开放外交不仅为自己赢得了主动和空间,同时也赢得了世界的理解与赞誉。

### (四)政治稳定与文明进步的发展形象

自1979年以来,中国的改革开放进程在渐进式的深化中,平稳发展,惠及人民大众;在经济发展的带动下,人民安居乐业,社会稳定;中国共产党的领导集体交接平稳,更加团结务实,全国上下形成了安定团结的大好局面。政治的稳定和经济的繁荣,促进了中国社会文明的全面进步,也促进了中国人民精神面貌的巨大变化。以人为本的科学发展观、保障基本人权、发展社会主义政治民主和文明等理念,已载入中华人民共和国宪法。

### (五)中国特色的社会主义形象

在西方的早期话语中,社会主义就是代表着"封闭保守、极权凶残、贫穷落后"的形象,这是资本主义对社会主义进行人格丑化的攻击。冷战结束之后,资本主义加强了对社会主义的形象丑化攻击。在这种背景下,中国共产党提出了中国特色社会主义的重大命题和形象建设使命。

由于中国共产党正确认识了世界的变化和自己所处的历史地位,把握了时代主题,完善了外交布局,从容应对了突发事件和热点、难点问题,妥善处理了各种双边和多边关系,在国际事务中,积极发挥了社会主义中国的建设性作用,展示了中国开明、民主、繁荣与进步的新形象。"开明"是指,承认两种制度的共存事实,接受与资本主义竞争的现实;"民主"是指,推动国内政治民主和政治文明的建设,推动国际关系的民主化建设;"繁荣"是指,贫穷不是社会主义,物质文明是社会主义的重要内涵;"进步"是指,人与社会的全面协调发展和进步,既包括对人权的尊重,也包括社会的精神文明建设。

## 第二节 新世纪中国面临的周边和国际安全形势

### 一、新世纪中国面临的周边安全形势

近年来,中国周边很不太平,东北亚地区发生的中日钓鱼岛之争及朝核、朝韩问题;东南亚地区因美国插手导致矛盾更加复杂的南海问题;南亚地区的中印领土纠纷和印巴在克什米尔地区的冲突问题;西部地区有阿富汗战乱不断,加之阿富汗、巴基斯坦、伊朗交界区域矛盾隐患重重的问题;北部地区有俄罗斯、蒙古等的变化莫测问题。

概括起来,当前中国周边形势呈现如下四大特点:一是周边形势错综复杂,热点问题时有发生。这主要是由周边国家在政治、经济、社会、文化、民族、宗教等问题上存在传统差异,加上近年来发展差距的扩大而导致的。二是陆境相对稳定,海权摩擦增加。陆地边境除了与印度等个别国家有不稳定因素之外,总体较为平稳。海权摩擦增加,除了争端国自身利益考量之外,明显具有大国影响的背景,主要与美国重返亚太的再平衡战略有较大关系。三是少数国家源于领土争端对中国疑惧加深。中国崛起引发的地区权力结构变化以及各国政府与民众互动关系变化,导致个别周边国家鼓吹"中国威胁论",激发了周边少数与中国具有海权和领土争端的国家的民族主义情绪。四是大多数周边国家对中国友好,采取平衡战略态势明显。绝大多数周边国家与中国并无领土领海争端,不愿在中美之间"选边站",无虑安全必然重视经济。总体上看,中国地缘经济环境比地缘政治、安全环境更为有利。

(一)中国周边饱受美国的挤压

作为当今世界唯一的超级大国,美国在维持其全球领导地位的同时,高调宣布全面"回归"亚洲以加快由其主导的地区安全秩序。为此,美国在中国周边加大了围堵行动,不惜重金拉拢印度,与亚太地区国家展开频繁的双边、多边军事演习以增强其经济联系和军事合作。美国为达成利用中国周边国家对中国崛起的矛盾心理,使这些国家本能地靠向美国进而遏制中国的目的,不惜制造各种舆论和麻烦,利用各种手段来使中国周边国家猜疑和埋怨中国,也使周边有领土、领海争端的国家被鼓动起来,纷纷采取更具有挑衅性的行动。所有这些潜在威胁

成为影响我国安全的急迫因素。

### (二) 南海、东海、黄海等海域海洋安全堪忧

中国与8个海上邻国均有海洋争端,争议海域面积达到150万平方千米,约占我国海域辖区的二分之一。而我国的海洋安全环境不太乐观,尤其是近年来南海、东海、黄海三大海域都出现了相当大的动荡和不安。《联合国海洋法公约》遗留下诸国主权要求重叠的问题,国家利益对南海资源的争夺及复杂的地域政治较量等都加速了这些海域海洋问题的日趋复杂。

南海区域内各国地理位置邻近致使各国提出的南海海域权利主张出现了重叠,而且他们各自通过抱团和加强军事力量在南海不断制造是非,加之俄罗斯在南海博弈中的介入和微妙变化,都使中国处于不利的形势。

环绕黄海的国家有中国、朝鲜和韩国,中国与朝鲜、韩国之间由于历史的原因没有明确的海域划界。在黄海大陆架区域,中国与朝鲜是相邻共架国。关于划界,中国主张按中间线划界,朝鲜则坚持以纬度等分线划界,这样,中朝之间就3 000多平方千米的海域产生了分歧。直至目前,中国与朝鲜和韩国之间仍存在着18万平方千米的海域划界问题。

### (三) 复杂的中南半岛局势

中南半岛位于亚洲东南部,从海洋角度来说介于印度洋与南海之间,从陆地视角来说地处中国与印巴次大陆中间,包括越南、老挝、柬埔寨、泰国和缅甸等国。近年来,美日印等加速布局中南半岛,地理位置的特殊使缅甸更具战略支点的功能,实际上中南半岛变局中的竞争双方仍主要围绕中美展开。美国在战略上一直试图通过中南半岛这个结合点将太平洋与印度洋"两洋合一"以此来构成对中国的包围,为此,美国在缅甸动作不断而且加大了与日本的互动。对于中国来说,要破解美国的两洋战略,中南半岛是关键,也是中国稳定周边的一个重要方面。

### (四) 充满不确定性趋势的朝鲜半岛

朝鲜半岛背靠大陆,地处亚欧大陆与太平洋之间的"边缘地带"且伸向海洋,地理位置相当独特,战略意义重大,其局势直接影响着东北亚地区的安全与稳定。半岛无核化问题伴随朝鲜多年,加之美国时不时地与韩、日进行军演挑衅,这让朝鲜彻底失去了六方会谈的信心。而朝鲜为了自保,不得不高度戒备以引起国际社会的关注,也不得不倾其全力做好战争的部署。对美国来说,朝鲜半岛是其控制朝鲜半岛局势来遏制中国崛起以提高经济利益和实现亚太战略的关键。同时,俄罗斯对朝鲜和韩国局势起着重要的协调作用,不仅起到平衡美、日、韩三国在朝鲜半岛的势力以抗衡美国在亚太威胁的效果,也起到加强自身在东亚地区战略影响力的效果。就中国而言,朝鲜半岛关系到东北亚的和平与稳定,也是中国周边环境安全的关键,中

国积极支持及维护半岛和平与稳定,主张实现半岛无核化。

## 二、新世纪中国面临的国际安全形势

### (一)当前国际安全形势的特点及趋势

目前全球安全形势总体趋缓,和平发展的时代主流不变。但国际安全形势复杂多变,传统与非传统安全领域危险交织,传统冲突趋缓而冲突根源并未消除,非传统安全威胁上升,各种新危险、新挑战不断出现。

**1. 传统战争及局部冲突危险依然存在**

随着世界文明与全球化深入发展,国际传统安全领域危险相对降低,大国之间大规模军事冲突及爆发世界大战可能性明显减小,但因众多原有国际地缘敏感及争议问题根源尚未消除,发生传统局部冲突与战争的危险依然存在。如目前一些地区国家之间还存在着领土及海洋权益争端、民族宗教矛盾、资源争夺等方面问题,局部地区还存在着冷战时期遗留下的军事对峙,这些地区局部冲突和战争会时常发生,严重破坏和影响国际安全与世界和平发展。此外,国际霸权势力"民主"干预和颠覆渗透,也会引发一些主权国家动乱及战争。

**2. 非传统安全危险上升形式多样**

冷战结束特别是进入21世纪后,随着经济全球化和多极化深入发展,国际传统安全危险相对降低,非传统安全危险相对上升而突出。当前全球面临的非传统安全威胁主要包括国际恐怖主义、大规模杀伤性武器扩散、跨国有组织犯罪、国际金融与经济危机、国际能源与环境安全、国际公共卫生安全等。在经济全球化信息化深入发展的今天,必须加强国际合作,才能更好地应对和解决国际非传统安全问题。

### (二)中国当前不利的国际安全形势

**1. 传统安全形势依然严峻**

在传统安全领域,中国地缘战略环境有所恶化,美国仍然是我国传统战略安全主要威胁。我国不仅继续面临美国遏制防范中国的战略围堵打压,陆疆周边反侵占、反分裂、反颠覆任务艰巨。同时我国东海及南海岛屿及资源面临着相关邻国非法侵蚀的严酷现实,领海海洋安全危机突显。

(1)美国防范中国继续对华战略围堵。美国在太平洋及亚洲地区强大军事存在依然是我国安全主要威胁,奥巴马政府对华政策仍然实行围堵加合作的"双轨制"及"两面下注"战略,在军事上与中国开展军事对话交流以降低军事误判风险的同时,仍将中国列为主要战略打击对象,继续围堵防范中国。目前美国霸权势力已从东南西三边对我国构成合围态势,对我国战略安全构成现实威胁和长远威慑。

(2)美欧"民主"干预渗透危害中国及周边安全。长期以来,美欧西方大国将中国及周边作为"民主改造"重点目标,经常利用新疆"东突"、西藏"藏独"和民主人权宗教等问题干预我国内政,企图分裂颠覆、渗透演变中国;同时对中亚国家施行"颜色革命"推行"民主",对伊拉克、阿富汗实行"民主手术",对巴基斯坦与东南亚推动"民主转型",对伊朗、朝鲜等所谓"问题国家"武力颠覆,企图强行在中国及周边国家推行所谓"民主",意图使我国及周边国家跌入"民主陷阱"、陷入社会动乱、经济停滞、政局动荡甚至陷入内战境地,从而威胁中国社会稳定与国家安全,达到其动乱、颠覆直至阻碍中国和平崛起之目的。

(3)与周边邻国有关领土领海争端危机升级。我国幅员辽阔,与15个国家领土接壤、20多个国家相邻,虽然20世纪90年代以来与多数邻国领土边界问题得到解决,但与一些国家领土领海争端还没有完全妥善解决,如我国与一些邻国海洋划界尚未完成,中日因钓鱼岛及东海问题争端频起。特别是与南海东南亚邻国间悬而未决的岛屿领海归属争端日趋严峻,一方面,某些东南亚国家加快对我国南海岛礁领海资源的非法占有,造成我国主权岛屿被侵占、领海资源被掠夺、海洋权益被侵蚀;另一方面,由于美国高调介入和插手,使南海危机"国际化"而日益复杂和激烈。

**2. 非传统安全领域面临重大威胁**

我国面临越来越严重的非传统安全威胁,主要包括国际及民族分裂恐怖主义、跨国有组织犯罪、信息化安全、能源与环境安全、金融与经济安全、社会公共安全等等。

(1)国际及民族宗教分裂恐怖主义。恐怖主义是国际社会和全人类的共同威胁,2010年以来国际恐怖主义袭击频率增加,活动范围及袭击规模扩大,恐怖袭击方式令人防不胜防。中国面临的恐怖主义威胁最主要来自新疆"东突"及西藏"藏独"民族分裂势力、宗教狂热势力及其境外势力,长期以来"东突"和"藏独"等恐怖主义破坏活动,对我国民族地区安定团结的政治局面和国家安全构成严重危害,耗费了我国巨大的财力物力,恐怖主义威胁无疑成为未来我国安全心头大患,如果不能有效应对必然会对中国内政外交造成重大消极影响。由于东突恐怖主义势力与国际恐怖组织联系密切,而美欧在国际反恐中实行双重标准,使得我国打击国际恐怖主义面临严峻挑战。

(2)能源安全问题。我国虽然煤炭储量丰富,但石油、天然气等优质能源资源严重短缺,近些年来,随着中国经济高速增长,能源尤其是石油对中国经济社会发展的瓶颈制约日益显现,能源及其安全问题已经越来越成为中国经济发展中必须面对、无法回避的重大问题。据统计,我国目前石油消费及进口居世界第二位,石油对外依存度超过50%,预计2020年中国石油对外依存度将超过65%。因此,保障能源安全已经成为维护我国经济安全、政治安全乃至国家安全,实现经济可持续发展、建设和谐社会的必然要求。

(3)生态环境安全问题。我国生态环境基础原本就比较脆弱,在人口压力和粗放型经济多种现实作用下,我国生态环境安全形势十分严峻,空气、水、土地等环境要素遭到破坏,生物多样性减少,自然灾害频发,资源支撑能力下降,农村污染越来越严重。据调查,目前我国土地沙化面积每年扩大3 000平方千米,水土流失面积为350多万平方千米,危险废物污染、耕地退化、盐渍化等问题严重,一些城市特别是北方城市大气中总悬浮颗粒物的年平均浓度严重超标,河流断流、湖泊萎缩和水污染问题普遍,水资源短缺日益成为影响城乡居民生活和工业发展的重要问题。

(4)经济金融安全问题。中国经济在融入世界过程中面临很大安全风险。在产业领域,随着我国在市场和投资领域不断开放,跨国公司利用其强大的资金技术及管理优势分割包围和收购我国重要产业及企业,逐步控制我国重要产业经济命脉。在技术领域,我国整体技术实力远远落后于发达国家,机械、通信、计算机等关键领域工业与军工技术缺乏竞争力,在与西方发达国家的产业技术及创新技术竞争中处于极度劣势。在金融领域,我国金融主体及市场体系发育不成熟,金融全球化及无序发展使我国金融业开放面临巨大风险,流窜的国际投机资本和国际金融市场的动荡严重威胁着我国金融资产和金融安全。

(5)信息化安全问题。信息化安全是信息化发展的必然产物,国家的通讯、能源、交通、航空、救灾、消防、金融等基础设施系统越来越多地利用网络传输数据和进行管理,并且各系统之间相互依赖,因而世界各国普遍面临信息化安全挑战,信息化安全问题现已成为各国国家安全保障必须面对的全球性问题。我国信息化建设已取得了长足的进展,目前全国互联网上网用户数居世界第二位,未来10年中国将成为全球最大互联网市场,但与美、欧等信息化强国相比,中国保障信息化安全的水平和能力还处于"初级阶段",中国只是一个信息化大国而不是强国。在众多国内外黑客的眼中,中国的信息网络几乎不设防,研究显示,目前我国与因特网相连的网络管理中心有95%都遭到过境内外黑客的攻击或侵入,其中银行证券机构和政府网络成为攻击重点。

此外,我国还面临着朝鲜半岛核扩散安全、跨国有组织犯罪、国际公共卫生安全、自然灾害安全等国际非传统安全问题。

## 第三节 中国政府的战略布局和成长

### 一、中国政府的战略布局

中国政府谋大势、讲战略、重运筹,精心谋划的战略布局,既要努力缓解现存矛盾和摩擦,更要考虑应对中长期变化影响,加强战略思维创新,积极主动地"谋势"与"造势",增强对事态发展的主导和管控能力,塑造有利于中国稳定发展的周边环境。

(一)战略布局的总体策略

根据中国的发展战略和对外方针,战略布局的总体策略可以概括为:与邻为善,勇于担当;经济优先,互利共赢;管控分歧,统筹全局;强文备武,永不称霸。

1."与邻为善,勇于担当"是中国战略布局的基本方略

一方面,通过建立、巩固和扩大中国与周边国家及地区的睦邻友好条约与合作伙伴关系,深入坚持和贯彻与邻为善、以邻为伴的基本方针,坚持睦邻、安邻、富邻,突出体现亲、诚、惠、容的理念,继续坚持互惠互利的原则同周边国家开展合作,编织更加紧密的共同利益网络,把双方利益融合提升到更高水平,让周边国家得益于中国发展,使中国也从周边国家共同发展中获得裨益和助力,推动建设持久和平、共同繁荣的和谐周边环境。另一方面,坚定承担维护国家主权、安全、领土完整等核心利益的历史责任,积极保护中国在周边国家和地区的公民、侨民、财产与合法权益,同时以更加积极的姿态参与各项周边事务,发挥负责任大国作用,主动应对地区性挑战。

2."经济优先,互利共赢"是中国战略布局的主要手段

全面总结和利用中国在经济外交方面的经验与成果,进一步深化对外开放,着力深化互利共赢格局。统筹经济、贸易、科技、金融等资源,利用比较优势,找准同周边国家深化互利合作的战略契合点,积极参与区域经济合作。同有关国家共同努力,加快基础设施互联互通,建设好丝绸之路经济带、21世纪海上丝绸之路。以周边为基础加快实施自由贸易区战略,扩大贸易、投资的合作空间,构建区域经济一体化新格局。不断深化区域金融合作,积极筹建亚洲基础设施投资银行,完善区域金融安全网络。加快沿边地区开放,深化沿边省区同周边国家的互利合作,打造周边利益共同体。

3."管控分歧,统筹全局"是中国战略布局的应变之道

积极采取建立双边合作机制、提高战略对话层级与战略互信、扩大共同利益与共识、充分利用国际规则等手段,加强中国与周边国家对各种分歧的共同管控,防止事态恶化。坚持主要依靠当事国之间的双边谈判及平等协商,和平解决中国与周边国家的争端与冲突,反对任何第三国的主动介入和强制干预。坚持互信、互利、平等、协作的新安全观,倡导全面安全、共同安全、合作安全理念,推进同周边国家的安全合作,主动参与区域和次区域安全合作,深化有关合作机制,增进战略互信。

4."强文备武,永不称霸"是中国战略布局的长期方针

注重积累和加强中国对周边国家的政治和宣传优势,深入挖掘和充分利用中国与周边国家在历史和文化方面的联系,着力加强对周边国家的宣传工作、公共外交、民间外交、人文交

流,巩固和扩大中国同周边国家关系长远发展的社会和民意基础。全方位推进人文交流,深入开展旅游、科教、地方合作等友好交往。把中国梦同周边各国人民过上美好生活的愿望、地区发展前景对接起来,让命运共同体意识在周边国家落地生根。进一步加强战略思维,继续坚定不移地走和平发展道路,以中国和平发展推进周边国家和平发展,永远不争霸,永远不称霸。

### (二)战略布局的区域重点

依据战略布局的总体策略,结合中国周边的历史与现实情况,抓准与紧扣当前周边各个区域板块的重点并制定好区别化的对策,是中国战略布局成功与否的关键。

**1. 东南亚板块应以打造"海上丝绸之路"为抓手**

加强中国与东南亚进一步的经济融合,扩大和升级中国-东盟自由贸易区,使东盟国家更多地从中国经济发展中获益。破解南海问题,首先要坚持主权属我、搁置争议、共同开发的基本立场不动摇,要避免多边化与复杂化,要抓住中越关系这个问题,通过缩小和管控分歧以及海上共同开发,从低敏感度领域经济合作入手,逐步推进在更大范围和更广领域共同开发,同时用好中国-东盟的外交平台,努力将南海转化为友谊之海、合作之海、安全之海。通过中国金融国际化与创建亚洲基础设施投资银行,大力开展金融外交与基础设施建设外交,积极参与泰国高铁和吉隆坡及新加坡之间的高铁建设项目,尽快考虑泰国至老挝高铁项目和中老铁路建设,加快打造泛亚铁路网与能源运输通道。

**2. 东北亚板块应以继续深化中俄全面战略协作伙伴关系为重点**

以加快实施中日韩自由贸易区为依托,共同维护区域安全,积极利用亚太经合组织的作用。面对钓鱼岛问题,一方面我们要继续坚持常态化巡航占据有利位置,同时也要继续深化中日经济合作,以经促政;另一方面我们也要加强与俄罗斯的战略互信和安全合作,并利用紧密的中俄关系制约美日关系,防止美国纵容日本单方面采取使钓鱼岛问题升级的行动。我们还应和俄罗斯、韩国一起维护二战历史结论的严肃性。在朝鲜问题上,应积极发挥负责任大国作用,主动与各方斡旋沟通,避免事态持续恶化,促进区域和平与稳定。中国对蒙"第三邻国"外交政策应保持戒备,同时积极加强与蒙古的经济贸易关系。

**3. 中亚板块应以共建"丝绸之路经济带"为支撑**

将上海合作组织建设成一个推动成员国政治经济合作的有效平台,务实推进上合组织与欧亚经济共同体以及欧盟的深度合作,积极打造欧亚大陆版多边贸易协定,促进古丝绸之路经济带复兴。尽快完善包括贸易结算体系、边贸配套基础建设、公平市场体系、贸易仲裁体系等在内的一系列体系建设。尽快签署《国际道路运输便利化协定》,开辟从波罗的海到太平洋、从中亚到印度洋和波斯湾的交通运输走廊,商谈贸易和投资便利化协定。加强金融领域合作,成立上海合作组织开发银行和上海合作组织专门账户。成立上海合作组织能源俱乐部,建立稳定供求关系，确保能源安全。建立粮食安全合作机制，在农业生产、农产品贸易、食品安全等领域加强合作。进一步扩大上合组织框架内非传统安全领域合作，努力拓展传统安全领域合作，共同维护地区安全稳定。

## 知识问答

问：何为"丝绸之路经济带"？

答："丝绸之路经济带"是中国与西亚各国之间形成的一个经济合作区域，大致在古丝绸之路范围之上。包括西北陕西、甘肃、青海、宁夏、新疆五省区，西南重庆、四川、云南、广西四省市区。2013年由中国国家主席习近平在哈萨克斯坦纳扎尔巴耶夫大学演讲时提出。这一地区资源丰富，建设丝绸之路经济带，将对世界经济产生重要影响。

### 4. 南亚板块应以中印缅孟经济走廊和中巴经济走廊为两大支点

以基础设施建设外交为突破口，加强中国与南亚在交通、能源、海洋等领域的交流与合作，促进优势互补和共同发展。中印关系是这一区域的重点，一方面中国应尽快与印方就《边境防卫合作协定》达成协议，加强安全合作，努力维护和平稳定的中印边界，与此同时也应强文备武，扩大对印度影响力，并对印度的"向东看"外交、联合美日韩以及利用达赖集团等战略保持充分戒备。另一方面，继续寻求通过建立中印自由贸易区等方式扩大中印双边贸易额，加强中国与印度在基础设施建设、软件信息和服务外包产业等方面的对接。积极响应印度有关建立"中国商务园"的提议，稳妥推进中国企业对印投资，逐步平衡中印经贸关系。

### （三）战略布局的中长期目标

战略布局的中长期目标，是逐步推进亚洲一体化，积极构筑以亚洲安全稳定和经济繁荣为宗旨的"亚洲联盟"或"亚洲共同体"组织。纵观当今世界，各大洲都已经形成紧密程度不同的国家联盟，唯独亚洲尚缺。亚洲，特别是东亚，已经成为大国势力争夺的焦点，这是进入21世纪后国际局势的新特点。建立"亚洲共同体"将是非常长远的目标，但是，中国应该积极组织研究有关战略构想，并适时提出，争取主动。

组建"亚洲联盟"的必要性体现在：首先，建立一个亚洲统一的经济金融政策协调机制，可以减少世界其他市场波动对本地区的影响，加强区内国家互助合作，确保亚洲地区经济社会平稳发展；其次，在多边框架下实现全球各主要国家贸易自由化十分困难的情况下，将区域经济一体化作为多边机制的一种替代方案，往往更容易达成自由贸易及经济一体化的协议，在消除关税和非关税贸易壁垒方面的进展更快；最后，通过组建亚洲联盟，有助于增强区内国家政治互信，排除或减少区外大国影响，对存在较大分歧的历史遗留问题也可以采取联盟立法的形式解决，有利于本地区和平稳定与共同发展。

组建"亚洲联盟"的具体实施步骤应从经济领域合作开始,然后逐步拓展到文化、政治和安全等领域。

## 二、中国政府的成长

中国的战略布局是中国崛起的重要阶梯,从战略布局中可以看到中国政府的成长。这种成长体现在对以下几对相互关系的精确把握:一是挑战者与追随者的关系;二是韬光养晦与有所作为的关系;三是外交与内政的关系;四是全方位外交与周边外交的关系。

### (一)不做挑战者,也不做追随者

不做挑战者,是指中国在合理和足够的基点上不参加任何性质的军备竞赛;在不危及国家根本利益的情况下不与大国直接正面对抗;加强联合国活动机制,争取使西方大国留在体制内。不做追随者,是指中国仍然必须在重要的周边地区和战略边疆区强有力地阐述自己的国家利益。因为大国的国家安全的含义主要的不是由域内防卫空间,即对国家版图的防卫和控制,而是由其所面临的地缘政治态势的利害和损益所决定的。

在中国国家安全的整体框架中,东亚乃中国国家安全的重中之重,又是中国周边"柔软的下腹部";既至关紧要,又十分虚弱。至关紧要,是因为该地区是中国的战略边疆区,大国利益交汇,往往牵一发动全身;十分虚弱,是因为其中包含了太多的、不确定的、非中国可以掌控的因素。作为冷战遗迹保留最多的地区,是未来最可能发生冲突而使中国不得不卷入的地区。东亚安全包括两个冲突爆发点:一是朝鲜半岛;二是台湾海峡。同时孕育着两个可能改变地区力量平衡的发展趋势:一是日美安保条约定义"周边事态"种类;二是美日战区导弹防御计划(TMD)成员资格认定。如果将朝鲜半岛特别是台湾地区纳入周边事态和TMD防御体系,实际上就使日美安保条约同美韩条约衔接起来,也同时意味着复活了美台条约,就会形成东亚准多边军事同盟,严重地改变亚太局势。

这两个冲突爆发点之间还存在着某种特殊的联动关系:从近代历史上看,朝鲜问题是中日甲午战争爆发的重要起因,台湾的割让又是这次战争的重要后果;从现代历史上看,朝鲜战争的爆发使美国第七舰队卷入台湾海峡并使中国国土分裂成为事实;TMD计划原本是美日针对朝鲜发展弹道导弹计划的一种军力平衡和遏制战略,但是否允许台湾挤进该计划则取决于美国对台海两岸军力平衡的主观评估。中国政府不希望两地发生任何一场迫使自己不得不卷入的战争,但两地如若发生战争又必然具有这样一种性质。而且两地间任何一处发生冲突,都会影响到另一处。中国有理由也有条件保持对半岛局势的影响力,对任何大国东亚战略意图加以牵制,从而使东亚安全成为中国周边安全的主要依托。

## (二)韬光养晦与有所作为

韬光养晦除了包含"不做挑战者"的意蕴以外,它还含有休养生息,尽可能多地与大国在重大国际问题上建立战略认同的立意,这种立意是为着减少中国崛起的阻力。它既是要增加与大国间战略利益间的重叠,也表现在一定程度上认可大国战略利益。后者不尽合理但其存在都反映了一个客观形成的历史过程。由于现阶段综合国力的发展的局限,中国还没有达到能对周边任何动态做出全面反应的能力。中国周边的特殊性还在于,在中国崛起的全程中,它都深涉于大国遍布利益交错的区域国际环境中。坚持自己的国家利益有难度,发展自己的国家利益有着更高的难度,这就决定了在相当一段时间中国外交的特色不是"争锋"和"争胜",而是平衡和稳定。这应该也是"韬光养晦"的真谛。

有所不为才能有所为。有所作为的基础不只是在于清晰地了解两者间的这种辩证关系,还因为在"一超多强"的国际格局中,美国纵然在世界军事、经济、外交和文化上都具有强大的影响力和支配力,并依此在国际事务中实行"单边主义",但它在世界上却不是单独存在的,它可以主导但无法包揽世界事务。中国的经济潜力以及蕴含于其中的政治潜力使它在周边区域整合中发挥独特作用,这也是形塑中国世界性角色的必经步骤。中国已是过去十年全球化演变中的重要因素,加强中国在全球化进程中的互动,新世纪的世界进程还将充满更多的"中国因素"。

## (三)外交与内政的关系

全球化时代内政和外交的联系越来越紧密。可以说任何一项重大的国际关系行为都会影响到国内政局,不仅加入WTO这样重大的外交决策会对国内问题产生全局性影响,而且发达国家的任何风吹草动都会波及中国社会。诸如此类的大量问题都需要普遍和深入的国际合作。与中国走向世界同步,中国人对国际事态日趋敏感。一个过去有着辉煌历史记忆而如今在"国际丛林"中又相对处于弱势的民族,怎样在面对有利和不利的国际和区域形势时以更多的自信心和平常心构筑自己的大国心态,"威武不能屈,富贵不能淫,贫贱不能移",是提升、弘扬和扩散中华文化的普遍的国际价值的基本要义。

## (四)全方位外交与大国外交的关系

中国处于周边大国遍布利益交错的特殊环境。在美苏两极对峙的冷战年代,构成中国周边格局的主框架是大国关系,与第三世界国家关系只是这个主框架下的辅助结构。因为在冷战年代,中间地带国家大多数从属于两大阵营,中国与之发展关系的空间不能不受到与其所属的特定大国关系的制约;其二是战后中国周边的民族解放和独立运动曾经受到社会主义阵营崛起的强大影响。支持民族解放运动是社会主义阵营旨在削弱西方阵营的重要手段。新中国成立前夕,斯大林曾对访苏的中共领导人刘少奇说:中国可以利用自己对东方民族解放运动的深刻了解和传统影响,加强与亚洲国家民解运动的工作,与苏共形成配合。因而那时中国周边又是阵营内某种分工下的区间。

冷战后的中国周边格局的主框架依然是大国关系,中国解决了它与周边大国的关系,也就形成了中国崛起的出发阵地。但次级结构同样可以对主框架起到辅助支撑作用,从而使格局的稳定更趋平衡和合理,冷战后地区性组织活跃的情况下更是如此。在重视大国外交的同时积极推进中小国家的外交更能起到调动大国间关系的效用。中国周边国际关系,是中国全方位外交与大国外交的相切点。

### 本讲思考

1. "中国热"风靡全球的启示。
2. 中国独立自主的民族形象。
3. 中国政府的成长。

### 思考题

1. 开明、民主、繁荣与进步的中国形象是什么?
2. 新世纪中国面临的周边安全形势是怎样的?
3. 中国政府的战略布局是什么?

# 参考文献

[1] 余玮.法治中国的表情[M].北京:团结出版社,2015.
[2] 赵树凯.关于乡镇改革历史进程的考察[J].经济研究参考,2008(32):44.
[3] 范瑜.改革开放以来的实践历程与展望[J].经济研究参考,2008(32):48.
[4] 仝志辉.村民自治30年[J].经济研究参考,2008(32):54.
[5] 温家宝.不失时机推进农村综合改革为社会主义新农村建设提供体制保障[J].求是,2006(18):1.
[6] 许成钢.政治集权下的地方经济分权与中国改革[J].比较,2008(36):34.
[7] 李克强.在改革开放进程中深入实施扩大内需战略[J].求是,2012(04):3-10.
[8] 姜爱林.城镇化、工业化与信息化的互动关系研究[J].经济研究参考,2002(85):34-44.
[9] 王建蒙.奔月——中国探月工程总设计师孙家栋[M].北京:当代中国出版社,2007.
[10] 国家民族事务委员会研究室.正确的道路光辉的实践——新中国民族工作60年[M].北京:民族出版社,2009.
[11] 国家民族事务委员会研究室.中国的民族事务[M].北京:民族出版社,2009.
[12] 徐晓萍,金鑫.中国民族问题报告:当代中国民族问题和民族政策的历史反观与现实思考[M].北京:中国社会科学出版社,2008.
[13] 彭付芝.台湾政治经济与两岸关系[M].北京:北京航空航天大学出版社,2013.
[14] 于保中,陈新根.海峡两岸关系发展简史[M].北京:九州出版社,2014.
[15] 林冈.台湾政治转型与两岸关系的演变[M].北京:九州出版社,2010.
[16] 蔡永飞.国民党、民进党和两岸关系.[M].北京:团结出版社,2014.
[17] 张春英.台湾问题与两岸关系史[M].北京:人民出版社,2014.
[18] 中华人民共和国国务院新闻办公室."一国两制"在香港特别行政区的实践[M].北京:人民出版社,2014.
[19] 邹平学.香港基本法实践问题研究[M].北京:中国社会科学文献出版社,2014.
[20] 夏尔·菲利普·戴维(Charles-Philippe David),路易·巴尔塔扎(Louis Balthazar).美国对外政策[M].2版.北京:中国社会科学文献出版社,2011.
[21] 韩召颖.美国政治与对外政策[M].北京:人民出版社,2007.
[22] 张维为.中国震撼:一个"文明型国家"的崛起[M].北京:人民出版社,2011.
[23] 巫宁耕.世界经济格局变动中的发展中国家经济[M].北京:北京大学出版社,2005.
[24] 沈大伟,丁超,黄富慧,等.纠缠的大国:中美关系的未来[M].北京:新华出版社,2015.
[25] 陶文钊,何兴强.中美关系史[M].北京:中国社会科学出版社,2009.

[26] 吴心伯.21世纪的美国与中美关系[M].北京:时事出版社,2013.
[27] 熊志勇.中美关系60年[M].北京:人民出版社,2009.
[28] 黄定天.中俄关系通史[M].北京:人民出版社,2013.
[29] 中共中央宣传部.习近平总书记系列重要讲话读本[M].北京:学习出版社,人民出版社,2014.
[30] 张学昆.中俄关系的演变与发展[M].上海:交通大学出版社,2013.
[31] 周弘.中欧关系研究报告[M].北京:社会科学文献出版社,2014.
[32] 沈大伟,艾伯哈德·桑德施耐德,周弘.中欧关系:观念、政策与前景[M].北京:社会科学文献出版社,2010.
[33] 毛里和子,徐显芬.中日关系:从战后走向新时代[M].北京:社会科学文献出版社,2009.
[34] 刘江永.中日关系二十讲[M].北京:中国人民大学出版社,2007.
[35] 周卫平.百年中印关系[M].北京:世界知识出版社,2006.
[36] 赵干城.中印关系现状·趋势·应对[M].北京:时事出版社,2013.
[37] 卫灵.冷战后中印关系研究[M].北京:中国政法大学出版社,2008.
[38] 郑泽民.南海问题中的大国因素:美日印俄与南海问题[M].北京:世界知识出版社,2010.
[39] 林代昭.中日关系史(1945—1992)[M].北京:北京大学出版社,1992.
[40] 田恒.战后国际关系史(1945—1995)[M].北京:中国社会科学出版社,2002.
[41] 孙乃民.中日关系史:第三卷[M].北京:社会科学文献出版社,2006.
[42] 管文虎.国家形象论[M].四川:成都科技大学出版社,2000.
[43] 周宁.西方启蒙大叙事中的"中国"[J].天津社会科学,2008(6):78-89.
[44] 余玮.法治中国的表情[M].北京:团结出版社,2015.
[45] 周诚.农地转非自然增值公平分配论[M]//周诚自选集.北京:中国人民大学出版社,2007.
[46] 赵树凯.关于乡镇改革历史进程的考察[J].经济研究参考,2008(32):44.

# 后 记

本书写作期间正值党和国家面对 2016~2017 年世情国情态势，积极应对挑战。本书阐述了党和国家制定路线、方针、政策的理论依据，并预测了中国社会发展趋势，是党和国家保持国民经济平稳较快发展"新常态"的生动体现，也是本书浓墨重彩之处。相信本书会成为推动中国保持国民经济平稳较快发展的正能量。

本书由宋玉玲教授统稿定稿。撰写分工如下：哈尔滨石油学院谢永利编写第一、二、三章；哈尔滨石油学院宋玉玲编写绪论；哈尔滨石油学院王艳辉编写第四、五章；东北石油大学初丹编写第七、八章；哈尔滨石油学院王秀娟编写第九章；哈尔滨石油学院张玉伟编写第十章；东北石油大学孙婧编写第六、十一章；哈尔滨石油学院周微编写第十二章；哈尔滨科学技术职业学院鲍新宇编写第十三章。

本书参考了国内外专家学者的有关著作，借鉴并吸收了一些优秀研究成果，在此表示衷心的谢意！由于时间仓促，水平有限，本书难免存在不足之处，希望读者多提宝贵意见。

编者

2017 年 6 月